AF316620

विषम

मोदी

अंकित बागड़ी

मात - पिता रक्षक है मेरे ,मात - पिता भगवान,

पिता - महेश किशोरीलाल बागड़ी

माता - राखी महेश बागड़ी

को समर्पित

क्रम-सूची

क्रम-सूची

क्रम-सूची

सुविख्यात कथावाचक, प्रखर शिवभक्त पंडित प्रदीप मिश्रा जी

अनुवाद

ANIRUDH सनोरा

यह इतिहास में एक विडंबना है कि 17 सितंबर 1950 को, जब भारतीय संविधान बमुश्किल नौ महीने का था तब श्री नरेंद्र मोदी का जन्म हुआ था।

प्रस्तावना

नरेंद्र मोदी ने अपने प्रतिद्वंदि्वयों पर दिन-ब-दिन अपनी बढ़त बढ़ाई। इसके साथ ही नारा: अब की बार मोदी सरकार भी लोकप्रिय होने लगा । 'यह अच्छी तरह से प्रचलित हुआ । कई लोगों ने स्वतः ही इसे गुनगुनाया। अन्य नारे भी थे जो प्रचलित हुए। उदाहरण के लिए,'अच्छे दिन आने वाले है' ने कई लोगों, विशेष रूप से ग्रामीण उत्तर भारत में और निम्न मध्यम वर्गों के दिलों को छू लिया। यह एक मजबूत संदेश था। यह सीधे उनके दिल में उतर गया, इसने अमीरों को भी मोहित कर लिया। । कांग्रेस का उनके खिलाफ कोई मुकाबला नहीं है और वह सभी अन्य "धर्मनिरपेक्ष" ताकतों पर निर्भर है, जिसका अर्थ है कि सभी हिंदू विरोधी संगठन अपने धर्म को अपने अतिवाद और गुप्त संरक्षण के तहत स्वतंत्र रूप से फैलाना चाहते हैं। हिंदुओं को अपने अपने आध्यात्मिक ज्ञान को फैलाने वाले अन्य धर्मों से कोई आपत्ति नहीं है - यह सनातन धर्म का सार है।

लेकिन कांग्रेस ने इसे वोट बैंक की राजनीति के लिए एक दुर्भावनापूर्ण मोड़ दिया है। उन्होंने शांतिप्रिय लोगों के एक ऐसे देश पर सामाजिक, सांस्कृतिक, आर्थिक, राजनीतिक और आध्यात्मिक दुःख पहुँचाया है, जो दूसरों का सम्मान करते हैं और दूसरों से भी ऐसा ही करने की उम्मीद करते हैं। कांग्रेस के नेतृत्व वाली स्व-घोषित धर्मनिरपेक्ष ताकतों द्वारा चुनाव दर चुनाव धर्म के घृणित से घृणित दुरुपयोग में लिप्त होने से भारत को केवल 67 वर्षों में इतना विभाजित किया है, जितना कि ब्रिटिश 200 वर्षों में हासिल नहीं कर पाए थे! उन्होंने बार-बार सांप्रदायिक हिंसा, जातीय संघर्ष, क्षेत्रीय संघर्ष, राजनीतिक प्रतिद्वंदि्वता, औद्योगिक गड़बड़ी, तड़क-भड़क वाली आपूर्ति, विकास को बाधित किया, जंगल के शासन द्वारा कानून का स्थान लिया और न्यायपालिका को भी धमकाना शुरू कर दिया। उन्होंने भ्रष्टाचार को सक्रिय रूप से बढ़ावा दिया है।

उन्होंने कृषि, व्यापार, उद्योग और उत्पादन और आय के लगभग हर साधन पर एकाधिकार कर लिया है। वे सब कुछ नियंत्रित करते हैं।उन्हें नज़रअंदाज़ नहीं किया जा सकता, भले ही आप उन्हें देखकर तिरस्कार करें। वे अहंकारी हो गए हैं, निरंकुश हो गए हैं और खुद को सबसे अधिक विशेषाधिकार प्राप्त सांसदों / विधायकों और नेता (राजनेताओं) के रूप में मानते हैं कि उन्हें चुनौती देने के लिए, उन्हें बाहर करने के लिए, उन्हें निकालने के लिए कोई नहीं है। वे खुद को सुपरमैन समझते हैं, दूसरों को कीड़ों से ज्यादा कुछ नहीं मानते। उन्हें पिछले साल दिसंबर

में तब तगड़ा झटका लगा जब दिल्ली में आम मतदाता ने उन्हें वोट की ताकत और आम आदमी की ताकत दिखाई। तब से, वे इस अनिश्चितता और 16 मई 2014 के चुनावी फैसले के डर से कांप रहे हैं।

यह इस संदर्भ में है कि नरेंद्र मोदी जैसे एक साधारण आदमी ने विपक्ष को नींद खोने के लिए विवश कर दिया है। ऐसे साधारण आदमी के बारे में क्या उल्लेखनीय है? भारतीय मतदाता अपने प्रधानमंत्री से क्या चाहता है ; ईमानदारी, चरित्र, संकल्प, इसके अलावा कुछ नहीं । पिछले दस वर्षों में भ्रष्टाचार और वैध शासन की कमी देखी गई है। अंग्रेजों के कब्जे वाले देश में वैध शासन के लिए मजबूत संगठनात्मक बुनियादी ढाँचा सरकार द्वारा कम कर दिया गया है। राजनेताओं को अभी भी लगता है कि लोग शासन के तरीकों या भ्रष्टाचारियों की कार्यप्रणाली को नहीं समझते हैं । वहीं वे गलती करते हैं। पुरानी पीढ़ी जो कांग्रेस के पुराने सांप्रदायिक शोषण या जाति विभाजन तंत्र की सफलता की गवाह रही है, वह उस भारत को देखने में असमर्थ है जो उनके तरीकों को बिल्कुल खारिज करता है। यह एक सामान्य अंतर है जिसे पुराने राजनेता स्वीकार करने से इंकार करते हैं। यह उनके लिए वानप्रस्थ (सेवानिवृति) का समय है, लेकिन वे युवाओं के लिए कमरे खाली करने और जगह बनाने से इनकार करते हैं। इसका परिणाम नीतिगत पक्षाघात है।

इमरजेंसी के बाद जन्मे अब 35 प्लस, उच्च योग्य, वैश्विक नागरिक, बेहतर बदलाव लाने में सक्षम हैं। वे वास्तव में चिंतित हैं और देश में जाति, पंथ, समुदाय, क्षेत्र या लिंग के भेदभाव के बिना आम लोगों के सामान्य संरक्षण के लिए शासन को बदलना चाहते हैं। उन्होंने इसे अपने विशिष्ट क्षेत्रों में भारत और विदेशों में पेशेवरों के रूप में किया है। वे आर्थिक रूप से सुदृढ़ हैं। उन्होंने हमारे विपरीत देश में बहुतायत देखी है, जिन्होंने भूखे मुंह को खिलाने के लिए पीएल-480 के तहत गेहूं के आयात जैसी स्थितियों का सामना किया था।

मोदी इस नई पीढ़ी को विशेष रूप से संबोधित कर रहे हैं, जिसने उन्हें गुजरात में अपने शासन रिकॉर्ड के आधार पर सर्वोच्च नौकरी के लिए मंजूरी दी है। मोदी उन सभी का विरोध कर रहे हैं जो यथास्थिति के लाभार्थी हैं। लेकिन चीजें बदल गई हैं- कांग्रेस इस चुनाव में सबसे बड़ी हार मानने वाली है। जनता ने मोदी के पक्ष में फैसला किया है। वे जानते हैं कि मोदी एक बदले हुए व्यक्ति हैं, भाजपा एक बदली हुई पार्टी है। अब तक जो भी हिंदू-हमलावर हमला कर रहे थे, वह भाजपा नेतृत्व था, जो आमतौर पर उच्च जातियों के हाथों में था। मोदी "अन्य पिछड़ा वर्ग" (ओबीसी) से ताल्लुक रखते हैं।

मेरा अंतर्ज्ञान यह है कि भारत में आम लोगों की सोच आज जो है उससे बिल्कुल अलग होगी- वे जाति और पंथ से परे सोचते होंगे; वे जीवन स्तर के बारे में सोचेंगे; वे विकास के लिए लड़ेंगे। मोदी ने सही राग छेड़ा है।

1

परिवर्तन की हवाएं

1947 से पहले, गुजरात के एक बेटे, महात्मा गांधी, साबरमती के संत, और ब्रिटिश शासित भारत में भारतीय मुक्ति आंदोलन के प्रतिष्ठित नेता ने अहिंसक राजनीतिक अवज्ञा आंदोलन में क्रांति ला दी थी। उन्होंने स्वतंत्रता के लिए भयानक ज्वार के माध्यम से भारत का नेतृत्व किया था और दुनिया भर में मानव अधिकारों और स्वतंत्रता के लिए आंदोलनों को प्रेरित किया था। 30 जनवरी 1948 को गांधी की दुखद हत्या ने भारतीय नेतृत्व में एक ख़ालीपन पैदा कर दिया था। नियति की अपनी योजनाएँ थीं, और इसने उसी मिट्टी से भारत के एक और अतुलनीय पुत्र को जन्म दिया । 17 सितंबर 1950 को नरेंद्र दामोदरदास मोदी का जन्म हुआ था। वह 'तेली' या 'घांची' जाति के एक बहुत ही विनम्र परिवार के छह बच्चों में तीसरे नंबर पर थे।

परिवार की खराब आर्थिक स्थिति के कारण, छह भाई-बहनों में से कोई भी उच्च शिक्षा प्राप्त नहीं कर सका। वडनगर में पैतृक घर 40 फीट लंबा और 12 फीट चौड़ा, मिट्टी और ईंट से बनाया गया था, और इस छोटे से घर में सभी भाई-बहन, माता-पिता, दामोदरदास और हीरा बा के साथ रहते थे। दामोदरदास मोदी और हीरा बा सुसंस्कृत और अनुशासित थे, उन्हें मेहमानों और लोगों की सेवा करना बहुत पसंद था। उन्होंने अपनी संतानों में भी इन गुणों का संचार किया। नरेंद्र मोदी ने आनुवंशिकता में दया, आध्यात्मिकता, आपसी प्रेम और जिज्ञासा जैसे गुण प्राप्त किए, मानो दैवीय आशीर्वाद के रूप में।चीजों को देखने के लिए उनका अद्वितीय दृष्टिकोण था। उनका दृष्टिकोण बुद्धि से नहीं, बल्कि गुण और संवेदनशीलता द्वारा निर्देशित होता है। इसके अलावा, हम उनमें जीवन के लक्ष्य को प्राप्त करने के लिए तीव्र उत्सुकता और इच्छा देख सकते हैं। उन्होंने

अपनी प्राथमिक शिक्षा सरकारी स्कूल से और माध्यमिक शिक्षा बी.एन.हाई स्कूल, वडनगर से पूरी की ।

नरेंद्र मोदी भारत माता की सुगंधित मिट्टी से बने हैं और उनका व्यक्तित्व समृद्ध है। वह इस बात पर जोर देने से कभी नहीं कतराते हैं कि उन्होंने एक बार रेलवे के डिब्बों में चाय बेची थी, बल्कि वे इस तथ्य में गर्व करते हैं कि उन्होंने बचपन में अपने पिता और परिवार की मदद की। जिस विद्यालय से नरेंद्र मोदी ने पढ़ाई की, वह दूर नहीं था। जैसे ही वे स्कूल से छूटते, वह सीधे अपने पिता के स्टाल पर जाते और उन्हें काम में मदद करते । जरूरत पड़ने पर वह ग्राहकों को चाय परोसते और जब भी कोई ट्रेन आती तो रेलवे प्लेटफार्म के चक्कर लगाते।

आप कितनी अथम शुरुआत कर सकते हैं, जब एक बच्चे के रूप में, आपको अपने पिता को रेलवे स्टेशनों पर चाय बेचने में मदद करनी हो?चाय बेचने की दुनिया शायद सबसे रोमांचक नहीं है, भारत में किसी भी चाय की दुकान पर जाएं और देखेंतो स्थितियां मुश्किल से रहने योग्य हैं।

यह सच है कि नरेंद्र मोदी कोई असाधारण छात्र नहीं थे, लेकिन हमेशा सभी स्थितियों और संदर्भों में चीजों को देखने के लिए एक अलग दृष्टिकोण रखते थे। वह कम बोलते थे लेकिन अर्थपूर्ण रूप से। कभी-कभी उनकी बातें विशिष्ट हास्यवृति (सेंस ऑफ ह्यूमर) से परिपूर्ण होती थीं। उनकी चेतना ने हमेशा उन्हें सर्वश्रेष्ठ हासिल करने की दिशा में निर्देशित किया है।

उन्हें किताबों से बहुत प्यार था। उन्होंने अपना अधिकांश समय वडनगर में सार्वजनिक पुस्तकालय में बिताया, जैसे कि यह उनका निवास स्थान हो। उन्हें महान लोगों की जीवनी पढ़ने में बहुत दिलचस्पी थी। यहीं पर उन्होंने विवेकानंद, छत्रपति शिवाजी महाराज और अन्य की जीवन गाथाओं को पढ़ा। अपने संकोची स्वभाव के बावजूद, नरेंद्र मोदी ने अपने स्कूली जीवन के दौरान 'बहसों' में हिस्सा लिया। उनके संस्कृत शिक्षक कहते हैं कि वह एक दृढ़निश्चयी छात्र थे और सभी विषयों पर स्पष्ट दृष्टिकोण रखते थे। यहां तक कि उनके साथियों ने भी इस गुण के लिए उनकी प्रशंसा की। बुराई को अच्छाई बनाने के लिए उनके पास गहन समझ थी।

एक दिन, उनके संस्कृत शिक्षक ने छात्रों को नदी के रूपों को लिखने का काम सौंपा, और कक्षा मॉनिटर को होमवर्क दिखाने के लिए कहा। नरेंद्र मोदी ने ऐसा करने से इनकार करते हुए दावा किया कि शिक्षक ही ऐसा करने के लिए एकमात्र योग्य व्यक्ति है क्योंकि मॉनिटर खुद एक छात्र था।

एक बार भयानक गर्मी के दिनों में, सभी स्कूली छात्रों ने एनसीसी शिविर में भाग लिया। आप इस तरह के शिविरों में बनाए गए अनुशासन को अच्छी तरह से जानते होंगे। कोच और विज्ञान शिक्षक, गोवर्धन भाई पटेल ने देखा कि नरेंद्र मोदी एक पोल पर चढ़ गए थे। वे गुस्से से भड़क उठे; हालाँकि, जब उन्होंने देखा कि मोदी एक असहाय पक्षी को बचाने के लिए बचाव अभियान पर थे, तो उनका गुस्सा गायब हो गया और उन्होंने इस काम के लिए मोदी की प्रशंसा की।

नरेंद्र मोदी, बचपन से ही, जीवित प्राणियों के लिए दया और प्रकृति के साथ लगाव से परिपूर्ण थे। शायद इस प्रस्तावना के कारण है उन्होंने आज तक 'पशु आरोग्य मेला' (पशु स्वास्थ्य मेले) के रूप में परियोजनाओं को लागू किया है।

नरेंद्र मोदी और आठवीं कक्षा के उनके साथियों ने नाटक में भी भाग लिया। यह दर्शाता है कि उन्हें सामाजिक अन्याय और इसे प्रस्तुत करने की गहरी समझ थी। छोटी उम्र से ही, उनके व्यक्तित्व में अंतर्निहित बीज प्रशासनिक नेतृत्व और सामाजिक सद्भाव के रूप में प्रकट हो रहे हैं। स्कूली जीवन में इस सामाजिक समस्या का खुलासा करते हुए, उन्होंने एक बार 'पीलू फूल' (येलो फ्लावर) नामक मोनो-अभिनय किया। नाटकीयता अद्वितीय थी, विशेष रूप से इसलिए क्योंकि उन्होंने ही इसे लिखा, निर्देशित और इसमें अभिनय किया था। नाटक की कहानी एक गांव के दलित (उत्पीड़ित) परिवार के इर्द-गिर्द घूमती है। मां का एक बेटा है जो बीमार हो जाता है। गरीब माँ वैद्य, हकीम (चिकित्सा पुरुषों) के साथ-साथ तांत्रिक (जादूगर) से भी मदद मांगती है, लेकिन उनमें से कोई भी उसके इलाज के लिए सहमत नहीं होता है। बीमारी बिगड़ जाती है, और फिर कोई उसे मंदिर में पीले फूल चढ़ाने और बीमार बच्चे को उन फूलों को छूने की सलाह देता है। आशा में, वह मंदिर में जाती है, लेकिन उसे इसमें प्रवेश करने से मना किया जाता है। गरीब माँ अपने बच्चे के जीवन के लिए भीख माँगती है। अंत में, पुजारी उस पर दया करता है और उसे पीले फूल देता है। दुर्भाग्य से, जब वह वापस घर पहुंचती है, तो उसे पता चलता है कि उसका प्यारा बच्चा अब नहीं रहा। यह आठवीं कक्षा की बात है जब नरेंद्र मोदी ने इस नाटक का उपयोग इस संदेश को पारित करने के लिए किया था कि भगवान के फूलों पर सभी का अधिकार है। नरेंद्र मोदी का समाज को देखने का एक विशिष्ट दृष्टिकोण था। उनकी विचार-प्रक्रिया आम आदमी को खुश देखने की इच्छा रखती है। उनके दृष्टिकोण का केंद्र बिंदु आम आदमी को खुश करना है। हम उनके विचारों और विचारधारा को उनके दैनिक जीवन, व्यवहार, आचरण और कार्य पद्धति में देख सकते हैं।

इस प्रणाली का स्रोत बचपन से ही उनमें बुना हुआ है। यही कारण है कि, अपने छात्र जीवन में ही, नरेन्द्र मोदी ने अपने नाटकों के माध्यम से, 'अस्पृश्यता एक पाप है 'और' ईश्वर के समक्ष सभी समान हैं 'जैसे संदेश पारित किए। बचपन में उनके व्यक्तित्व में बुद्धि, चतुराई, संगठनात्मक क्षमता, रणनीति बनाने और इस तरह के लक्षणों के निशान दिखने शुरू हो गए थे। हम उनकी संगठनात्मक क्षमता का एक और उदाहरण याद कर सकते हैं।

एक बार वडनगर में, एक अंतर्विद्यालयी कबड्डी प्रतियोगिता हुई थी। नरेंद्र मोदी की टीम - कुमार शाला -1 - जूनियर छात्रों की टीम थी। इस टीम की तुलना में कुमार शाला-2 टीम के खिलाड़ी सीनियर थे और कप्तान उमेद जी एक बेहतरीन कबड्डी खिलाड़ी थे और इसमें कभी भी एक अंक नहीं गंवाया। वे दाहिनी ओर से प्रवेश करते थे और समापन बिंदु के साथ-साथ दौड़ते थे। नरेंद्र मोदी ने सूक्ष्मता से देखा था कि वह कैसे प्रवेश करते हैं और खेलते हैं, और तदनुसार उन्होंने विरोधी टीम को हार का स्वाद चखाने के लिए अपनी रणनीति बनाई, एक बार नहीं बल्कि तीन बार। आज हम नरेंद्र मोदी के बारे में जो कुछ देख रहे हैं वह उनके बचपन के स्वभाव का प्रतिबिंब है। " यह स्कूल का रजत जयंती समारोह था जब वह हाई स्कूल में थे। स्कूल के चारों ओर कोई चारदीवारी नहीं थी और स्कूल प्रबंधन के पास इसके निर्माण के लिए धन की कमी थी। नरेंद्र मोदी का विचार था कि छात्रों को स्कूल में कुछ धनराशि का योगदान देना चाहिए। उन्होंने इस कार्य में उनका सहयोग मांगा। उन्होंने उन्हें आश्वस्त किया कि वे महसूस करें कि उन्होंने इस कार्य में कुछ हद तक योगदान दिया है। उनकी नाटकीयता में रुचि थी, और उन्होंने इस प्रतिभा का उपयोग अपने आप में किया। अपने दोस्तों के सहयोग से, उन्होंने एक नाटक जोगी दास खुमान किया, जिसमें उन्होंने खुद भावनगर के राजा की मुख्य भूमिका निभाई। इस चैरिटी शो ने एक अच्छी राशि एकत्र करने में मदद की जिसका उपयोग स्कूल की चारदीवारी बनाने में किया गया था।

घर में वित्तीय स्थिति ने उन्हें जूते खरीदने की अनुमति नहीं दी। उनके चाचा ने उन्हें सफेद कैनवास के जूते का एक जोड़ा खरीद कर दिया । रंग में हल्का होने के कारण, जूतों में दाग लगना स्वाभाविक था, लेकिन उनके पास पॉलिश खरीदने के लिए पैसे नहीं थे। स्वच्छता बनाए रखने के लिए प्रेरित उन्होंने इस समस्या का भी हल ढूंढ लिया। स्कूल के अंत में, जब सभी छात्र अपने घरों की ओर दौड़ रहे थे, नरेंद्र मोदी ने ब्लैकबोर्ड के नीचे बिखरे हुए चॉक के टुकड़ों को इकट्ठा किया। वह उन्हें घर ले गए, उन्हें ठीक पाउडर में पीसा और फिर उसे अपने गीले जूतों पर लगाया। सूखने पर जूते नए की तरह चमक गए। उनके दैनिक जीवन में अनुशासन शिष्य

और सेवा को समर्पित रहा है। उन्होंने अपने माता-पिता की किसी भी आज्ञा की कभी भी अनदेखी नहीं की।

नरेंद्र मोदी को अपने पिता से सेवा और सद्भावना के गुण विरासत में मिले। उनकी माँ के पास देशी औषधीय जड़ी बूटियों का ज्ञान था; यह भगवान के आशीर्वाद की तरह था। वह उन मरीजों को मुफ्त दवा प्रदान करती थी जो उनसे मदद मांगते थे। बड़ी संख्या में लोग सुबह पांच बजे से ही घर को घेर लेते। अपनी मां की मदद करने के लिए, नरेंद्र मोदी भी जल्दी उठते और खुद को बीमारों की सेवा में जोड़ लेते।

हम बचपन से ही नरेंद्र मोदी में धार्मिक झुकाव का पता लगा सकते हैं। उनकी इसमें रुचि थी, यह उनके लिए जन्मजात था। उनके व्यक्तित्व ने विभिन्न धर्मों के बीच सामंजस्य और सद्भावना की झलक दिखाई। उनके घर से थोड़ी दूरी पर एक महादेव का मंदिर था, जहाँ वह प्रतिदिन भगवान शिव की पूजा करने के लिए जाते थे। अपने सुबह के कामों को पूरा करने के बाद, वह मंदिर के लिए रवाना होते, उसकी परिक्रमा करते, प्रार्थना करते, और फिर एक स्थान पर बैठकर जप और ध्यान करते। मंदिर में उनकी नियमितता और समय की पाबंदी को अक्सर एक उदाहरण के रूप में उद्धृत किया जाता है। किशोर नरेंद्र मोदी की धर्मनिष्ठ छवि मंदिर परिसर में देखी जा सकती है। यह उन लक्षणों का परिणाम था जो उन्हें अपने माता-पिता और उनके आशीर्वाद से विरासत में मिले थे। नरेंद्र मोदी को संतों और साधुओं की संगति में रहना अच्छा लगा।

एक बार उनके चाचा के घर पर एक शादी समारोह था जिसमें सभी परिवार के सदस्यों को जाना था। कोई भी बच्चा अपने चाचा की जगह पर रहना पसंद करता है क्योंकि यह बहुत खुशी की बात है, लेकिन नरेंद्र मोदी ने उनके साथ जाने से इनकार कर दिया क्योंकि उस समय वडनगर में एक संत मौजूद थे, इस संत ने अपने शरीर और हथेलियों के चारों ओर पौधे उगाए थे, केवल उनका चेहरा उन से मुक्त था। चूंकि वे अपने आप से खाने में असमर्थ थे, इसलिए नरेंद्र मोदी ने उन्हें आवश्यक समय पर खिलाने की जिम्मेदारी अपने ऊपर ले ली थी, और उन्होंने इस कर्तव्य को पूरे उत्साह और आनंद के साथ निभाया। यह इस खुशी की स्थिति ही थी कि उन्होंने अपने चाचा के यहां जाने से इनकार कर दिया। इसने उनके परिवार के सदस्यों को चिंतित कर दिया कि कहीं वह संत न बन जाएं।

1959

नरेंद्र मोदी दस साल के होने से साढ़े चार महीने दूर थे जब आधुनिक राज्य गुजरात को बॉम्बे राज्य से अलग कर दिया गया था। एक बच्चे के रूप में उन्हें बिजली के बिना रहना मुश्किल लगता था, लेकिन मोदी ने सार्वजनिक जीवन में अपनी उपस्थिति का औचित्य साबित करने के लिए अपने बचपन के संघर्षों को कभी प्रमाण पत्र के रूप में पेश नहीं किया। उनका बचपन, यदि कोई इसे ऐसा कह सकता है तो, अनिवार्य रूप से अस्तित्वगत था: उन्होंने अस्तित्व के अनुभव से सबक लिए। लेकिन मोदी का बचपन उनके जीवन का एक ऐसा दौर है जिसे वे दोबारा जीने और फिर शायद दोबारा करने से असहमत नहीं होंगे। आठ साल की उम्र में जूनियर कैडेट के रूप में राष्ट्रीय स्वयं सेवक संघ में शामिल होना, किसी तरह से मानवता की सेवा करने की उनकी गहरी इच्छा को दर्शाता था। 'पहचान की तलाश' ने निश्चित रूप से इस निर्णय में एक भूमिका निभाई। आरएसएस, जो हमेशा युवा खून की तलाश में थी, ने मोदी को शामिल किया और यह उनके जीवन को आकार देने वाले सबसे बड़े कारकों में से एक था। 1925 में स्थापित, आरएसएस को दक्षिणपंथी हिंदू ताकत के रूप में देखा जाता है। यद्यपि वसुधैव कुटुम्बकम - पूरा ब्रह्मांड एक परिवार है - संगठन का आदर्श वाक्य है, आम धारणा यह है कि इसका पतला- पतला एजेंडा हिंदू राष्ट्रवाद पर आधारित देश की स्थापना करना है। आरएसएस के विश्वदृष्टि में अन्य धर्मों की भी भूमिका है, लेकिन वे माध्यमिक हैं। वैसे भी, देश में सभी धर्मों के समर्थक हिंदू जीवन शैली से प्रभावित हुए हैं। यही वह दर्शन है जिससे मोदी प्रभावित हुए थे।

वह हर शाम इसकी शाखा में जाने लगे। राष्ट्रीय स्वयंसेवक संघ की स्थानीय इकाई द्वारा चलाए जाने वाले दैनिक शाक्य में मोदी ने भर्ती होने का विकल्प चुना क्योंकि यह उनके समसमूह के बाहर उनके लिए एकमात्र पाठ्येतर गतिविधि थी। इसने बाल मोदी को एक निश्चित विशिष्ट पहचान दी जिसकी वह कम उम्र से ही तलाश में थे।

नौ साल की उम्र में, जब तापी नदी में बाढ़ आई और भारी तबाही हुई, तो मोदी और उनके युवा मित्रों ने एक फूड स्टाल लगाया और बाढ़ राहत के लिए कमाई दान

कर दी। एक ऐसी उम्र में जब बच्चे अपने खिलौनों के साथ खेलना पसंद करते हैं, उन्हें जिम्मेदारियाँ साझा करना बहुत पसंद था, और उन्होंने कम उम्र में नमक और मसाले खाना छोड़ दिया, एक ऐसी उम्र में जब बच्चे मिठाई खाना और नए और अलग कपड़े पहनना पसंद करते हैं, उन्होंने खाकी पहनी। वह वास्तव में लोगों के मन को महसूस करते थे, उनकी मदद करना चाहते थे। यह एक अनूठी विशेषता थी, लेकिन मोदी पहले से ही एक दुर्लभ बालक थे।

1963

नरेंद्र मोदी तेरह वर्ष के थे और वर्ष था 1963। साधू और संत अक्सर वडनगर आते थे। एक संत ने शहर का दौरा किया, और गांव की परंपरा में यह शामिल था कि उसे किसी के घर में खिलाया जाता था। एक दिन, एक संत भोजन के लिए नरेंद्र मोदी के घर गए। भोजन के बाद, उन्होंने नरेंद्र मोदी की कुंडली मांगी। हीरा बा ने उन्हें सोमभाई और नरेंद्र मोदी की कुंडली सौंपी, जो उस समय उनके पास थी। सोम की राशि को देखते हुए, संत ने घोषणा की कि वह एक सामान्य जीवन जीएंगे, उन्हें जेल हो सकती है। बाद में उन्होंने नरेंद्र मोदी की राशि को देखा और उनकी आँखें चकित हो गईं। उन्होंने पूछा, "यह किसकी कुंडली है?" हीरा बा ने कहा कि यह उनके तीसरे बेटे नरेंद्र की कुंडली है। संत ने भविष्यवाणी की, "माँ, यह कुंडली बहुत प्रभावशाली है। अगर यह लड़का राजनीति में शामिल होगा, तो वह अपना प्रभाव पूरे दौर में फैला देगा, और अगर वह एक धर्मगुरु बनता है, तो वह शंकराचार्य जैसे उच्च पद को ग्रहण करने के लिए बाध्य है।" समय बीतने के साथ, सोम को सलाखों के पीछे होना पड़ा क्योंकि वह श्रमिक संघ के अध्यक्ष थे और उन्होंने एक आंदोलन किया था। जब सरकार ने धारा 144 लगाई, जिसका उन्होंने उल्लंघन किया, तो उन्हें सलाखों के पीछे डाल दिया गया। जहां तक नरेंद्र मोदी का सवाल है, उनकी जिंदगी हमारी आंखों के सामने खुल रही है।

1966

उनके जीवन की एक घटना जब वह केवल सोलह वर्ष के थे : उस समय का, उस उच्च सम्मान और पद के अनुसार मूल्यांकन करना उचित नहीं होगा जो उनके पास इस वक़्त है। हालांकि, उस घटना का उल्लेख करना आवश्यक है जो उनकी शादी की है। बचपन से ही, नरेंद्र मोदी राष्ट्रीय स्वयंसेवक संघ के शाखा में शामिल हो चुके थे । वह भगवान बुद्ध और विवेकानंद के जीवन और विचार से बहुत प्रभावित थे। उन्होंने संतों और द्रष्टाओं की सेवा करने से आनंद प्राप्त किया। राष्ट्र और समाज की सेवा करना उनके स्वभाव में था। जैसे ही उन्होंने युवावस्था में प्रवेश किया, उन्होंने अपना जीवन राष्ट्र और समाज की सेवा में समर्पित करने और गृह त्याग करने का मन बना लिया था। हालांकि, उनका परिवार आर्थिक रूप से कमजोर था। उस समय की प्रचलित रूढ़िवादिता और कुरीतियों से प्रभावित होकर मोदी परिवार ने मात्र सोलह वर्ष की अल्पायु में ही नरेंद्र मोदी को जबरन विवाह के लिए मजबूर कर दिया। नरेंद्र मोदी कभी शादी नहीं करना चाहते थे। फिर भी, उन्हें वैवाहिक गठबंधन में उनकी इच्छा के विरुद्ध बाँध दिया गया। नरेंद्र मोदी ने अपना सारा जीवन सांसारिक मोहों से दूर, भारत माता को समर्पित कर दिया था; वह वैवाहिक बंधनों में बंधने के लिए बिल्कुल भी इच्छुक नहीं थे। नरेंद्र मोदी के बड़े भाई सोमभाई मोदी 45-50 साल पहले घटी उस घटना को याद करते हैं: "लगभग 45-50 साल पहले हमारा परिवार, जिसमें मेरे माता-पिता, पांच भाई और एक बहन शामिल थे, बहुत ही साधारण और गरीब था। उस समय, हम सामाजिक, शैक्षणिक और आर्थिक रूप से पिछड़े थे, हम उस परिवार की संतान थे जो पिछड़ी और रूढ़िवादी प्रथाओं में बंधा हुआ था। पिछड़ेपन और गरीबी से पीड़ित हमारे परिवार में शिक्षा लगभग शून्य थी। हमारा परिवार बुरी रूढ़िवादी प्रथाओं के बीच जीवन व्यतीत करता था। सभी भाइयों और बहनों में, नरेंद्र मोदी की दिनचर्या, रुचियां, दृष्टिकोण, अभिरुचि और शौक हममें से बाकी लोगों से काफी अलग थे। राष्ट्र सेवा के प्रति उनके झुकाव से परिवार भली-भांति परिचित था, लेकिन हममें से किसी को भी उसके दिल में व्याप्त तीव्र इच्छा के बारे में पता नहीं था। वह भगवान बुद्ध और विवेकानंद के त्याग से प्रभावित थे। हमारे माता-पिता थोड़े पढ़े-लिखे थे; इसलिए, नरेंद्र मोदी परिवार के किसी अन्य सामान्य बच्चे की तरह थे। उस समय, उन्होंने हमें मौजूदा परिस्थितियों को ध्यान में रखते हुए जो ठीक समझा उसी के अनुसार हमें पाला पोसा। यह इस परिप्रेक्ष्य में था कि हमारे माता-पिता ने नरेंद्र मोदी की एक निविदा उम्र में शादी कर दी थी। "

सोमभाई भावनात्मक होते हुए कहते हैं: "नरेंद्र मोदी के लिए एकमात्र धर्म या कर्तव्य राष्ट्र की सेवा थी। उन्होंने सभी भौतिक सुख-सुविधाओं को त्याग कर गृह त्याग दिया। जसोदाबेन चिमनभाई मोदी के साथ हुई औपचारिक शादी केवल एक औपचारिकता भर रह गई थी क्योंकि नरेंद्र मोदी ने उन्हीं दिनों में घर छोड़ दिया था। उस घटना के 45-50 साल बाद भी नरेंद्र मोदी पूरे परिवार से बिल्कुल अलग रहते हैं। जसोदाबेन ने भी शैक्षिक क्षेत्र में काम करते हुए अपने माता-पिता के साथ अपना जीवन व्यतीत कर दिया। नरेंद्र मोदी ध्यान और तपस्या का जीवन जीते हैं। हमें यह स्वीकार करना होगा कि देश के लोग उन्हें हमसे बेहतर जानते हैं। हम हाथ जोड़कर अनुरोध करेंगे कि इस घटना को एक गरीब और रूढ़िवादी परिवार की मौजूदा परिस्थितियों के संदर्भ में देखा जाना चाहिए।

1967

उन्हें लगने लगा कि वह इस नियमित तरह के अस्तित्व या दुनिया के लिए नहीं है। उन्होंने अपना मन बना लिया था - उनका सोचने का तरीका अलग था। वे खुद को समझने की कोशिश करते रहे"। विभिन्न स्रोतों से और स्पष्ट अंतर्विरोधों और विसंगतियों के माध्यम से छानने के बाद जो पाया जा सकता है, वह यह है कि मोदी ने 1967 की गर्मियों में - गुजरात माध्यमिक और उच्च माध्यमिक शिक्षा बोर्ड द्वारा आयोजित दसवीं कक्षा की परीक्षा पास करके हाई स्कूल की पढ़ाई पूरी की। चूंकि वडनगर में कक्षा दसवीं से आगे की पढ़ाई का कोई और रास्ता नहीं था,, इसलिए मोदी ने विसनगर के एक स्कूल (जिसे कॉलेज भी कहा जाता है) में दाखिला लिया - मेहसाणा और उनके गृहनगर के बीच का छोटा सा शहर। यह इस कॉलेज में था कि मोदी ने स्कूल के दो और साल पूरे किए - जिसे उस समय भारत के अधिकांश हिस्सों में इंटरमीडिएट भी कहा जाता था। स्कूल परीक्षाओं के इस स्तर को पार करने के बाद ही कोई भी स्नातक पाठ्यक्रम -नियमित या व्यावसायिक में प्रवेश के लिए पात्र बन सकता है।

सत्रह वर्ष की आयु में, नरेंद्र मोदी ने घर और अध्ययन छोड़ दिया, और आध्यात्मिक ज्ञान प्राप्त करने के लिए हिमालय की ओर प्रस्थान किया। उनके इस निर्णय से उनके परिवार के सदस्यों को काफी ठेस पहुंची थी, लेकिन वे कृतसंकल्पित थे, जबकि उनके माता-पिता काफी दुविधा में थे। अंत में, सबने फैसला किया कि अगर वह चाहते हैं तो उन्हें जाने दिया जाए। एक शुभ दिन, माँ ने उनके मुंह में मिठाई का एक टुकड़ा रखा और सिंदूर से उनके माथे पर तिलक लगया। नरेंद्र मोदी ने सभी बुजुर्गों के पैर छूकर उनका आशीर्वाद मांगा और फिर उन्होंने देवत्व की तलाश में अपने घर की चार दीवारी से बाहर कदम रखा। जगह-जगह घूमते-घूमते और रास्ते में साधु-संतों से मिलते हुए नरेंद्र मोदी पहाड़ी हिमालय पर पहुंच गए। जब वह घर से निकले तब उनके पास पैसे नहीं थे। उन्होंने मानव प्रकृति के बारे में विभिन्न लोगों से पूछताछ की और इसने उनके ज्ञानका विस्तार किया, लेकिन कुछ समय बाद, वह इस निष्कर्ष पर पहुंचे कि इस तरह भटकने से कोई प्रयोजन नहीं हो सकता है। नरेंद्र उलझन में थे कि मुझे क्या करना चाहिए। ” दो साल से अधिक समय तक बेवजह भटकने के बाद, उन्होंने घर वापस जाने का फैसला किया। इस दौरान उनके बारे में कोई नहीं जानता था। सबसे पहले वे राजकोट के रामकृष्ण मिशन पहुंचे। उनकी भक्ति से प्रभावित होकर, मुखिया ने उन्हें मिशन में रहने के लिए एक जगह की पेशकश की, लेकिन वे वहां एक सप्ताह से अधिक नहीं रहे; वास्तव में, उनकी जिज्ञासा वहाँ संतुष्ट नहीं हुई थी। नरेंद्र मोदी वडनगर लौट आए। इस घटना को याद करते हुए, उनकी मां हीरा बा नम आँखों से कहती हैं, “हमें उनसे दो साल तक कोई खबर नहीं मिली, मैं बस निराश और नाउम्मेद थी, और फिर एक दिन, वह अचानक मेरे सामने आ गया । उसने हाथ में एक थैला पकड़ रखा था। मैं रसोई में थी और मेरी बेटी वसंती बाहर खड़ी थी। वह चिल्लाने लगी, भाई आ गया है, भाई आ गया है। ’मैं नरेंद्र को देखकर बहुत रोई। मैंने उससे पूछा कि वह कहाँ था, उसने क्या खाया। उन्होंने कहा कि वह हिमालय पर थे। उस समय, मैं , मेरी बेटी वसंती और नरेंद्र के अलावा घर पर कोई दूसरा व्यक्ति नहीं था। अपने भोजन के बाद, वह गाँव के लिए निकला। जिज्ञासा वश, मैंने उसका बैग खोला, जिसमें एक जोड़ी कपड़े, एक केसरिया शॉल और सबसे नीचे मेरा एक फोटो था। मुझे इस बात की जानकारी नहीं है कि वह इसे कहां से ले गया था, उसने मुझे इसके बारे में कभी नहीं बताया था। वडनगर में उनकी वापसी सिर्फ एक रात के लिए थी - जैसे कि केवल यह घोषणा करने के लिए कि उनके त्याग की अवधि समाप्त हो गई थी, लेकिन भविष्य परिवार से स्वतंत्र होगा। यह इस समय से था कि नरेंद्र मोदी दोबारा वडनगर नहीं गए हैं।

2

अहमदाबाद

नरेंद्र मोदी अहमदाबाद पहुंचे, लेकिन उनके पास कोई उद्देश्य नहीं था कि वे कहां जाएं और क्या करें। कभी-कभी वे अपने दोस्तों से मिलने जाते थे, अहमदाबाद में गीता मंदिर स्टेट ट्रांसपोर्ट बस स्टेशन पर अपने चाचा की कैंटीन में जाते थे, और कभी-कभी सामाजिक, सरकारी और धार्मिक कार्यक्रमों और सम्मेलनों में हिस्सा लेते थे। शायद वह किसी मकसद की तलाश में थे। वे उस समय दस वर्ष के थे, जब वे वडनगर में राष्ट्रीय स्वयंसेवक संघ में शामिल हुए थे, और शाखा के साथ उनका संपर्क उतना ही अच्छा था, जितना कि वे गंभीर थे; यहाँ अहमदाबाद में, इस संपर्क को पुनर्जीवित किया गया था। उन्होंने संघ कार्यालय का दौरा किया और प्रांत प्रचारक, लक्ष्मणराव इनामदार (वकिल साहब) से मुलाकात की। उन्होंने घंटों उनसे बात की, और यह इस चरण से था कि नरेंद्र मोदी के जीवन में एक और मोड़ आया।

अब उन्होंने अपना पूरा जीवन एक प्रचारक के रूप में संघ को समर्पित कर दिया और यहीं से उन्होंने पूरा समय मातृभूमि की पूजा में लगा दिया। एक भटके राही को अंततः अपने उद्देश्य के लिए एक मार्ग मिल गया। 1971 में 21 वर्ष की आयु में, नरेंद्र मोदी ने संघ कार्यालय में रहकर संघ का कार्य किया। इसके अलावा, उन्होंने वहां विविध मामलों की देखभाल की। वक़ील साहब उनके मार्गदर्शक प्रकाश बने रहे, और संघ कार्य जीवन में उनका एकमात्र उद्देश्य बन गया।

उन्होंने संघ के प्रशिक्षण शिविरों में भाग लिया जो हर गर्मियों में आयोजित किए जाते थे। एक संघ प्रचारक के रूप में, उन्होंने अपना सब कुछ राष्ट्रीय स्वयंसेवक संघ को समर्पित कर दिया।

उन्होंने संघ के विस्तार और विकास के लिए पूरे प्रयास और भावना के साथ काम किया। अब, संघ कार्यालय – डॉ. हेडगेवार भवन - उनका निवास बन गया था। कुछ समय बाद, पाकिस्तानी सेना के हाथों पूर्वी बंगाल के मुसलमानों और हिंदुओं पर अत्याचारों और नरसंहारों का विरोध करने के लिए दिल्ली में एक आंदोलन किया गया था। नरेंद्र मोदी ने अपनी वफादारी और सेवा की भावना का प्रदर्शन करने के लिए इस आंदोलन में भाग लिया। उन्हें गिरफ्तार कर जेल भेज दिया गया, लेकिन उन्हें जल्द ही रिहा कर दिया गया। 1972 में, उन्होंने पूर्णकालिक आधार पर संघ प्रचारक का वेश धारण किया और उन्होंने इस काम के लिए अपने चाचा को त्याग दिया। इस संबंध में, नरेंद्र मोदी ने कहा है: "मैंने वकिल साहब से मुलाकात की और उनसे बात की। वह मुझे अपने साथ रखने को तैयार हो गए। मैं उन दिनों संघ कार्यालय में काम कर रहा था। जब वक़ील साहब ने मुझे अपने साथ रहने के लिए आमंत्रित किया, तो वहाँ एक दर्जन अन्य लोग भी ठहरे हुए थे। मेरी दैनिक दिनचर्या में पाँच बजे जागना, दूध लाना , दूसरे लोगों को जगाना, सुबह की सभा में भाग लेना, चाय बनाना, सबको देना, बर्तन साफ़ करना और नाश्ता परोसना और फिर शाखा में भाग लेने जाना था। लगभग नौ बजे वहां से लौटने पर, मैं खाना बनाता और नाश्ता करता, आठ-नौ कक्षों वाली इमारत को साफ करता, फर्श को पोंछा और अपने और वकिल साहब के लिए कपड़े धोए। वह नहीं चाहते थे कि मैं उनके कपड़े धोऊं, लेकिन जब मैंने कहा कि मुझे यह नौकरी पसंद है, तो वह इसके लिए राजी हो गए। दोपहर के भोजन के लिए, मैं स्वयंसेवकों से मिलने गया - एक दिन में बारी-बारी से। वहाँ से लौटने पर, मैंने सभी लोगों के लिए चाय बनाई। यह एक वर्ष के करीब की मेरी दिनचर्या थी। " इस बीच, उन्हें राज्य कार्यालय के पत्राचार का अतिरिक्त प्रभार सौंपा गया। नरेंद्र मोदी को इसके लिए अधिक समय देना पड़ा। यह एक और साल तक जारी रहा। इसके बाद, उन्हें इलाज के सिलसिले में गुजरात और बाहर से अहमदाबाद आने वाले संघ के स्वयंसेवकों के परिवारों का ध्यान रखने का काम सौंपा गया। नरेंद्र मोदी ने अपने कर्तव्यों का निष्ठापूर्वक पालन किया। जब भी उनकी सहायता मांगी जाती, वह इसके लिए खुद को उपलब्ध कराते। उनका एक दोस्त था जो अपनी बहन के पति के निधन के बाद अपनी बहन के साथ अमेरिका से लौटा था। नरेंद्र मोदी ने उनका स्वागत किया और उनकी हरसंभव सहायता की। यह सज्जन कहते हैं: "नरेंद्र मोदी ने केशवराव देशमुख और लक्ष्मणराव इनामदार के साथ शोक की इस घड़ी में हमसे मुलाकात की। वह अक्सर हमसे मिलने आते थे और नैतिक रूप से हमारा समर्थन करते थे।" उनकी दृढ़ता को देखते हुए, उन्हें एक बार संघ के यात्रा

अधिकारियों के लिए बसों और ट्रेनों में सीटें आरक्षित करने का काम सौंपा गया था। इसने उन्हें परिवहन और रेलवे अधिकारियों के संपर्क में लाया, और यह दोस्ती में विकसित हुआ, और इसने उन्हें इस क्षेत्र में काम करने का अनुभव दिया। एक और अध्याय सामने आया जब डॉ. वणिकर के मार्गदर्शन में विश्व हिंदू परिषद ने सिद्धपुर में अपना गुजरात सम्मेलन आयोजित किया। सम्मेलन की व्यवस्था और प्रबंधन नरेंद्र मोदी को सौंपा गया था, जिसे उन्होंने प्रवीणता के साथ किया और इस तरह अपनी आयोजन क्षमता का प्रदर्शन किया।

नरेंद्र मोदी ने विविध क्षेत्रों में काम करके अपने अनुभव को समृद्ध किया और उन्होंने अपने अनुभवों को एक बड़े खजाने में जमा किया। इससे उन्हें मानव स्वभाव का अध्ययन करने में मदद मिली। वह कभी भी कोई नई जिम्मेदारी लेने के लिए तैयार थे, केवल शर्त यह थी कि वह चुनौतीपूर्ण होना चाहिए। वह काम करना पसंद करते हैं, लोगों के संपर्क में रहते हैं और दूसरों के जीवन को आरामदायक बनाते हैं। खाना बनाना, कपड़े धोना, शौचालय की सफाई करना और अपने साथियों की हर संभव सेवा करना, नरेंद्र मोदी ने कभी भी अपने मन में उस पूर्वानुमान को याद नहीं किया जो ऋषि ने एक बार किया था, कि वह एक ऋषि के रूप में या शासक के रूप में गौरव की ओर बढ़ेंगे।

समय यह साबित करता है कि संन्यासी का तत्व आसक्ति से रहित है और यह एक सम्राट (सम्राट) के सार में परिणत हो सकता है। संघ कार्यालय में नरेंद्र मोदी का आगमन, बेहतर साबित हुआ; क्योंकि इससे उन्हें एक पहचान मिली और उन्होंने जीवन में अपना उद्देश्य पाया। वह वहां अकेले नहीं थे , वह एक विशाल परिवार का हिस्सा थे, और यह परिवर्तन उनके लिए एक नया व्यक्तित्व, एक नई छवि बन गया; जो जन्मजात क्षमता और व्यक्तित्व को प्रकट करता है; और यह वकिल साहब की योग्यता की सराहना करने के लिए निश्चित रूप से ज़्यादा नहीं होगा जिन्होंने इस तरह की प्रतिभा को पहचाना और एक युवा व्यक्ति को एक पूर्णकालिक संघ प्रचारक के रूप में परिवर्तित किया।

नरेंद्र मोदी को संघ प्रचारक के रूप में स्थापित करने के बाद, वकिल साहब ने उनसे एक बार कहा था: "सर्वशक्तिमान ने आपको इस तरह की बौद्धिक शक्ति प्रदान की है; अब आपको अपनी पढ़ाई वापस करनी होगी। " बाद में, वकिल साहब ने स्वयं प्रवेश के लिए प्रोस्पेक्टस इकट्ठा किया। नरेंद्र मोदी दिल्ली विश्वविद्यालय के बाहरी छात्र के रूप में शामिल हुए और स्नातक बने। बाद में उन्होंने बाहरी छात्र के रूप में गुजरात विश्वविद्यालय से स्नातकोत्तर की उपाधि प्राप्त की। यह काफी आश्चर्यजनक है कि उन्होंने नियमित छात्रों की तुलना में

बाहरी छात्र होने के बावजूद पहला स्थान हासिल किया। " प्रचारक बनने के बाद, उन्होंने खुद को संघ कार्य, शरीर और आत्मा के विस्तार और प्रसार के कार्य में लगा दिया। विभिन्न विषयों पर बात करने की उनकी आदत, हास्यवृत्ति, मदद करने के लिए तत्पर व्यक्तित्व, तेज स्मृति - इन सभी कारकों ने उन्हें स्वयंसेवकों का पसंदीदा बना दिया। सामाजिक जीवन में व्यस्त कार्यक्रम के बावजूद, उनका आंतरिक दिल हमेशा आध्यात्मिकता में व्यस्त था। राष्ट्रीय स्वयंसेवक संघ का राज्य कार्यालय, डॉ. हेडगेवार भवन, नरेंद्र मोदी की शरणस्थली था, और वे संघ कार्य को आगे बढ़ाने के लिए वहीं रहे।

3

आपातकाल (1975) नरेंद्र मोदी के लिए अपनी काबिलियत साबित करने का एक मंच

जून 1975, के चुनावों में, कांग्रेस की हार हुई और एक गैर-कांग्रेस गठबंधन सरकार बनी। इसका नेतृत्व किसान मजदूर लोक पक्ष (KMLP) के बाबूभाई जसभाई पटेल ने किया था। केएमएलपी चिमनभाई पटेल द्वारा बनाई गई पार्टी थी, जो कांग्रेस से निकाले जाने के बाद, मतदाताओं को यह बताने में सक्षम थी कि उन्होंने तेलिया राजाओं से पैसे लिए थे, लेकिन यह इंदिरा गांधी की चुनावी संदूक के लिए था, न कि उनके लिए। हालाँकि, चिमनभाई खुद चुनाव हार गए और मोरारजी देसाई की कांग्रेस (संगठन) की सहायता से सरकार का गठन किया गया, जिसने जीत हासिल की। सरकार, जिसे जनता मोर्चा सरकार कहा जाता था, ने आपातकाल से आठ दिन पहले 18 जून को पदभार ग्रहण किया। इसका एक दिलचस्प असर हुआ क्योंकि जब आपातकाल की घोषणा की गई, तो नवनियुक्त सरकार ने केंद्र सरकार के साथ पूर्ण सहयोग करने से इनकार कर दिया। जनसंघ और आरएसएस ने आपातकाल का कड़ा विरोध किया और सभी स्वयं सेवकों को इसमें शामिल होने के लिए कहा। हालांकि, उनके प्रयासों को एक झटका लगा

क्योंकि संगठन के सभी प्रमुख नेताओं को गिरफ्तार करने का आदेश दिया गया और यहां तक कि गुजरात सरकार को भी इसका पालन करना पड़ा।

नरेंद्र को केशवराव देशमुख के साथ काम करने के लिए सौंपा गया था, लेकिन बाद में उन्हें गिरफ्तार कर लिया गया था। गुजरात के आरएसएस बॉस, नथालाल ज़गदा को भी गिरफ्तारी का सामना करना पड़ा। लेकिन जब पुलिस बुलाने आई, तो मोदी अपने दोपहिया वाहन पर ज़गदा को पीछे की सीट पर बैठाकर दूर भाग गए। उस समय, नरेंद्र खुद इतने छोटे कार्यकर्ता थे कि उन्हें पुलिस गिरफ्तार नहीं कर सकती थी। उन्होंने इसका पूरा फायदा उठाया और एक साथी संगठन की एक महिला को पुलिस स्टेशन भेजा, जहां देशमुख को जेल ले जाने से पहले रखा गया था। देशमुख के पास गुजरात में आरएसएस की भविष्य की कार्यवाई से संबंधित कुछ दस्तावेज थे। चूंकि गुजरात में आपातकाल सख्ती से लागू नहीं हुआ था, महिला, आरएसएस के नेता से मिलने और दस्तावेजों को लेने में सक्षम रहीं। नरेंद्र मोदी हमेशा जानकारी एकत्र करने और प्रसार करने में अच्छे थे और इस अवधि के दौरान यह उनका काम बन गया। आपातकाल के पहले कुछ महीनों के दौरान, मोदी को उत्तर भारत में ज्यादतियों से संबंधित पर्चे और अन्य साहित्य मिले, साथ ही भारत के संविधान और अन्य कानूनी मामलों से संबंधित सामग्री(गुप्त रूप से छपी)। उन्होंने अहमदाबाद से दूसरे शहरों के लिए रवाना होने वाली ट्रेनों में भी उन्हें लाद दिया।

स्टेशनों पर पहरा देने वाली रेलवे पुलिस से बचते हुए ऐसा छिपकर किया गया था। वह पुलिस को चकमा देने और अहमदाबाद के मणिनगर इलाके में गोपनीय बैठकें करने में भी कामयाब थे। उनकी अन्य गतिविधियों में ऐसे लोगों की पहचान करना शामिल था जो स्वयंसेवकों के परिवारों का समर्थन कर सकते थे जो छुप गए थे या पुलिस द्वारा पकड़े गए थे। 'अवसर' इस्तेमाल करने के लिए गलत शब्द होगा, लेकिन आपातकाल ने नरेंद्र मोदी को अपनी क्षमता साबित करने के लिए एक मंच प्रदान किया। । सभी मालिकों के जेल में या छुपे होने के कारण, बहुत अधिक काम उनके रास्ते में आया। सामान्य परिस्थितियों में उनके वरिष्ठ शायद बोझ उठा लेते थे।

नरेंद्र मोदी नामक एक ब्लॉग साइट पर एक पोस्ट, जो उनके द्वारा अनुमोदित प्रतीत होता है, का कहना है कि आपातकाल के दौरान, प्रभुदास पटवारी (एक गांधीवादी जो बाद में तमिलनाडु के राज्यपाल बने) ने नरेंद्र को अपने घर बुलाया और उन्हें जॉर्ज फर्नांडीस से मिलवाया। उत्तरार्द्ध, जो भेष बदले हुए था और पुलिस द्वारा खोजा जा रहा था, ने आरएसएस के एक नेता से सहायता मांगी थी। नरेंद्र

मोदी ने जॉर्ज फर्नांडीस और आरएसएस नेता नानाजी देशमुख के बीच एक बैठक आयोजित की, जो खुद भी छुपे हुए थे । बैठक में,जहां नरेंद्र मौजूद थे,समाजवादियों ने इंदिरा गांधी सरकार को उखाड़ फेंकने की हिंसक योजना के लिए नानाजी और आरएसएस की मदद मांगी। लेकिन नानाजी ने हिंसा की निरर्थकता को समझा और मदद करने से इनकार कर दिया। कुछ महीने बाद, जॉर्ज फर्नांडीस को बड़ौदा डायनामाइट मामले में गिरफ्तार किया गया था। इन मुठभेड़ों और एक परिवार के सदस्य के रूप में प्रस्तुत होने के अलावा, नरेंद्र मोदी भावनगर जेल भी गए जहाँ जनसंघ के नेता शंकरसिंह वाघेला थे । अगर उन्हें आरएसएस के पदाधिकारी के रूप में मान्यता दी गई होती, तो उन्हें भी जेल हो जाती। गुजरात आपातकाल विरोधी गतिविधियों का केंद्र बन गया था और इंदिरा गांधी चिंतित थीं। जन मोर्चा सरकार में अस्थिरता, कांग्रेस मुख्यालय द्वारा उत्प्रेरित होने की अफवाह, ने उन्हें एक सुनहरा अवसर प्रदान किया: मार्च 1976 में, इसे खारिज कर दिया गया। तुरंत, राष्ट्रपति शासन लगा दिया गया।

हालांकि इसे नौ महीने बाद हटा दिया गया था, लेकिन अंतरिम अवधि में राजनीतिक पैंतरेबाजी ने कांग्रेस के मुख्यमंत्री को फिर से गुजरात में स्थापित करना संभव बना दिया। चूंकि इंदिरा गांधी एक ज्ञात नेता नहीं चाहती थीं, इसलिए उन्होंने नए मुख्यमंत्री के रूप में लगभग अज्ञात माधवसिंह सोलंकी का अभिषेक किया। एक पुलिस अधिकारी, जो उस समय गवर्नर का सहयोगी था, के पास एक दिलचस्प कहानी है। उनका कहना है कि सोलंकी इतने अनजान थे कि उन्हें ढूंढने और उनसे संपर्क करने के लिए उन्हें बहुत प्रयास करने पड़े। पुलिस अधिकारी का कहना है कि आखिरकार, हमने उन्हें अहमदाबाद के मेमनगर इलाके में पाया और बताया कि उन्हें मुख्यमंत्री के रूप में नियुक्त किया जा रहा है। हालाँकि सोलंकी का कार्यकाल बहुत लंबा नहीं चला - दिल्ली में जनता पार्टी के सत्ता में आने के बाद सरकार गिर गई, आपातकाल की समाप्ति के बाद - वह गुजरात में इतिहास रचने वाले थे । उन्होंने एक नई रणनीति का अनावरण करके यह हासिल किया जिसकी वजह से कांग्रेस ने 1980 और 1985 में रिकॉर्ड बहुमत से लगातार दो चुनाव जीते। यह एक ऐसा रिकॉर्ड है जिसे नरेंद्र मोदी भी नहीं तोड़ पाए हैं।

4

लाल कृष्ण आडवाणी

राष्ट्रीय स्वयंसेवक संघ एक एकल संगठन नहीं है: इसके पास मातृत्व के आसपास छोटे संगठनों का एक परिवार है। आरएसएस के उद्देश्यों को आगे बढ़ाने के लिए सभी संगठनों को संरचित किया गया है। उनमें से कुछ छात्रों के लाभ के लिए काम करते हैं, अन्य महिलाओं के लिए और अन्य आदिवासियों के लिए। यह सुनिश्चित करने के लिए कि आरएसएस की धारणा तनूकृत न हो, आरएसएस के प्रतिनिधि इन संगठनों में अंतः स्थापित हैं और वे मुख्य गतिविधियों का मार्गदर्शन करते हैं। एक राजनीतिक दल आरएसएस परिवार का एक अनिवार्य घटक है।

आजादी के बाद, यह जनसंघ था, जिसके माध्यम से आरएसएस संचालन करता था। हालाँकि, जनसंघ का लोगों पर सीमित प्रभाव था और कुछ उत्तर भारतीय राज्यों में यह स्थानीयकृत था। इंदिरा गांधी द्वारा लगाया गया आपातकाल केवल 19 महीने चला, लेकिन इसने भारत में राजनीति में महत्वपूर्ण बदलाव लाए। पहली बार, विपक्ष ने एक साझा मंच पर एकजुट होने की कोशिश की। इस प्रकार जनता पार्टी की स्थापना हुई। हालांकि, कुछ साल बाद पूर्ववर्ती जनसंघ के कुछ सदस्यों द्वारा दोहरी सदस्यता की मांग पर पार्टी टूट गई। वे जनता पार्टी और आरएसएस का भी हिस्सा बनना चाहते थे। जनता पार्टी के अन्य लोगों ने इसे चिढ़ाने वाला पाया और जल्द ही पार्टी का पतन हो गया। जनसंघ एक नए अवतार में वापस आया : भारतीय जनता पार्टी। नया नाम उस पार्टी के लिए एक नई ब्रांड छवि पेश करने के लिए था जिसे पहले एक मजबूत हिंदू ताकत होने की छवि द्वारा प्रतिबंधित किया गया था।

1980 में भाजपा की स्थापना हुई थी। लेकिन 1984 के आम चुनावों में हारने के बाद, इसके गठन के बमुश्किल पांच साल बाद इसे राष्ट्रीय संकट का सामना

करना पड़ा। इंदिरा गांधी की हत्या की छाया के साथ चुनावों में बड़े पैमाने पर, भाजपा 543 में से सिर्फ दो सीटें जीत सकी। एक सीट आंध्र प्रदेश में थी और दूसरी गुजरात में मेहसाणा थी। पार्टी के वरिष्ठ एल.के. आडवाणी ने बाद में कहा कि यह लोकसभा चुनाव नहीं था बल्कि इंदिरा गांधी के लिए एक ' शोक सभा ' थी। पार्टी ने अब महसूस किया कि इसे तेजी से विस्तार करने के लिए अधिक आक्रामक होना होगा: अन्यथा, यह हमेशा बाहरी कारकों की अनिश्चितता के अधीन होगी। आरएसएस, भाजपा के मूल संगठन, ने हमेशा माना था कि हिंदू धर्म वह गोंद था जो भारत को एक साथ रखता था और यह कि 'हिंदू' शब्द भारत के ईसाइयों, सिखों और मुसलमानों को शामिल करने के लिए पर्याप्त व्यापक था। तर्क यह था कि किसी भी मामले में, अधिकांश अन्य धार्मिक समूह पहले हिंदू थे जिनका धर्मांतरण किया गया था। 1986 में, आडवाणी - जिन्होंने जनसंघ और भाजपा में शामिल होने से पहले महत्वपूर्ण पदों पर आरएसएस में काम किया था - पार्टी के अध्यक्ष बने। उन्हें पार्टी को फास्ट ट्रैक पर लाने का जनादेश दिया गया था। चूंकि पार्टी गुजरात में अच्छा प्रदर्शन कर रही थी, इसलिए उन्होंने राज्य में भाजपा के मामलों को मजबूत करने के लिए पटेलों को पार्टी में शामिल करके आक्रामक तरीके से शुरुआत की।

इस बीच, राम जन्मभूमि आंदोलन आकार ले रहा था। भाजपा के लिए, राष्ट्र भर में एक साझा मंच के तहत हिंदुओं को जुटाने के लिए अच्छी संभावनाएं लग रही थीं। गुजरात में, यह पार्टी को मजबूत करने की रणनीति का दूसरा चरण होगा। आडवाणी एक अच्छे संगठनकर्ता की तलाश कर रहे थे, एक उत्साही व्यक्ति जो आरएसएस की फिलॉसोफी को अच्छी तरह से समझता था। उनकी पसंद नरेंद्र मोदी पर रुकी, जो आरएसएस में अपने काम के दौरान जमीनी स्तर पर लोगों को जानकारी जुटाने और प्रबंधित करने के लिए अपने उत्कृष्ट कौशल के लिए चर्चित थे। मोदी 37 साल के थे और डेढ़ दशक से आरएसएस के साथ थे। वह ऊर्जावान और एक अच्छे वक्ता थे। तदानुसार और आडवाणी की सिफारिश के साथ, उन्हें 1987 में गुजरात भाजपा के महासचिव के रूप में भाजपा में प्रतिनियुक्त किया गया था।

मोदी अठारह वर्षों तक वडनगर नहीं लौटे, एक बार को छोड़कर और वह भी कुछ घंटों के लिए जब उनके पिता अपनी मृत्युशैया पर थे! उस समय - 1989 में - उन्होंने कुछ बनकर अपने उद्देश्य को आंशिक रूप से प्राप्त कर लिया था - वे गुजरात में भारतीय जनता पार्टी के संगठन के महासचिव थे। यह संयोग की बात थी कि मोदी अभी-अभी कैलाश मानसरोवर की तीर्थ यात्रा से ही लौटे थे जब उन्हें

अपने पिता के बारे में खबर मिली। उनके पिता मर रहे थे। उन्होंने उन्हें मानसरोवर का पवित्र जल दिया। '

यदि नरेंद्र के जीवन का पहला चरण आरएसएस में शामिल होने के दिन समाप्त हो गया था, तो दूसरा अब समाप्ति की ओर बढ़ रहा था। मोदी अब अपने जीवन के अधिक घटनापूर्ण और महत्वपूर्ण तीसरे चरण में प्रवेश कर रहे थे।

5

रथ यात्रा

गुजरात के 600 गांवों में से प्रत्येक में रथ के माध्यम से यात्रा की, बड़ी भीड़ ने आडवाणी का स्वागत किया। यह स्पष्ट था कि यात्रा की सफल शुरुआत हुई। मार्ग की योजना मोदी द्वारा सावधानीपूर्वक बनाई गई थी। लगभग 50 सभाओं को संबोधित करते हुए, आडवाणी (मोदी के साथ) ने कहा कि उनकी अयोध्या की यात्रा केवल एक मंदिर के पुनर्निर्माण के बारे में नहीं थी, बल्कि कुछ बुनियादी सवालों से भी संबंधित थी: धर्मनिरपेक्षता क्या है? सांप्रदायिकता क्या है? क्या अल्पसंख्यक सांप्रदायिकता को लगातार बढ़ावा देकर राष्ट्रीय एकता हासिल की जा सकती है? और क्या सरकारें अल्पसंख्यकवाद के पंथ को खारिज कर सकती हैं?

रथ यात्रा को 10,000 किलोमीटर की दूरी तय करनी थी और दशहरा के दिन अयोध्या में समाप्त होना था। लेकिन जैसा कि सर्वविदित है कि आडवाणी को बिहार के समस्तीपुर में तत्कालीन मुख्यमंत्री लालू प्रसाद यादव (वी.पी. सिंह के मौन समर्थन के साथ) के आदेश पर गिरफ्तार किया गया था। भाजपा ने तुरंत वी.पी. का समर्थन वापस ले लिया। उसने ऐसा क्यों किया इसके बारे में कोई जानकारी दिए बिना। अल्पमत में आने के बाद, सरकार कुछ दिनों बाद लोकसभा में अविश्वास प्रस्ताव के बाद गिर गई।

आडवाणी की गिरफ्तारी के बाद गुजरात में सांप्रदायिक शांति भंग हो गई और हिंदू-मुस्लिम झड़प छिड़ गई। हालांकि अभी तक व्यापक रूप से जाना नहीं गया है, फिर भी नरेंद्र मोदी ने अक्टूबर के अंतिम सप्ताह को 'दृढ़ संकल्प के सप्ताह' के रूप में घोषित किया। विश्व हिंदू परिषद (विहिप) द्वारा अयोध्या में मंदिर का प्रचार-प्रसार करने के लिए सैकड़ों कस्बों और गांवों में बैठकें आयोजित की गईं।

हिंसा शुरू हो गई और अनुमान है कि झड़पों में 200 से अधिक लोग मारे गए, यहां तक कि हिंदू-मुस्लिम विभाजन गहरा गया।

जब एक साल पहले यानी 1989 में राजीव गांधी प्रधानमंत्री थे, तब वि.हि.प ने राम मंदिर के मुद्दे पर अपने अभियान की शुरुआत की थी।

आधिकारिक अनुमति प्राप्त करने के बाद, एक 'शिलान्यास', या एक आधारशिला रखने की रस्म, बाबरी मस्जिद से सटे स्थल पर हुई। विहिप, जो कि संघ (आरएसएस) परिवार का हिस्सा था, ने तय किया कि पूरे देश में जनसमर्थन जुटाने का एक अच्छा तरीका कार्यक्रम में जनता को शामिल करना होगा। और उन्हें मंदिर के निर्माण के लिए ईंट बनाने के लिए कार सेवा के रूप राजी करने से बेहतर तरीका और क्या हो सकता है? इसके लिए भाजपा/विहिप कार्यकर्ताओं द्वारा ग्रामीण क्षेत्रों में व्यापक पैठ बनाने और लोगों को राम मंदिर आंदोलन में भाग लेने के लिए प्रेरित करने की आवश्यकता थी। जब यह देश भर में संघ परिवार का सामूहिक प्रयास बन गया, गुजरात में एक व्यक्ति ने बहुत ही उत्साही भूमिका निभाई: नरेंद्र मोदी।

मोदी ने संदेश फैलाने और स्वयंसेवकों की भर्ती के लिए छोटे कस्बों और शहरों का दौरा शुरू किया। उन्होंने उनमें से कई को भाजपा में शामिल किया, इस प्रकार इसकी सदस्यता में वृद्धि हुई। राम मंदिर के लिए वहां बनाई गई ईंटों को 'पूजा' करने और 'पवित्र करने' के लिए गुजरात भर के सैकड़ों गांवों में राम शिला पूजा हुई।

पूरे भारत से कुल 275,000 संरक्षित ईंटें अयोध्या पहुंचीं। हालांकि किसी ने गुजरात से ईंटों की संख्या का कोई रिकॉर्ड नहीं रखा है, लेकिन संख्या काफी बड़ी थी। कई लोग कहते हैं कि गुजरात से न केवल गांवों में, बल्कि शहरों और कस्बों में भी आजादी के संघर्ष के बाद सबसे प्रभावशाली प्रयास हुआ। इस जुटाव के बारे में एक उल्लेखनीय बात यह थी कि इसने जातिगत रेखाओं को काट दिया था: निचली जाति के हिंदुओं, जिनमें अनुसूचित जाति और आदिवासी भी शामिल थे, ने आंदोलन में भाग लिया था।

दूरस्थ छोटे गाँवों को भी नजरअंदाज नहीं किया गया था। इसका एक महत्वपूर्ण चुनावी प्रभाव था: इसने एक समग्र हिंदू वोट बैंक का गठन किया।

गुजरात में, राम जन्मभूमि आंदोलन कांग्रेस द्वारा बनाए गए खाम गठबंधन के टूटने का कारण बना। क्षत्रिय, हरिजन और आदिवासी ने पटेल, ब्राह्मण और बनियों के साथ मिल गए । ' आडवाणी की सोमनाथ से अयोध्या की यात्रा से पहले की एक यात्रा उत्तर और मध्य गुजरात के आदिवासी इलाकों से होकर गुज़री थी।

इसका उद्देश्य आदिवासियों - जिनकी आस्था, सर्वात्मवाद पर आधारित थी - को राम मंदिर के विचार में शामिल करना था। सोमनाथ-अयोध्या यात्रा के बाद, मोदी गुजरात में भाजपा के एक प्रबल पदाधिकारी बन गए।

सोमनाथ-अयोध्या यात्रा के गुजरात चरण के आयोजन में मोदी के प्रयासों की सफलता ने जल्द ही उन्हें अपना पहला राष्ट्रीय कार्यभार दिलाया। नए भाजपा अध्यक्ष मुरली मनोहर जोशी कश्मीर पर ध्यान केंद्रित करना चाहते थे - जहां 1989 से उग्रवाद व्याप्त था - पार्टी की संभावनाओं को पूरा करने के लिए। 1992 गणतंत्र दिवस पर कन्याकुमारी (भारत का सबसे दक्षिणी छोर) से श्रीनगर तक एकता यात्रा की योजना बनाई गई थी। अयोध्या यात्रा के मोदी के सावधानीपूर्वक आयोजन से अत्यधिक प्रभावित, जोशी ने लंबी एकता यात्रा की योजना के लिए भी अपनी सेवाओं की आवश्यकता जताई। मोदी का काम यात्रा के आगे के स्थानों का भ्रमण करना था और भाजपा कार्यकर्ताओं को भारी भीड़ के साथ जोशी के प्रवेश के लिए तैयार करना था। 11 दिसंबर 1991 को जब कन्याकुमारी से यात्रा शुरू हुई थी, तब मोदी जोशी के साथ मौजूद थे और श्रीनगर जाने के लिए रास्ते भर उनके साथ रहे।रास्ते में, उन्होंने पार्टी कार्यकर्ताओं और उनके द्वारा एकत्रित की गई भीड़ को संबोधित किया।

6

1995

इस देश में भारतीय लोकतंत्र, राजनीति के लिए गाए जाने वाले विजय गीत के बावजूद, जाति और समुदायों के बारे में है। जाति अक्सर भारतीय राजनीतिक संगठनों के हितों को निर्धारित करती है, जिसमें मुख्यधारा की पार्टियां भी शामिल हैं। यदि किसी विशेष प्रभावशाली जाति समूह को एक पार्टी के साथ जोड़ दिया जाता है, तो ग्रामीण अर्थव्यवस्था में उसके प्रतियोगी अनिवार्य रूप से प्रतिद्वंद्वी गठन में शामिल हो जाएंगे। यह पूरे भारत में सच है।

गुजरात में, कांग्रेस पार्टी ने पटेलों के हितों को प्रतिबिंबित किया, जब तक कि 1980 के दशक की शुरुआत में राज्य कांग्रेस प्रमुख जीनाभाई दरजी और नए मुख्यमंत्री माधवसिंह सोलंकी के संयोजन से पार्टी के भीतर एक मजबूत ओबीसी आंदोलन शुरू नहीं किया गया था। इसने पटेलों को एक नए विकल्प की तलाश शुरू करने के लिए प्रेरित किया। भाजपा के लिए शुरुआती दिन थे, और यह एक आन्तरक सपोर्ट ग्रुप की तलाश में एक पार्टी थी। पार्टी के एकमात्र समर्थक वे थे जो आरएसएस के अनुयायी थे।

लेकिन समस्या यह है कि आरएसएस देश में किसी भी जाति समूह का प्रतिनिधित्व नहीं करता था: जहां अधिकांश आबादी रहती थी। तो एक पार्टी की तलाश में पटेल, एक जाति समूह थे, और भाजपा, जो अनुयायियों की तलाश में एक पार्टी थी। फिट एकदम सही था। राष्ट्रीय स्तर पर हिंदुत्व के अपने लिबास और राम मंदिर आंदोलन के बाद, पार्टी ने पटेलों के हितों को प्रतिबिंबित करना शुरू कर दिया।

1995 के आसपास जब भाजपा गुजरात में पटेलों के कंधों पर सत्ता में आई, उदारीकरण पहले से ही चार साल का था। उदारीकरण पटेलों के अनुकूल था:

उन्होंने इसके लाभों का लाभ उठाया।

भाजपा ने अपने दम पर कुल 182 में से 121 सीटें जीतीं। पिछले चुनावों में उसका वोट शेयर 27 प्रतिशत से बढ़कर 42.5 प्रतिशत हो गया। पहली बार, भगवा पार्टी खुद से सरकार बनाने की स्थिति में थी। लेकिन सत्ता, जैसा कि वे कहते हैं, भ्रष्ट करती है और अपनी समस्याओं को साथ लाती है। हालांकि दिल्ली में भाजपा के मालिकों ने सोचा था कि वे केशुभाई पटेल को मुख्यमंत्री बनाएंगे, एक अन्य दावेदार थे: शंकरसिंह वाघेला। बीजेपी नेताओं को पता चला कि वाघेला को वास्तव में 121 विधायकों के बहुमत का समर्थन था। नरेंद्र मोदी, जो अहमदाबाद में आरएसएस के दिनों से ही वाघेला को जानते थे, उन्हें लगता था कि वाघेला पर भरोसा नहीं किया जा सकता। इसके अलावा, अगर पटेल कार्ड को सफलतापूर्वक खेला जाना था, तो यह मुख्यमंत्री के रूप में केशुभाई का अभिषेक करना रणनीतिक राजनीतिक समझ थी ।

मोदी - जिन्होंने अब तक खुद को बीजेपी आलाकमान के कान और आँखों के रूप में स्थापित कर लिया था, खासकर आडवाणी के लिए – प्रबल हुए । उन्होंने न केवल खुद को पार्टी की जीत के लिए जिम्मेदार संगठनात्मक बॉस के रूप में माना, बल्कि यह भी माना कि स्थानीय निकाय चुनावों में भी भाजपा की जीत के लिए उनकी नवीन रणनीतियाँ और योजनाएँ ही जिम्मेदार थीं। केशुभाई 14 मार्च 1995 को गुजरात के मुख्यमंत्री बने। जैसे ही ऐसा हुआ, मोदी ने सरकार के बाहर से शो चलाना शुरू कर दिया। 'कभी-कभी, वह कैबिनेट की बैठकों में आते थे।एक बार, उन्होंने एक बैठक में भाग लिया जहाँ नौकरशाहों को मुख्यमंत्री द्वारा संबोधित किया जा रहा था। 'यह पहली बार था जब मोदी को एक महत्वपूर्ण व्यक्ति के रूप में जनता की नज़र में पहचाना गया। 'इससे पहले और सार्वजनिक कल्पना में, वह मामूली व्यक्ति थे । पार्टी में उनकी स्थिति क्या थी, अनजान थी; ' लेकिन मोदी ने केवल सरकारी मामलों में दखलंदाजी ही नहीं की। उन्होंने व्यवस्थित रूप से वाघेला समर्थकों को महत्वपूर्ण पदों से बाहर निकालना शुरू किया। इसका परिणाम संख्यात्मक दृष्टि से वाघेला शिविर को कम करने का था। लेकिन सितंबर 1995 की शुरुआत में, वाघेला ने 47 विधायकों के समर्थन की कमान संभाली।

7

विद्रोह

वाघेला तब भड़के हुए थे जब सितंबर में केशुभाई ने 42 सरकारी बोर्डों और निगमों के अध्यक्षों की नियुक्ति की (परंपरागत रूप से सत्तारूढ़ पार्टी के वफादारों को ,जो मंत्री नहीं हैं, पुरस्कृत करने का एक तरीका है)। चुने गए लोगों में से कोई भी वाघेला का आदमी नहीं था। शंकरसिंह ने इस कदम में केशुभाई और मोदी (आडवाणी द्वारा समर्थित) का संयुक्त हाथ देखा।

उन्होंने अपने 47 विधायकों के साथ एक विद्रोह की घोषणा की और मध्य प्रदेश के खजुराहो के लिए एक चार्टर्ड विमान में चल पड़े । अपने अनुशासन के लिए जानी जाने वाली भाजपा देश के लिए हंसी का पात्र बन गई, क्योंकि समूह पाँच सितारा होटल में ठहरा। ' इस घटना ने भाजपा के केंद्रीय नेतृत्व को स्तब्ध कर दिया, जिन्हें सभी के साथ, मोदी द्वारा आश्वासन दिया गया था कि वाघेला की ताकत को कम करके आंका गया है, न कि एक दर्जन से अधिक विधायक वाघेला के साथ जाएंगे। ' अगर बीजेपी नेतृत्व को इसका आभास होता, तो पता चलता कि प्रधानमंत्री नरसिम्हा राव, अपने दूतों के माध्यम से वाघेला के संपर्क में थे और उन्हें विद्रोह के लिए प्रोत्साहित कर रहे थे। वाघेला को आश्वासन दिया जा रहा था कि वह कांग्रेस के विधायकों की मदद से मुख्यमंत्री बन सकते हैं, जिनकी संख्या 45 थी। लेकिन ये वाघेला कौन थे जिन्होंने बीजेपी की गुजरात इकाई से श्रेय छीनने की धमकी दी थी?

1940 में जन्मे वाघेला, केशुभाई से एक दशक छोटे और मोदी से एक दशक बड़े थे और एक क्षत्रिय परिवार से ताल्लुक रखते थे, जो गुजरात की राजधानी गांधीनगर से दूर वहीं एक गाँव से थे। सैन्य मामलों में उनकी दिलचस्पी थी और स्कूल में, वाघेला एनसीसी का हिस्सा थे। एक ताकतवर आदमी, वह आरएसएस

के संपर्क में आए और जल्द ही रैंकों में शामिल हो गए । कुछ साल बाद उन्हें जनसंघ में भेज दिया गया और पार्टी का आयोजन सचिव बना दिया गया जो केवल नाम को था ।

आपातकाल के दौरान, वाघेला सत्रह महीने जेल में रहे थे और जब जनता पार्टी अस्तित्व में आई थी तब वे उपाध्यक्षों में से एक थे। 1980 में जब भाजपा की स्थापना हुई, तब वाघेला गुजरात में पार्टी के पहले अध्यक्ष बने और 1991 तक रहे। इसके साथ ही, वाघेला राष्ट्रीय राजनीति से परिचित हो गए और 1977-80 तक लोकसभा सांसद बने। बाद में वे 1984-89 तक राज्यसभा सांसद बने और फिर 1989 और 1991 में लोकसभा में फिर से प्रवेश किया। इन सभी ने वाघेला को सार्वजनिक जीवन में केशुभाई और मोदी दोनों से वरिष्ठ बनाया और इसलिए जब पार्टी को मुख्यमंत्री चुनने का मौका मिला, वाघेला ने मान लिया कि वे स्वाभाविक पसंद होना चाहिए। ऐसा इसलिए भी था क्योंकि वाघेला को लगता था कि यह काफी हद तक उनके प्रयासों के कारण था कि क्षत्रिय वोट (जो कांग्रेस के kham गठबंधन का हिस्सा थे) कांग्रेस से दूर हो गए थे। 'लेकिन आडवाणी ने उस पर भरोसा नहीं किया, ' , मोदी द्वारा पसंद किए जाने पर, विधायकों के बीच अधिक समर्थन होने के बावजूद वाघेला को शीर्ष स्लॉट से वंचित कर दिया गया था। 'संयोग से, मोदी और वाघेला एक समय में बहुत करीब थे, दोनों गुजरात में एक ब्राह्मण बहुल आरएसएस में गैर-ब्राह्मण थे। वाघेला भी उन लोगों में से एक थे, जिन्हें लिबेरियन आयोग द्वारा बाबरी मस्जिद के विध्वंस के लिए जिम्मेदार ठहराया गया था, जिसे मामले की जाँच के लिए सरकार द्वारा गठित किया गया था। जबकि आयोग ने एल.के. आडवाणी को आरोपी नंबर 1 के रूप में तो वाघेला को 49 नंबर का आरोपी बनाया। हालांकि, वाघेला ने इस बात से इनकार किया कि विध्वंस से उनका कोई लेना-देना था। । मैं 2008 से पहले कभी अयोध्या नहीं गया था। "मेरा नाम गलत तरीके से शामिल किया गया है," वे कहते हैं।

7 अक्टूबर 1995 को, उनके सत्ता संभालने के बमुश्किल सात महीने बाद, केशुभाई की सरकार गिरने की कगार पर थी और गुजरात में भाजपा को शक्तिहीन कर रही थी। लेकिन अटल बिहारी वाजपेयी ने बचा लिया।

वाघेला के खजुराहो से लौटने के बाद, वाजपेयी ने उन्हें केशुभाई से प्राप्त उत्तर-दिनांकित इस्तीफा दिखाकर उन्हें आश्वस्त किया। उन्होंने वाघेला से यह भी वादा किया कि हालांकि वह उन्हें मुख्यमंत्री की नौकरी का आश्वासन नहीं दे सकते, लेकिन एक लिबरल गैर-आरएसएस उम्मीदवार को पद सौंपा जा सकता है। वाघेला मान गए। बेशक, खजुराहो से उड़ान भरने के तुरंत बाद वाघेला का पार्टी

से निलंबन भी रद्द कर दिया गया था। एक पखवाड़े बाद, वाजपेयी के पसंदीदा, सुरेश मेहता मुख्यमंत्री बने। मेहता वाघेला के करीबी थे; मेहता के कई साथी मंत्री बने। अब, वाघेला के प्रति निष्ठावान विधायकों और मंत्रियों को 'खजुरिया' कहा जाने लगा, जो उनके खजुराहो जाने का एक इशारा था। अन्य विधायकों और मंत्रियों को 'हजूरिया' या वफादारों के रूप में संदर्भित किया जाता था जिन्होंने भाजपा के केंद्रीय कार्यालय में जी-हजूरी की थी।

केशुभाई प्रसन्न नहीं थे और जो कुछ भी हुआ था, उसके लिए मोदी को दोषी ठहराया। केशुभाई संजय जोशी से प्रभावित थे, एक और आरएसएस प्रचारक, जो मोदी की तरह भाजपा में प्रतिनियुक्त थे। महाराष्ट्र के एक इंजीनियर, जोशी ने महसूस किया कि जीत के लिए संगठनात्मक काम का बहुत कुछ, जो अब मोदी द्वारा दावा किया जा रहा है, उनका अपना काम था।

8

मोदी को 'कालापानी' की सजा

भाजपा के केंद्रीय कार्यालय में लिबरल तत्वों ने भी महसूस किया कि वाघेला उपद्रव के लिए मोदी मुख्य रूप से जिम्मेदार थे और उन्हें दंडित करने की आवश्यकता थी। इस प्रकार, मोदी को राज्य से निर्वासित किया जाना था। यह माना जाता है कि सजा के रूप में, उन्हें गुवाहाटी में भाजपा के असम मामलों के प्रभारी के रूप में भेजा जाना था। यह देखते हुए कि असम में भाजपा की कोई उपस्थिति नहीं थी, यह उनके लिए एक प्रकार का 'कालापानी' (निर्वासन द्वारा दंड) था। लेकिन मोदी के गॉडफादर आडवाणी ने जोरदार हस्तक्षेप किया: मोदी को हिमाचल प्रदेश में पार्टी के मामलों का प्रभार दिया गया और दिल्ली में नियुक्त किया गया। हालांकि वह अपने गृह राज्य का दौरा करते रहे, भाजपा ने यह सुनिश्चित किया कि मोदी का गुजरात में पार्टी मामलों से कोई लेना-देना न हो। लेकिन यह मोदी के जीवन का एक और टर्निंग प्वाइंट साबित हुआ। नई दिल्ली ने उनके लिए पूरी तरह से नया पथ खोल दिया और हालांकि सजा के रूप में, उनका यहां आना सफलता के लिए एक महत्वपूर्ण कदम बन गया। इस बीच, गुजरात में, भाजपा के कट्टरपंथी खुश नहीं थे: इस तथ्य को कि वे वाघेला द्वारा मात खा चुके थे। अगले वर्ष अवसर ने दस्तक दी, जब आम चुनाव हुए। वाघेला और उनके कुछ समर्थक चुनाव हार गए। यह एक खुला रहस्य है कि कट्टरपंथियों ने वाघेला और उनके लोगों को हराने के लिए समयोपरि काम किया। लेकिन, उन्होंने अपने ही पाँव पर कुल्हाड़ी मार ली क्योंकि इस प्रक्रिया में लोकसभा में बीजेपी की टैली गिर गई थी। ' वाघेला नाखुश थे। चुनावों के तुरंत बाद, उन्होंने महागुजरात

अस्मिता मंच का गठन किया। यह एक ऐसा निकाय था जो गुजरात भाजपा के भीतर काम करेगा और जिसका पहला कार्यक्रम अटल बिहारी वाजपेयी का स्वागत करना था जो 1996 में प्रधानमंत्री बने थे (यदि केवल कुछ दिनों के लिए)। लेकिन यह सभी के लिए स्पष्ट था कि यह पार्टी के भीतर एक दबाव समूह के रूप में स्थापित किया गया निकाय था। मार्च के मध्य में जब मंच ने अपना पहला कार्यक्रम आयोजित किया तो विप्लव मच गया। एक 'खजुरिया' मंत्री आत्माराम पटेल के साथ हाथापाई की गई और उनकी धोती उतार दी गई। अंत में, उन्हें पार्टी के झंडे से ढांकना पड़ा।'उनकी धोती तार तार करदी गई थी। उस समय के समाचार पत्रों ने बताया कि जब पटेल का अपमान किया जा रहा था, तब मोदी मौजूद थे और जो हो रहा था, उसका उन्होंने बहुत आनंद लिया। '

उसी वर्ष अगस्त में, जब देवेगौड़ा प्रधानमंत्री थे, तब वाघेला भाजपा से अलग हो गए और अपनी पार्टी बनाई। भाजपा की राज्य सरकार अस्थिर हो गई और सितंबर में, गुजरात में राष्ट्रपति शासन लगाया गया। लेकिन यह अल्पकालिक था। एक महीने के भीतर, वाघेला ने मुख्यमंत्री पद की शपथ ली। बताने की जरूरत नहीं है कि, वाघेला की सरकार को कांग्रेस का समर्थन प्राप्त था। यह भी आरोप लगाया गया था कि राज्य के राज्यपाल ने पूर्व भाजपा व्यक्ति को शीर्ष पद पर लाने में भूमिका निभाई थी। हालांकि, वाघेला के कांग्रेस की दया पर रहने के कारण सरकार केवल एक वर्ष ही चली, जिसने उन्हें एक नाम मात्र का नेता बना दिया था। अक्टूबर 1997 में, वाघेला ने इस्तीफा दे दिया, और शीर्ष पद के लिए अपने उम्मीदवार के लिए रास्ता बनाया। यह सरकार भी, केवल कुछ महीनों तक चली। राज्य में चुनाव होने थे । इस बार, विधानसभा की 182 सीटों में से 117 पर भाजपा ने वापसी की। वाघेला की पार्टी मुश्किल से चार सीटें जीत सकी। केशुभाई मुख्यमंत्री बने और वाघेला के पास अपने भविष्य को बचाने के लिए कांग्रेस पार्टी में शामिल होने के अलावा और कोई विकल्प नहीं था।

दिल्ली में भगा दिए जाने के बाद, मोदी शायद ही कभी गुजरात आए। जब वे आये, तो उनकी यात्राएं निजी थीं और वे अहमदाबाद में आरएसएस मुख्यालय या राज्य भाजपा कार्यालय से दूर रहे। उन्होंने अहमदाबाद के बाहरी इलाके बोपल में संस्कारधाम में रहना शुरू किया, जो मोदी के गुरु लक्ष्मणराव इनामदार द्वारा परिकल्पित एक स्कूल था और आरएसएस के सदस्यों की मदद से शुरू हुआ था। मोदी की अनुपस्थिति के दौरान, गुजरात में बहुत कुछ हुआ।

9

मोदी का वक़्त

बाबरी मस्जिद के बर्बरतापूर्ण विध्वंस के बाद से, कई बाहरी लोगों ने भाजपा कार्यालय का दौरा करना बंद कर दिया। लेकिन पार्टी का सितारा चढ़ने के साथ, अन्य सत्ता चाहने वालों ने जिस प्रकार मधुमक्खियों का झुण्ड फूल को घेर लेता है, भाजपा कार्यालय घेर लिया। आप कह सकते हैं कि यह संसद के सेंट्रल हॉल या एक एनिमेटेड कॉफी हाउस की तरह था, जहां सभी रंगों और अन्य तरह के सांसद लोग सूर्य के नीचे सब कुछ पर चर्चा करने के लिए मिलते थे। फर्क सिर्फ इतना था कि एक निश्चित प्रकार की विचारधारा वाले लोग ही मिलते थे। गंभीर चर्चा से लेकर गपशप तक, सब कुछ खेल का हिस्सा था, '। अक्सर, जो चर्चा की जाती थी वह पार्टी द्वारा नीति-निर्माण में एक लंबा रास्ता तय करती थी, और कभी-कभी, यहां तक कि भाजपा के भीतर भी प्रतिष्ठा बना लेती थी। ।

यह वह माहौल था जिसमें नरेंद्र मोदी ने भाजपा के पूर्णकालिक राष्ट्रीय सचिव के रूप में 11, अशोक रोड पर प्रतिनियुक्ति पर आने पर कदम रखा था। यह अगले छह वर्षों के लिए उनका घर और कार्यालय होने वाला था। मोदी के आगमन से मिश्रित प्रतिक्रियाएं पैदा हुईं। राष्ट्रीय स्वयंसेवक संघ से प्रतिनियुक्ति पर होने के कारण, उनके पास उनके प्रशंसक थे, लेकिन जिन परिस्थितियों में उन्हें गुजरात से निर्वासन में लाया गया था, उनके कारण काफी सवाल उठे।

धमाकेदार पदनाम के बावजूद, एक राष्ट्रीय सचिव के रूप में मोदी का काम बहुत कम था। हिमाचल प्रदेश के प्रभारी और भाजपा के एक सचिव के रूप में, मोदी को पार्टी मुख्यालय से राज्य के मामलों का समन्वय करना था। किसी पार्टी के पदाधिकारी के लिए असली चुनौती ऐसी अवस्था में होती है जहाँ पार्टी कमजोर और सत्ता में नहीं होती है । हिमाचल प्रदेश में, पार्टी अच्छी तरह से संगठित थी

और पहले से सत्ता में थी। हालांकि 1995 में, हिमाचल प्रदेश राज्य में भाजपा सत्ता में नहीं थी। इससे मोदी को काम पर जाने का अवसर मिला। 1990-1993 तक, भाजपा ने राज्य में पुराने दल के नेता शांता कुमार के साथ शासन किया। लेकिन मोदी के दिल्ली पहुंचने से दो साल पहले हुए एक चुनाव में, भाजपा की हार हो गई थी और सरकार कांग्रेस द्वारा चलाई गई थी। यहां तक कि जब उन्होंने 11, अशोका रोड से संचालित होने वाले सभी भाजपा पदाधिकारियों से जुड़ने के लिए अपने नेटवर्किंग कौशल का उपयोग करना शुरू कर दिया, तो मोदी शिमला जाने लगे। शायद दिल्ली में मोदी ने जो कहा, उसके बारे में सावधान थे, यह देखते हुए कि उनके लिए अभी शुरुआती दिन थे। एक आरएसएस प्रचारक होने के नाते, मोदी ने संगठन और उसके मूल सदस्यों पर भी बहुत अधिक निर्भर किया। वह हमेशा के.एस.सुदर्शन, आरएसएस के सरसंघचालक (समग्र राष्ट्रीय बॉस) के आस पास रहे '। बाद में, सुदर्शनजी मोदी के तरीकों से नाराज हो गए और उनसे बात करना भी बंद कर दिया।गोविंदाचार्य, एक बहुत ही महत्वपूर्ण पार्टी पदाधिकारी, तब उनके साथ बहुत ही सहानुभूति के साथ पेश आते थे। 'हालांकि, संघ परिवार के लिए योग्य, जिसे मोदी ने अच्छी तरह से परिपक्व किया था, भारतीय मजदूर संघ,बीजेपी की ट्रेड यूनियन विंग, के संस्थापक दत्तोपन्त ठेंगड़ी थे। यह इसलिए संभव हुआ क्योंकि गुजरात में अपने दिनों के दौरान, मोदी ने बिजली विभाग, राज्य परिवहन निगम और कुछ निजी कंपनियों में बीएमएस यूनियनों के साथ सक्रिय संपर्क बनाए रखा था। शिमला की कुछ यात्राओं के बाद, मोदी ने महसूस किया कि सभी हिमाचल प्रदेश भाजपा के भीतर गुंडागर्दी नहीं कर रहे थे। पी. के धूमल के नेतृत्व में एक नया समूह था। जिसे शांता कुमार को दरकिनार करने में दिलचस्पी थी, जो विधानसभा चुनाव में अपनी सीट हार गए थे और इस तरह कमजोर हो गए थे। महज पचास के बाद, धूमल की महत्वाकांक्षा ठाकुर जगदेव चंद की मृत्यु के बाद बढ़ गई थी, जो शांता कुमार के साथ राज्य के दो सबसे प्रमुख भाजपा नेताओं में से एक थे। जल्द ही धूमल और मोदी एक-दूसरे के करीब आ गए। हालांकि, हिमाचल प्रदेश की राजनीति एक असंबंधित कारण से बदल गई: 1996 में लुटियन की दिल्ली में दूरसंचार मंत्री सुख राम के घर पर सीबीआई की छापेमारी से '3 करोड़ की नकदी निकली। सुख राम ने टेलीकॉम कॉन्ट्रैक्ट देने में अनियमितता बरती थी। लेकिन जब इसका पता चला, वह इस बात से नाराज हो गए। हिमाचल प्रदेश से संबंधित, उन्होंने कांग्रेस पार्टी छोड़ दी और अपनी हिमाचल प्रदेश विकास कांग्रेस (HVC) बनाई। यह पार्टी 1998 में हिमाचल प्रदेश विधानसभा चुनावों में खड़ी हुई और कांग्रेस के भाग्य को सील कर दिया। त्रिशंकु

विधानसभा में - चुनाव का परिणाम - कांग्रेस और भाजपा दोनों ने 31-31 सीटें जीतीं। 68 विधायकों की विधानसभा में एचवीसी द्वारा पांच सीटें जीती गईं और यह स्पष्ट था कि सुख राम को वोट मिला था। आश्चर्य नहीं कि एचवीसी ने भाजपा के साथ गठजोड़ किया और मार्च 1998 में एक गठबंधन सरकार अस्तित्व में आई जिसमें पी.के. धूमल को मुख्यमंत्री और सुख राम को वास्तविक उपमुख्यमंत्री बनाया गया, जिन्होंने सभी महत्वपूर्ण विभागों को संभाला। इस समय तक, कई लोग मोदी को धूमल के गुरु के रूप में संदर्भित करने लगे थे।

मोदी को इस बात का दबाव था कि भाजपा 'भिन्न पार्टी' के रूप में कैसे योग्य हो सकती है (जिसे उसने खुद के रूप में विज्ञापित किया है), जब उसने एक दागी सुख राम के साथ गठजोड़ करने के बारे में नहीं सोचा जिसके खिलाफ सीबीआई ने आपराधिक शिकायतें दर्ज की थीं (जांच भी की गई लेकिन उस पर कार्रवाई नहीं की गई, भारत के राष्ट्रपति से मंजूरी के अभाव में)। मोदी ने तुरंत रामायण का उदहारण दे कर कहा : राम राज्य में प्रवेश करने के लिए, कभी-कभी आपको विभीषण की मदद लेनी पड़ती है। जैसा कि रामायण में वर्णित है, स्वयं राम को भी बाली पर पीठ पीछे वार करना पड़ा था। 'गंभीरतापूर्ण उन्होंने कहा कि चूंकि मतदाता ने किसी भी पार्टी को बहुमत नहीं दिया है, इसलिए जनादेश संदेश स्पष्ट था: गठबंधन सरकार बनाएं। लेकिन एक-डेढ़ महीने के भीतर ही सीबीआई द्वारा सुख राम पर मुकदमा चलाने के लिए भारत के राष्ट्रपति से आश्वासन मिलने के कारण राज्य सरकार फिर से हिल गई। भाजपा के लिए, अब सुख राम को सरकार में बने रहने देना नामुमकिन सा हो गया। मोदी का कोई भी चतुर जवाब शब्दों के बाणों को रोक पाने में सक्षम नहीं है। सरकार में सुख राम का होना, भाजपा की छवि(जो सिद्धांतों के साथ एक पार्टी के रूप में खुद को पुरजोर तरीके से पेश करती है) को कमज़ोर कर रहा था।

नतीजतन, पार्टी ने मोदी को सुख राम के साथ बातचीत करने और उन्हें पद छोड़ने के लिए काम सौंपा। यह कोई आसान काम नहीं था क्योंकि पूर्व दूरसंचार मंत्री अडिग थे। लेकिन अंत में, एक अनिच्छुक सुख राम ने पद छोड़ दिया और उनके बेटे ने भाजपा के टिकट पर राज्यसभा में प्रवेश किया। इस दौरान, पूरे देश में परिवर्तन की हवाएँ चल रही थीं।

1996 में नरसिम्हा राव के पांच साल के शासन के बाद हुए आम चुनावों में, भाजपा सबसे बड़ी एकल पार्टी के रूप में उभरी। नवंबर 1995 में भाजपा के वार्षिक सत्र में, एल.के. आडवाणी ने घोषणा की कि आगामी मई में होने वाले आम चुनावों में पार्टी के प्रधानमंत्री पद के उम्मीदवार अटल बिहारी वाजपेयी होंगे। चूंकि पार्टी

आडवाणी के नेतृत्व में बहुत तेजी से बढ़ी थी, इसलिए पार्टी कैडरों की सामान्य अपेक्षा यह थी कि वह खुद प्रधानमंत्री के रूप में पेश होंगे। हालांकि, पिछले दस वर्षों में भाजपा के समर्थन आधार का विस्तार हुआ था, लेकिन लगभग सभी दलों ने इसे एक 'राजनीतिक अछूत 'माना था। इस परिदृश्य को देखते हुए, अटल बिहारी वाजपेयी पार्टी का सबसे स्वीकार्य चेहरा थे। हालाँकि, यहां तक कि वाजपेयी के नेतृत्व वाली सरकार भी शपथ लेने के तेरह दिनों के भीतर ही ध्वस्त हो गई, क्योंकि वह अन्य दलों के समर्थन को हासिल करने में असमर्थ थी। 1998 में, ताजा चुनावों के बाद, वाजपेयी राष्ट्रीय जनतांत्रिक गठबंधन (एनडीए) सरकार के शीर्ष पर थे, जिसका मुख्य घटक भाजपा था। लेकिन यह सरकार भी केवल तेरह महीने चली। यह केवल भाजपा का बाहरी चेहरा नहीं था जो बदल रहा था। आंतरिक रूप से भी, भाजपा एक कायापलट से गुजर रही थी। लेकिन, एक विरोधाभास था। हालांकि पार्टी ने बाहरी रूप से खुद को लिबरल पार्टी के रूप में पेश किया, लेकिन वह अपने रैंकों के बीच उलट थी।

आडवाणी ने पार्टी के अध्यक्ष के भार से खुद को मुक्त किया और उनकी जगह पूर्णकालिक प्रचारक, कुशाभाऊ ठाकरे ने पदभार संभाला। ठाकरे 1993 से संगठन के प्रभारी महासचिव थे और 1998 में शीर्ष पद पर नियुक्त किए गए थे। सत्तर साल की उम्र में जब उन्होंने कार्यभार संभाला था, ठाकरे 1951 और 1980 में स्थापना के बाद से जनसंघ और भाजपा में थे और आरएसएस में और भी लंबे समय से। उन्हें भाजपा और उसके संगठन पर मजबूत पकड़ के साथ आरएसएस के प्रति पूरी तरह से वफादार के रूप में देखा जाता था। लेकिन ठाकरे बहुत कम जाने जाते थे और उनकी कोई स्पष्ट सार्वजनिक छवि नहीं थी।

10
जल बिन मछली

ठाकरे के अभिषेक के साथ, मोदी की रफ़्तार तेज़ हो गई। उन्हें गोविंदाचार्य, वेंकैया नायडू, संघ प्रिया गौतम और सुमित्रा महाजन के साथ पार्टी का महासचिव नियुक्त किया गया, जो वाजपेयी सरकार में राज्य मंत्री थे। यह ठाकरे की शीर्ष टीम थी। और फिर भी, संगठन के प्रभारी महासचिव का पद जो पहले खुद नए अध्यक्ष के पास था, अभी भी खाली रखा गया था। करीब से देखने वालों ने माना कि ऐसा इसलिए था क्योंकि ठाकरे नौकरी के लिए सबसे उपयुक्त आदमी का अभिषेक नहीं करना चाहते थे: गोविंदाचार्य। साथ ही, आरएसएस से प्रतिनियुक्ति पर एक पूर्णकालिक प्रचारक और रणनीतिकार जिन्होंने पिछड़ी और अन्य निचली जातियों को शामिल करने के लिए भाजपा के अपने सामाजिक कार्यक्रम के विस्तार में योगदान दिया था, गोविंदाचार्य एक जबरदस्त ताकत थे। लेकिन गोविंदाचार्य के पास दुश्मनों का अपना सेट था। पार्टी की एक महिला नेता के प्रति उनके प्रेम के बारे में कहानियों ने ज़ोर पकड़ना शुरू कर दिया। यह नुकसानदायक गोविंदाचार्य बनाम लाभदायक मोदी था। संगठन के प्रभारी पूर्णकालिक महासचिव की अनुपस्थिति में, ठाकरे ने मामलों को संभालने के लिए मोदी पर भरोसा करना शुरू कर दिया था। मोदी का कद अब बढ़ता जा रहा था: न केवल हिमाचल प्रदेश में भाजपा को सत्ता में लाने के लिए उनकी प्रशंसा की जा रही थी, बल्कि एक हद तक, गुजरात में भाजपा की नई जीत के लिए भी। यद्यपि उन्हें गुजरात जाने और चुनाव में मदद करने की घोषणा करने के बाद राज्य से गायब कर दिया गया था, लेकिन फरवरी 1998 में विधानसभा चुनावों की पूर्व संध्या पर उनकी सेवाओं को अनौपचारिक रूप से अपेक्षित किया गया था। गुजरात मामलों की देखभाल करने वाले आरएसएस के प्रतिनिधि संजय जोशी के कड़े विरोध के

कारण उन्हें आधिकारिक तौर पर नहीं भेजा गया था। वह गुजरात आये और कुछ बैठकों को संबोधित किया। कुछ स्थानों पर उनका 'देखो देखो कौन आया,गुजरात का शेर आया' जैसे नारों से स्वागत किया गया। दूसरों पर, उन्हें तलवारें भेंट की गईं, यह स्पष्ट था कि गायब होने के बावजूद, मोदी के पास अभी भी राज्य में उनके संगठनात्मक लोग मौजूद थे '।

भाजपा अपने दम पर गुजरात में सत्ता में आई। और हालांकि 1998 के चुनावों को जोशी द्वारा प्रबंधित किया गया था, लेकिन जीत का थोड़ा श्रेय मोदी को भी गया क्यूंकि उन्होंने ही राज्य में पार्टी की जड़ें मज़बूत की थी। 'मोदी को अब भाजपा के एक समर्पित जनरल, उभरते हुए सितारे के रूप में देखा जा रहा है, लेकिन फिर भी एक कट्टरपंथी। पार्टी अब टेलीविजन पर अपने विचारों को व्यक्त करने के लिए भी उनका समर्थन कर रही थी। पार्टी के एक सहयोगी का कहना है, '' टीवी शो में उनके हर एक शब्द से कट्टरता झलक रही थी और उनकी बॉडी लैंग्वेज बहुत ही आक्रामक और थोड़ी अशिष्टथी। 'पार्टी के कई अन्य नेता बोलने के तरीके में बहुत अधिक परिष्कृत थे'। लेकिन उस समय के एक प्रमुख टेलीविजन एंकर, परंजॉय गुहा ठाकुरता कहते हैं, भले ही मोदी टीवी पर आक्रामक होते थे, स्टूडियो के प्रतीक्षालय में वे विनम्रता और शीलता के मूर्त रूप थे।

1998 के चुनावों से पहले, मोदी को चुनाव प्रबंधन और अभियानों की देखभाल के लिए दस-सदस्यीय समिति का हिस्सा बनाया गया था। 1999 में, ठाकरे ने पंजाब, हरियाणा, जम्मू और कश्मीर, चंडीगढ़ और हिमाचल प्रदेश में पार्टी की गतिविधियों की देखरेख का काम भी मोदी को सौंपा। पार्टी के युवा मोर्चा ' भारतीय जनता युवा मंच' को भी मोदी के प्रभार में रखा गया था।

♰

वह सैंतीस साल बाद घर आए थे , लेकिन ज्यादा समय के लिए नहीं। उनकी मातृसंस्था, बी.एन. हाई स्कूल, की स्वर्ण जयंती, 1999 में नरेंद्र मोदी को वापस वडनगर, (एक प्राचीन हड़प्पा स्थल और अब उत्तरी गुजरात का एक छोटा शहर) लाई थी - अगर केवल कुछ घंटों के लिए । भाजपा के महासचिव के रूप में, वह पार्टी के महत्वपूर्ण मामलों में भाग लेने के लिए दिल्ली वापस जाने की जल्दी में थे। लेकिन नरेंद्र में स्टेशन रोड पर स्कूल के परिसर में उतरने पर किसी बड़े आदमी सा अहम नहीं था। उन्होंने अपने शिक्षकों के पैर छुए और अपने संस्कृत शिक्षक प्रह्लादभाई पटेल को उनके बच्चों के नाम पूछकर आश्चर्यचकित कर दिया।

♰

2000 में, भाजपा अध्यक्ष पद पर एक और बदलाव हुआ। बंगारु लक्ष्मण, आंध्र प्रदेश के एक दलित, वाजपेयी नाम के माध्यम से और अपने स्वयं के आधार से रहित, ने एक नए बॉस के रूप में पदभार संभाला। एक लिबरल प्रधानमंत्री के प्रतिनिधि के रूप में, उनसे सभी कट्टरपंथियों को दरकिनार करने की उम्मीद थी। लेकिन वैसा नहीं हुआ। नए गार्ड के सबसे बड़े कट्टरपंथी के रूप में, गोविंदाचार्य को महासचिवों की सूची से हटा दिया गया। हालांकि, वेंकैया नायडू के साथ मोदी को बनाए रखा गया और यहां तक कि संगठनात्मक मामलों का महत्वपूर्ण प्रभार भी दिया गया। इस प्रकार, मोदी अब पार्टी के निर्णयों और कार्यक्रमों को लागू करने के लिए जिम्मेदार थे। लेकिन चूंकि पिछले वर्षों में पार्टी का तेजी से विस्तार हुआ था और एक व्यक्ति के लिए प्रभार संभालना बहुत मुश्किल हो जाएगा, इसलिए उन्हें दो उपाध्यक्षों, जन कृष्णमूर्ति और मदन लाल खुराना की सहायता लेने के लिए कहा गया। पार्टी मुख्यालय में सभी सड़कें मोदी तक पहुँचने लगीं । चूंकि बीजेपी सत्ता में थी, इसलिए एहसान और पद चाहने वाले सरकारी दफ्तरों की खातिरदारी कर रहे थे, जहाँ से बीजेपी के लोग मंत्री साम्राज्य की अध्यक्षता कर रहे थे। यह एक दुविधा है जिसका सामना एक सत्ताधारी दल हमेशा करता है। अनुकूल-चाहने वाले आमतौर पर सत्ता की सीट पर आते हैं और पार्टी ऐसे लोगों को आकर्षित करती है जो राजनीतिक लाभ लेने के लिए लंबी अवधि तक प्रतीक्षा करने के लिए तैयार रहते हैं।

एक शीर्ष पार्टी नेता के रूप में तेजी से उभरने के बावजूद, मोदी खुश नहीं थे। मोदी दिल्ली में पानी से निकली मछली की तरह थे। उनका मन गुजरात में था और वह वहाँ लौटना चाहते थे। लेकिन केशुभाई के मुख्यमंत्री के रूप में होने के कारण, किसी ने भी गुजरात में उनके घर वापस लौटने की जहमत नहीं उठाई। ' यह इस तथ्य से हो सकता है कि पार्टी राष्ट्रीय स्तर पर भी व्यवहार बदल रही थी। राम मंदिर को बढ़ावा देने वाली कट्टर भगवा पार्टी होने से हटकर, भाजपा अब विकास के एजेंडे को आगे बढ़ाने की कोशिश कर रही थी। मोदी शायद मंदिर के एजेंडे को पूरी तरह से रद्द करने के पक्ष में नहीं थे: वास्तव में, पार्टी के अंदरूनी सूत्रों ने उन्हें सलाह देते हुए कहा कि बाबरी-मस्जिद-विध्वंस की अवधि का उपयोग पार्टी द्वारा अपने हिंदुत्व के एजेंडे को मजबूत करने के लिए किया जाना चाहिए।लेकिन इस विचार को बाबरी-मस्जिद चुनाव परिणामों के बाद पार्टी नेतृत्व ने त्याग दिया। यूपी में, जहां अयोध्या स्थित है, 1993 के विधानसभा चुनावों में भाजपा की स्थिति (बाबरी विध्वंस के बाद) 1991 के चुनावों में पार्टी द्वारा लड़ी गई संख्या

(बाबरी विध्वंस से पूर्व) से काफी गिर गई थी। हालांकि, जनता दल और कांग्रेस (जो मंदिर के एजेंडे के विरोध में थे) भी लड़खड़ा गए, लेकिन बहुजन समाज पार्टी (बसपा) के पलायन के लिए लाभ थे। भाजपा केवल मायावती को मुख्यमंत्री पद की पेशकश करके उस पार्टी के समर्थन से सरकार बना सकती थी। बड़े पैमाने पर, 1996 में अगले विधानसभा चुनाव में वही परिणाम दोहराए गए थे, जो यह पुष्टि करते हैं कि राम मंदिर का मुद्दा कम परिणाम दे रहा था। लेकिन गुजरात के आदिवासी इलाकों में और संघ परिवार के तहत, हिंदुत्व की भाजपा नीति पूरी तरह से लागू थी। परिणामस्वरूप, राजनीतिक विश्लेषकों ने गुजरात को 'हिंदुत्व की प्रयोगशाला' के रूप में वर्णित करना शुरू किया।

'उन दिनों नरेंद्रभाई एक मजबूत हिंदुत्व समर्थक थे और उन्होंने विकास की योजना को बहुत समय बाद आगे बढ़ाया। वह शायद हिंदुत्व के उबड़-खाबड़ दौर में वापस आने के लिए तरस रहे थे।'

11

भूकंप - भगवान का मछली को फिर से पानी तक पहुँचाने का तरीका

26 जनवरी 2001 को गुजरात में और मोदी के लिए भी चीजें बदल गईं। कच्छ में उपकेंद्र के साथ रिक्टर पैमाने पर 8.6 तीव्रता के एक भूकंप ने पूरे राज्य में विनाशकारी प्रभाव डाला। हालांकि यह प्रकृति का एक कृत्य था, जनता का मूड केशुभाई और भाजपा से दूर होने लगा। इसका इस तथ्य से बहुत कुछ लेना-देना था कि राहत कार्य दोषपूर्ण और विलंबित थे। अहमदाबाद जैसी जगहों पर (भूकंप के केंद्र से 400 किलोमीटर से अधिक दूरी पर स्थित) ऊंची-ऊंची इमारतें ढहने से 750 से अधिक लोगों की मौत हो गई। जनता को जिस बात ने उकसाया था वह यह थी कि उन इमारतों की गुणवत्ता को दोषपूर्ण माना जाता था, इसके बावजूद भी उन्हें निर्माण की आज्ञा दे दी गयी । वे आरोप लगाने लगे कि ठेकेदार और सरकार की मिलीभगत थी और उस पैसे ने बिल्डिंग परमिट के लिए हाथ बदल दिए थे। "जनता की धारणा यह थी कि सत्ता में बमुश्किल कुछ वर्षों के भीतर, भाजपा नेताओं ने कांग्रेस के तरीकों का अनुकरण करना और भ्रष्ट होना शुरू कर दिया था, "अशोक पटेल, एक इंजीनियर कहते हैं।'कहानियां घूम रही थीं कि कैसे कुछ सत्तारूढ़ पार्टी के नेता, जो साइकिल और दोपहिया वाहनों पर घूमते थे, अब बड़ी कारों के मालिक बन गए हैं।इसने भाजपा के खिलाफ लोकप्रिय मूड को बदलने में एक लंबा रास्ता तय किया। 'केशुभाई को आलसी, सुस्त देखे जाने और रिश्तेदारों से घिरे होने के तथ्य ने भी सत्तारूढ़ भाजपा की छवि को काफी नुकसान पहुंचाया।

2000 में कुछ महीने पहले, भाजपा अहमदाबाद और राजकोट में नगरपालिका चुनाव हार गई थी। अहमदाबाद एक नगरपालिका थी जिसे उसने 1987 से और राजकोट में बीस वर्षों से राज किया था। जिला पंचायत चुनावों में 25 में से 23 जिलों में भी भाजपा को हार मिली: इससे पहले के 24 जिलों की गिरावट। हार को जनता ने केशुभाई सरकार को ठेंगा दिखाने के रूप में देखा। भूकंप के बाद के हफ्तों में, भाजपा पर जनता की भावनाओं ने और भी अधिक नकारात्मक मोड़ लेना शुरू कर दिया। दिल्ली में पार्टी के आकाओं ने आशंका जताई कि नगरपालिका चुनावों के परिणाम 2003 की शुरुआत में होने वाले अगले विधानसभा चुनावों के लिए एक अग्रदूत साबित हो सकते हैं। पार्टी आलाकमान ने सलाह के लिए मोदी की ओर रुख किया - जो दिल्ली में मौजूद थे । मोदी द्वारा दी गई सलाह असमान थी: 'पार्टी विनाश की राह पर थी।'उन्होंने यह भी कहा कि गुजरात में नगरपालिकाओं का नियंत्रण सत्ता की कुंजी था। भाजपा के राष्ट्रीय मुख्यालय में, मोदी के दोस्तों ने फुसफुसाहट शुरू कर दी कि केवल मजबूत संगठनात्मक कौशल और प्रशासनिक कौशल वाला कोई व्यक्ति ही गुजरात में पार्टी को संकट से बाहर निकाल सकता है। केशुभाई सरकार में एक विशेष मंत्री मीडियाकर्मियों को कैबिनेट की बैठकों के समाप्त होने के तुरंत बाद गुप्त रूप से जानकारी देता था की बैठक में क्या हुआ। 'हमारी समझ यह थी कि यह ब्रीफिंग नई दिल्ली में भाजपा के केंद्रीय कार्यालय में किसी के इशारे पर हुई थी।' जब जानकारी लीक हुई, तो उसने केशुभाई को गलत तरीके से दिखाया। केशुभाई ने अपने अशुभ जनसंपर्क और लड़खड़ाते तरीकों से भी अपने पतन में योगदान दिया। एक मीडिया रिपोर्ट के अनुसार, जब एक बटन पर क्लिक करके 'इंटरनेट साइट 'का उद्घाटन करने के लिए कहा गया, तो केशुभाई जानना चाहते थे कि उन्हें साइट तक पहुंचने में सड़क से कितना समय लगेगा! भूकंप के बाद, मोदी ने खुद के पैर गुजरात में जमा लिए । राष्ट्रीय मालिकों द्वारा ,महासचिव के रूप में, उन्हे राहत और पुनर्वास कार्य और राज्य में रचनात्मक पार्टी कार्य के लिए प्रतिनियुक्त किया गया । 20 सितंबर के बाद चीजें सामने आईं, जब भाजपा दो उपचुनाव हार गई: एक विधानसभा और दूसरी लोकसभा।

चुनावों को वर्ष में पहले स्लेट किया गया था, लेकिन भूकंप के बाद राज्य प्रशासन में अव्यवस्था के परिणामस्वरूप उनका स्थगन हो गया था।साबरमती विधानसभा निर्वाचन क्षेत्र अहमदाबाद के केंद्र में स्थित था, लेकिन इसने गांधीनगर लोकसभा सीट का एक हिस्सा बनाया। वह सीट किसी और की नहीं बल्कि पार्टी के दिग्गज की थी , एल.के. आडवाणी, जिन्होंने 1999 के चुनावों में साबरमती खंड में 45,000 वोटों की बढ़त हासिल की थी। आडवाणी उन दिनों

अहमदाबाद में बहुत दिखाई दे रहे थे और इसलिए साबरमती में भाजपा के लिए हार को आडवाणी की हार के रूप में समझा गया। इस बात से पार्टी भी चिंतित थी कि चुनाव क्षेत्र में रहने वाले लोग निम्न मध्यम और मध्यम वर्ग के थे और भाजपा के औसत मतदाता थे। साबरकांठा लोकसभा सीट (साबरकांठा उत्तर गुजरात में स्थित है) में आदिवासी मतदाताओं का एक महत्वपूर्ण समूह था, जिसे पार्टी ने पिछले वर्षों में सफलतापूर्वक जीत लिया था। चुनाव में कांग्रेस के उम्मीदवार, मधुसूदन मिस्त्री, शंकरसिंह वाघेला के करीबी सहयोगी थे, लेकिन एक एनजीओ पृष्ठभूमि से आए थे। कांग्रेस की सांसद निशा अमरसिंह चौधरी के निधन के कारण यह सीट खाली हो गई थी, लेकिन भाजपा इस के लिए कुश्ती करने के लिए तैयार हो गई। वास्तव में, कुछ भाजपा प्रचारकों ने ईसाई-गैर-ईसाई कोण पर कटाक्ष किया, यह सुझाव देते हुए कि कांग्रेस पार्टी न केवल ईसाइयों का एक संगठन थी, क्योंकि 'विदेशी' सोनिया शीर्ष पर थीं, बल्कि इसलिए भी कि मिस्त्री विदेशी धन प्राप्त करने वाले एन.जी.ओ चलाते थे। मिस्त्री के सफ़ेद बालों ने उन्हें एक मिशनरी की आभा और प्रशंसा प्रदान की। लेकिन भाजपा के लिए, यह सब व्यर्थ था। अब तक, दिल्ली में भाजपा के बॉस आश्वस्त थे कि केशुभाई को प्रतिस्थापित किया जाना था। बात बहार निकली और अहमदाबाद और दिल्ली के बीच इच्छुक और उनके सहयोगी,अपनी उम्मीदवारी की पेशकश या अपने उम्मीदवारों की पैरवी के लिए रोजाना चक्कर लगाने लगे। लेकिन केशुभाई पद छोड़ने के मूड में नहीं थे। उन्हें पता था कि पार्टी के मुख्य समर्थन आधार में पटेल शामिल थे और वे उनके निर्विवाद नेता थे। 'इसलिए उन्होंने सोचा किकोई भी उनसे उनका पद नहीं लेगा। केशुभाई को निश्चित रूप से इस बात का अहसास नहीं था कि उनकी उदासीन प्रशासनिक कौशल और खराब संचार क्षमता उनसे पद छीन रही है, '। 'केशुभाई का यह भी मानना था कि वह संघ परिवार के एजेंडे को बहुत अच्छी तरह से लागू कर रहे थे और इसलिए, यह केवल व्यक्तिगत द्वेष रखने वाला कोई व्यक्ति हो सकता है जो उन्हें हटाना चाहता है।'

अपनी नौकरी और स्थिति को बचाने के लिए, केशुभाई ने 30 विधायकों के हस्ताक्षर लिए जो उनके कट्टर समर्थक थे और उन्हें दिल्ली भेजा। जब यह रणनीति काम नहीं आई, तो केशुभाई ने नए मुख्यमंत्री के लिए अपनी पसंद को आगे बढ़ाया। यह वल्लभ कथीरिया थे, एक सांसद जो वाजपेयी सरकार में राज्य मंत्री भी थे। लो-प्रोफाइल कथीरिया एक चिकित्सक, एक पटेल और केशुभाई के कट्टर वफादार थे।

लेकिन पार्टी आलाकमान ने पहले ही मोदी को गांधीनगर में शीर्ष नौकरी के लिए भेजने का मन बना लिया था, हालांकि भाजपा के नए अध्यक्ष जन कृष्णमूर्ति, गुजरात के पार्टी उपाध्यक्ष, मदन लाल खुराना, और कुशाभाऊ ठाकरे चुनाव मैदान में उतरे। जनता के लिए, पार्टी के प्रवक्ता ने इस बात से साफ इनकार कर दिया कि किसी भी बदलाव पर विचार किया जा रहा है, लेकिन बाद में जोर देकर कहा कि कुछ भी 'अंतिम' नहीं था।

2 अक्टूबर को केशुभाई को दिल्ली बुलाया गया और उन्हें बिना किसी शर्त के कहा कि उन्हें पद छोड़ना पड़ेगा और पार्टी अध्यक्ष जन कृष्णमूर्ति को उनका त्याग पत्र देने के लिए मजबूर किया । उसी शाम अहमदाबाद से केशुभाई वापस आए और कहा कि किसी ने भी उन्हें छोड़ने के लिए नहीं कहा था। किसी भी स्थिति में, विधायक दल को अपना नेता चुनने के लिए मिलना होगा।इस बीच, उनके वित्त मंत्री सुरेश मेहता, जो पहले मुख्यमंत्री थे, ने बताया कि चूंकि मोदी विधायक भी नहीं थे, इसलिए वे नए मुख्यमंत्री के रूप में अस्वीकार्य होंगे। लेकिन एक दिन बाद और केशुभाई द्वारा इस्तीफा देने के बाद मोदी के लिए मार्ग प्रशस्त हुआ।

भाजपा विधायकों की एक बैठक में, केशुभाई को आलाकमान ने मोदी के नाम का प्रस्ताव देने के लिए और सुरेश मेहता को इसके समर्थन के लिए राजी किया। इस प्रकार, मोदी को सर्वसम्मति से भाजपा विधायक दल का प्रमुख चुना गया।

गुजरात का सैलानी पुत्र घर लौट आया था। भले ही वह जो बड़ी ऊर्जा प्रदर्शित कर रहा था, उसमें मोदी की सक्रियता सहज नहीं थी।

12

मोदी- जनादेश

6 अक्टूबर 2001 को अपने शपथ ग्रहण की पूर्व संध्या पर, राज्य भाजपा प्रमुख, राजेंद्रसिंह राणा और गृह और सूचना मंत्री (निवर्तमान केशुभाई शासन में) , हरेन पंड्या ,के साथ नरेंद्र मोदी, पदनाम-मुख्यमंत्री ने अहमदाबाद में समाचार पत्रों के कार्यालयों का दौरा किया। वर्तमान मुख्यमंत्री का स्वर याचना और अपील में एक सा था: कृपया मुझे राज्य चलाने में मदद करें, आइए हम गुजरात को महान बनाने के लिए मिलकर काम करें। मोदी ने न केवल संपादकों से बात की, बल्कि पत्रकारों और अन्य कर्मचारियों के साथ भी बातचीत की। जब पत्रकार इस पर भाव फिदा थे, मोदी के साथियों के चेहरे भावशून्य थे। ऐसा प्रतीत हुआ मानो दोनों को उनकी इच्छा के विरुद्ध एक व्यापक अभियान पर खींच लिया गया हो। अखबार के कार्यालयों की यात्रा अहमदाबाद से लगभग 30 किलोमीटर दूर गांधीनगर में सर्किट हाउस के सुइट 1 ए में कैंपिंग के आखिरी तीन दिनों के दौरान मोदी द्वारा की गई यात्राओं में से एक थी।

मोदी के साथ शपथ ग्रहण करने वाले मंत्रियों की सूची को शपथ ग्रहण की पूर्व संध्या पर 1 बजे अंतिम रूप दिया जा सका, लगातार खींचतान और दबाव के साथ, केशुभाई बाहर निकल गए थे, लेकिन वे चाहते थे कि उनके कुछ प्रमुख लोग समायोजित हों। तब पूर्व मुख्यमंत्री सुरेश मेहता, जिन्होंने केशुभाई के साथ गठबंधन किया था और वाजपेयी के आदमी थे, को खुश रखने की जरूरत भी थी । अंत में और जो काफी हद तक एक समझौता था, मोदी ने 7 मंत्रियों के साथ 7 अक्टूबर 2001 को मुख्यमंत्री के रूप में शपथ ली। लेकिन जिस समारोह में उन्हें पद की शपथ दिलाई गई, वह ,कम से कम, कहने के लिए शानदार था। राजभवन से दूर, मोदी का शपथ ग्रहण गांधीनगर में हेलीपैड पर था, एक 1800 वर्ग फीट

के विशेष पोडियम पर एक 23 फीट गुंबद के नीचे स्थापित किया गया था जिसे इस विशेष अवसर के लिए खड़ा किया गया था। एक कोने में खड़ी मोदी की मां के साथ इस एक लाख वर्ग फुट के कवर क्षेत्र में बड़ी भीड़ उमड़ पड़ी और नई दिल्ली में मोदी के गैर-वीआईपी दिनों के कई राजनीतिक मित्रों ने भी इसमें शिरकत की। उन्हें मोदी ने प्रेरणा दी: उनमें से कोई भी जो भाजपा के केंद्रीय कार्यालय में काम कर रहा है, वह भी शीर्ष पद पर आसीन हो सकता है।

' इस समय तक केंद्र में सत्ता में रही भाजपा ने ठीक उसी तरह से व्यवहार करना शुरू किया, जिस तरह से कांग्रेस पार्टी ने अपने शासन के दौरान किया था। आलाकमान सर्वोच्च बन गया था और यह पता लगाने में ज़्यादा मेहनत नहीं करनी पड़ रही थी कि यह केशुभाई या मोदी थे, जिनके पीछे अधिकांश विधायक थे। 'हालांकि अधिकांश राजनीतिक दर्शकों ने महसूस किया कि मोदी ने काम को सुरक्षित करने के लिए तीव्रता से पैरवी की थी। मोदी को इसलिए नहीं चुना गया था क्योंकि वह आलाकमान का पसंदीदा था, बल्कि इसलिए चुना गया था क्योंकि 'उन्हें ऐसे व्यक्ति के रूप में नहीं देखा जाता था, जो अपने दम पर शाशन कर सकता है। मोदी को भंगशील के रूप में जाना जाता था और आलाकमान को लगता था कि सरकार चलाने के लिए उन्हें दिल्ली में मालिकों के समर्थन पर भारी निर्भर रहना पड़ेगा। इसलिए उन्हें चुना'। लेकिन यह एक सकल अशुद्ध गणना थी।

पार्टी के नेताओं को इस बात का अंदाजा नहीं था कि वे एक ऐसे मुख्यमंत्री को चुन रहे हैं, जो सिर्फ एक साल के भीतर इतना शक्तिशाली हो जाएगा कि वह पार्टी के भीतर किसी के बारे में परवाह न करे।'संकेत समझदार आँखों के लिए थे, लेकिन किसी का ध्यान नहीं गया'।उदाहरण के लिए, एक समाचार पत्र में एक कहानी की प्रारंभिक पंक्ति: "अटल से आगे बढ़ें, मोदी यहां हैं।" कहानी उस प्रतिक्रिया से प्रेरित थी जो मोदी भूकंप के बाद सार्वजनिक सभाओं में आकर्षित कर रहे थे। यह वाजपेयी जो आकर्षित कर सकते थे उससे कई ज्यादा बड़ी थी।'

৩

कर्मयोगी

नीचे से ऊपर उठे जब नरेंद्र मोदी ने सत्ता संभाली, तो गुजरात अपने सबसे बुरे वक़्त में था; हालात इतने ख़राब थे कि वह संभवतः किसी और झटके को सहन नहीं कर सकता था, यहां तक कि एक हल्के झटके से इसके टुकड़े टुकड़े हो सकते

थे। प्राथमिकता भूकंप से हुए विनाशकारी खंडहरों से राज्य को बाहर लाना था। इस जिम्मेदारी को स्वीकार करते हुए नरेंद्र मोदी ने सत्ता संभाली। उन्होंने पीड़ितों को राहत पहुंचाई और उनके पुनर्वास के लिए अथक प्रयास किए। लोग अभी भी असंतुष्ट थे; वे राज्य सरकार और प्रशासन के लिए नाखुशी, क्रोध और खेद महसूस कर रहे थे। भूकंप ने न केवल भूमि और इमारतों, बल्कि दिमागों को भी हिला दिया था। इस प्रकार, मोदी को न केवल भूकंप के बाद गुजरात का पुनर्निर्माण करने के लिए जिम्मेदारी का सामना करना पड़ा, बल्कि मीडिया के माध्यम से पुनर्वास और राहत कार्यों के लिए प्रयासों का संचार भी करना था, ताकि इमारतों की और मन की दरारें भर सकें। लोगों को भूकंप की छाया से बाहर लाने के लिए, नरेंद्र मोदी ने संघर्ष करना शुरू किया; उन्होंने बहुत मेहनत की। वह परिणाम के बारे में चिंतित नहीं थे। मोदी ने पूरी प्रशासनिक मशीनरी का संचालन किया, इस कार्रवाई के दौरान उनके दिमाग में कर्मयोगी का विचार उभर आया। यह इस क्षण से था कि उन्होंने पूरे निष्क्रिय प्रशासन को सक्रिय करने के प्रयास किए, और इस विचार के साथ कार्रवाई की, और कर्मयोगी के इस सिद्धांत ने इस से जड़ें जमा लीं। यह सच है कि शुरुआती चरणों में वह लोगों के असंतोष की चुनौती से निपटने में प्रशासन के साथ कठोर थे। हालाँकि, इस प्रक्रिया ने उन्हें लोगों के दिमाग और सरकारी तंत्र में मौजूद अनंत क्षमता को पढ़ने की क्षमता प्रदान की; अब सवाल यह था कि इस अनंत शक्ति का उपयोग कैसे किया जाए। इस दृष्टि से उन्होंने सरकारी सेवकों को कर्मयोगी के रूप में प्रशिक्षित करने का विचार किया।

13

मुख्यमंत्री कार्यालय

मोदी सुइट में सुबह 9 बजे से देर रात तक मैराथन बैठकें कर रहे थे। शायद ही कभी वह कमरे से बाहर निकलते थे, अन्य लोगों के बड़े समूहों के साथ मिलने के अलावा, जो उन्हें बधाई देने के लिए आते थे और जिन्हे सुइट में समायोजित नहीं किया जा सकता था। लेकिन कोई फर्क नहीं पड़ता कि वे रात को कितनी देर से सोये, मोदी सुबह 5 बजे उठ जाते थे । उठते ही पहली चीज़ों में से एक जिसकी उन्हें मांग रहती, वह थी अख़बारों की। सर्किट हाउस में कर्मचारियों के लिए, यह एक समस्या साबित हो रही थी क्योंकि सुबह 8:30 बजे से पहले अखबार वितरित नहीं किए जाते थे। लेकिन मोदी जिद कर रहे थे: अगर कोई अखबार नहीं होता, तो वह कम से कम इंटरनेट संस्करणों के डाउनलोड ही ला सकते हैं क्या, नए बॉस ने पूछा। कर्मचारी और भी अधिक भड़के हुए थे: राज्य की राजधानी में सरकरी कार्यालयों की सुस्त संस्कृति के आदी , उन्हें आमतौर पर सुबह के समय चाय और स्वादिष्ट नाश्ता देने के लिए कहा जाता था, अखबारों के लिए नहीं। उनसे पहले किसी ने ऐसी मांग नहीं की थी। सुबह 9 बजे तक दफ़्तरशाहों को बुलाया जाता था और बैठक बयाना में शुरू होती थी। सीएमओ स्टाफ ने एक नए शासन में प्रवेश किया। सूचना संग्रह और प्रसार पर बहुत अधिक उन्मुखीकरण के साथ, एक नए फैशन में काम किया गया। मोदी ने बताया कि सरकार सभी सेवाओं को वितरित नहीं कर सकती है और हमें दक्षता में सुधार के लिए गैर-सरकारी संगठनों में तेजी से निवेश बढ़ानी चाहिए। मोदी अपनी व्याख्यान तैयार कर चुके थे और अलग-अलग लक्षित समूहों को अलग-अलग बातें कह रहे थे। पार्टी- सदस्यों के लिए, मोदी आंतरिक एकता की आवश्यकता पर जोर दे रहे थे और अपनी बातें अपने तक रखने के लिए। 'मंथरा जैसे किरदारों से दूर रहें। वे रावण से भी बदतर हैं, 'मोदी

ने आगंतुकों को बताया। आंतरिक दुश्मन जो सहकर्मियों के दिमाग को लगातार जहर देते हैं वे बाहरी दुश्मनों से भी बदतर होते हैं जिनसे प्रभावी ढंग से निपटा जा सकता है।

मोदी के लिए आने वाले दिन उस कठिन लड़ाई की लगातार याद दिला रहे थे जिसे उन्हें जीवित रहने के लिए लड़ना थी। हालांकि विधायक नहीं, उन्हें आलाकमान ने गुजरात का मुख्यमंत्री नियुक्त किया था। लेकिन न तो उनके पक्षपाती, न ही विपक्षी कांग्रेस और न ही आम जनता, उन्हें पूरा समर्थन देने के लिए तैयार थे। शुरुआत के लिए, उन्हें एक विधानसभा सीट की जरूरत थी, जहां से वह चुनाव लड़ सकें: क्यूंकि वे पहले कभी चुनावी राजनीति में नहीं थे और कभी भी सार्वजनिक पद पर नहीं थे। कोई भी उन्हें उपकृत करने में जल्दबाजी नहीं कर रहा था। संवैधानिक जनादेश के अनुसार, उनके पास एक सीट खोजने और विधान सभा के लिए चुने जाने के लिए केवल छह महीने थे। बातें हवा पकड़ने लगीं कि मोदी शहरी अहमदाबाद के केंद्र में स्थित एलिसब्रिज विधानसभा क्षेत्र पर नजर गड़ाए हुए हैं। इसमें मतदाताओं की एक बड़ी संख्या थी जो भाजपा के लिए इच्छुक थे, लेकिन समस्या यह थी कि हरेन पंड्या उस सीट पर कब्जा किए बैठे थे। वह मोदी को उपकृत करने के मूड में नहीं थे और इस बात को उन्होंने नए मुख्यमंत्री को स्पष्ट रूप से बता दिया था। अंतत: मोदी को राजकोट की एक सीट से संतुष्ट होना पड़ा जो केशुभाई के गढ़ में थी और पूर्व सरकार में वित्त मंत्री रहे वजुभाई वाला को प्रेरित करके खाली की गई थी। वाला पर भ्रष्टाचार के कई आरोप थे। वह निर्माण व्यवसाय में थे और भूकंप के बाद आलोचनाओं का केंद्र थे। मोदी द्वारा भी उनके खिलाफ आरोप लगाए गए थे।

राजकोट सौराष्ट्र के मध्य में स्थित था और पहले गुजरात की सांस्कृतिक राजधानी था। यहां मूंगफली उगाई जाने के बावजूद पानी की आपूर्ति कम थी। स्थिति इतनी खराब थी कि राजकोट नगरपालिका द्वारा एक महीने में केवल चार दिनों के लिए पानी की आपूर्ति की जाती थी। यह कार्यालय के कर्मचारियों के लिए प्रथागत था कि वे अपने नियोक्ताओं से 'मासिक जल भत्ते' के लिए कहें, जो कि फलते-फूलते काले बाजार में पानी खरीदने के लिए उनके वेतन का एक हिस्सा है। लेकिन राजकोट में राजनीतिक रूप से बहुत ही जागरूक मतदाता थे और समाचारों की उनकी मांग को पूरा करने के लिए, शहर में न केवल सुबह के समाचार पत्र थे, बल्कि शाम के पत्र भी थे। मोदी राजकोट द्वितीय सीट के लिए पहुंचे थे, वोट मांगे और सभी राजनेताओं की तरह वादे किए कि : ' मैं यह सुनिश्चित करूंगा कि आपको 4 दिनों के मुकाबले 22 दिनों के लिए पानी की आपूर्ति हो। मैं यहां

नर्मदा का पानी पहुंचाऊंगा'। तेलिया राजों (मूंगफली के कार्टेल) द्वारा नियंत्रित स्थानीय निहित स्वार्थों ने उस तरह से प्रतिक्रिया दी जिस तरह से वे सबसे अच्छी तरह वाकिफ़ थे: खाद्य तेल में काला बाज़ारी बढ़ाकर और उनकी कीमतें बढ़ाकर। "यह सब राजनीतिक है। वे स्थिति का लाभ उठा रहे हैं", मोदी ने कहा। "मैं एक ईमानदार आदमी हूं, मुझे वोट दो। मैं बेईमान नहीं हो सकता। मेरे पास सँभालने के लिए परिवार नहीं है"।

24 फरवरी 2002 को, हालांकि वजुभाई वाला ने अपने चुने जाने पर दोगुने से अधिक संख्या में सीट जीती थी, लेकिन मोदी 14,000 से अधिक मतों के काफी बड़े बहुमत के साथ लौटे थे। पर्यवेक्षकों के अनुसार, गुजरात में भाजपा स्पष्ट रूप से गिरावट पर थी। मानो प्रवृत्ति को मजबूत करने के लिए, भाजपा ने दो अन्य विधानसभा सीटों को खो दिया, जिन पर राजकोट के साथ चुनाव हुए थे। दोनों सीटें कांग्रेस ने जीतीं, एक भाजपा से छीनी। राजनीतिक पंडित अनुमान लगा रहे थे कि 2003 की शुरुआत में अगले विधानसभा चुनाव में भाजपा और मोदी को बाहर कर दिया जाएगा।

लेकिन दुनिया को ठीक तीन दिन में बदलना था।

14

गुजरात दंगे

"कई धर्म हैं जैसे कि कई व्यक्ति हैं; लेकिन जो लोग राष्ट्रीयता की भावना के प्रति जागरूक हैं वे एक दूसरे के धर्म में हस्तक्षेप नहीं करते हैं। यदि हिंदुओं का मानना है कि भारत को केवल हिंदुओं द्वारा ही बसाया जाना चाहिए, तो वे एक स्वप्नभूमि में रह रहे हैं। हिंदू, मुसलमान, पारसी और ईसाई जिन्होंने अपना देश बनाया है, वे साथी देशवासी हैं और उन्हें एकता में रहना होगा भले ही अपने हित के लिए। दुनिया के किसी भी हिस्से में एक राष्ट्रीयता और एक धर्म पर्यायवाची शब्द नहीं हैं; ना ही भारत में ऐसा कभी हुआ है।" - महात्मा गांधी

देश के किसी भी राज्य के लिए ये चेतावनी शब्द महात्मा के जन्मस्थान गुजरात से बेहतर लागू नहीं हो सकते थे, जहां राजनीतिक उद्देश्यों के लिए धर्म के दुरुपयोग के परिणामस्वरूप स्वतंत्रता के बाद एक धार्मिक अल्पसंख्यक के खिलाफ निकृष्टतम नरसंहार हुआ। ।

27 फरवरी, 2002 को अहमदाबाद से चलने वाली साबरमती एक्सप्रेस के स्लीपर कोच S6 को जला दिया गया था। उनसठ यात्रियों की मौत हो गई उनमें से अधिकांश कारसेवक थे जो अयोध्या से लौट रहे थे। ट्रेन लखनऊ में शुरू हुई थी और अधिकांश कारसेवक बिना आरक्षण के आरक्षित डिब्बों में सवार हो गए थे। यात्रा लगातार गड़बड़ी से बाधित थी। पिछले सप्ताह के दौरान हर दिन ट्रेनों से कारसेवकों की वापसी हो रही थी, जो विभिन्न रेलवे स्टेशनों पर उतर रहे थे और गोधरा सहित अन्य जगह विक्रेताओं के साथ झड़प कर रहे थे। क्या गोधरा

रेलवे स्टेशन से सटे इलाके सिग्नल फलिया के मुस्लिम निवासियों ने सुनियोजित साजिश के तहत जानबूझकर आग लगाई थी, या फिर स्टेशन के प्लेटफॉर्म नंबर 1 पर सुबह 7.45 बजे हुए विवाद के बाद कोच में आग लग गई थी वह दुर्भाग्यपूर्ण सुबह हमेशा के लिए अनुमान का विषय बनी रहेगी और इस पर कोई सहमति नहीं होगी कि घटनाएँ कैसे हुईं। प्लेटफॉर्म पर एक विवाद के बाद (उकसावे और जवाबी उकसावे के परिणामस्वरूप: यह सुझाव दिया जाता है कि शायद एक कारसेवक ने मुस्लिम विक्रेता की दाढ़ी खींची, या प्लेटफॉर्म पर इंतजार कर रही एक युवा लड़की से छेड़छाड़ करने का प्रयास किया), जिससे बड़े पैमाने पर पत्थरबाजी शुरू हो गई। यह तब भी था जब ट्रेन आगे बढ़ने लगी थी और ट्रेन के अंदर यात्रियों ने पत्थरों से बचने के लिए अपनी खिड़की-शटर नीचे करना शुरू कर दिया था। हालांकि, कुछ सौ मीटर बाद, किसी ने आपातकालीन चैन खींच दी और ट्रेन रुक गई। फिर एक बार ट्रेन चलना शुरू हुई लेकिन - फिर से रुक गई।

इसी समय पर, ट्रेन में आग लग गई। नरसंहार के एक उत्तरजीवी - जो कि S6 स्लीपर कोच में थे - ठीक-ठीक यह नहीं बता पा रहे थे कि यह कैसे हुआ। उन्होंने कहा कि भारी पत्थरबाजी के दौरान वह सीट के नीचे छिप गए थे। जब आग लगी, तो वह दूसरी तरफ दरवाजे की ओर रेंग गए थे - जहां पत्थर फेंके जा रहे थे, उससे दूर - और उन्होंने फिर अपना जीवनरक्षण किया। जिन दरवाजों से पत्थर फेंके गए थे, उन्हें पत्थर फेंकने वालों ने बाहर से बंद कर दिया था।

हालांकि, रिकॉर्ड के लिए, एक विशेष अदालत ने गोधरा षड्यंत्र मामले का विचारण किया और 31 मुसलमानों को दोषी ठहराया। अदालत ने अभियोजन पक्ष के मामले को बरकरार रखा कि यह घटना पूर्व-नियोजित साजिश का नतीजा थी। हालाँकि, यह दोषमुक्त हो गया और मुख्य साजिशकर्ता, हाजी उमरजी को छोड़ दिया गया। मामले में कुल 63 आरोपी बरी हो गए। जज ने कहा कि बोगी S6 को अंदर के यात्रियों को बाहर निकलने से रोकने के लिए पहले बाहर से ताला लगाया गया था।इसके बाद वेस्टिब्यूल्स खोले गए, पेट्रोल अंदर बह गया और कोच में आग लग गई। अभियोजन पक्ष के अनुसार, स्लीपर कोच को जलाने की साजिश रेलवे स्टेशन के पास एक गेस्ट हाउस में पिछली रात रची गई थी। लेकिन ध्यान देने वाली बात यह है कि ट्रेन, जो कि गोधरा में रात के समय में पहुंचने वाली थी, उस सुबह कई घंटे लेट थी।

हालांकि अदालत ने अभियोजन पक्ष द्वारा किए गए मामले को बरकरार रखा, जिसकी जांच पहले गुजरात पुलिस द्वारा की गई थी, पुलिस का प्रारंभिक मूल्यांकन अंततः अदालत में पेश किए गए आकलन से अलग था।

27 फरवरी की शाम को जब रक्तमय घटना हुई, मनोरंजन के भूखे अहमदाबाद को एक सांस्कृतिक प्रदर्शन से मंत्रमुग्ध कर दिया गया था। यहां तक कि जब साबरमती एक्सप्रेस अपने बचे हुए यात्रियों के साथ वड़ोदरा और अहमदाबाद में धीरे-धीरे चल रही थी, तब समाज के ऊपरी लोग कर्णावती क्लब में जगजीत सिंह की ग़ज़लें सुन रहे थे। अगर सुबह की रक्तमय घटनाओं को लेकर अफरातफरी मची थी, तो इसके कोई संकेत नहीं थे। ओपन-एयर शो में, दर्शकों ने संगीत का आनंद लिया, अक्सर स्नैक्स लेने के लिए फूड स्टॉल तक टहलते रहे। वास्तव में, जगजीत सिंह ऊपर और नीचे आने जाने वाले दर्शकों से परेशान थे और एक समय पर उन्होंने गाना बंद करने की चेतावनी भी दी।

लेकिन अगली सुबह तक, शहर आग की लपटों में था। गुस्साए लोग त्रिशूल, पेट्रोल और जो कुछ भी वे आग लगाने या विनाश के लिए हाथ में रख सकते थे, के साथ घूम रहे थे। विश्व हिंदू परिषद ने उस दिन गुजरात बंद का आह्वान किया था (जिसके अगले दिन भारत बंद हुआ था), लेकिन सड़कें जानलेवा भीड़ से भरी पड़ी थीं। निश्चित रूप से, लक्ष्य मुस्लिम इलाके और मुस्लिम व्यापारिक प्रतिष्ठान थे। समृद्ध क्षेत्रों में, यहाँ तक कि धनी लोग भी व्यापारिक प्रतिष्ठानों में तोड़फोड़ करने के लिए निकल पड़े। इस तबाही में, अगर कोई अनुपस्थित था, तो यह पुलिस थी। किसी अजीब कारण से, यहां तक कि गुजरात के मुख्य शहर अहमदाबाद की पूरी ट्रैफिक पुलिस भी गायब थी। नरसंहार अहमदाबाद तक ही सीमित नहीं था बल्कि वड़ोदरा (110 किलोमीटर दूर) तक फैला था। मध्य गुजरात के ग्रामीण इलाकों में, सैकड़ों असहाय मुसलमान मारे गए, जो जन आक्रोश के खिलाफ पुलिस द्वारा असुरक्षित थे। कई जगहों पर लूटपाट करने वाली भीड़ का नेतृत्व स्थानीय नेताओं ने किया। पहली बार, गुजरात के आदिवासी इलाकों में भी परेशानी बढ़ी। हालाँकि, दक्षिण गुजरात (जिसमें सूरत एक प्रमुख शहर है) और सौराष्ट्र (भावनगर को छोड़कर) परेशानी से अप्रभावित थे।

सबसे भयानक घटनाओं में से कुछ अहमदाबाद शहर में हुईं। नरोदा पाटिया में, महिलाओं और बच्चों सहित 97 मुसलमान मारे गए। मुसलमानों के एक इलाके में, 5000 की भीड़ ने नूरानी मस्जिद पर हमला किया और एलपीजी सिलेंडरों में विस्फोट कर मस्जिद में आग लगा दी। इसके बाद दस घंटे की तबाही हुई, जिसमें मुसलमानों को उन गड्ढों में खदेड़ते हुए देखा गया, जिनमें आग लगा दी गई थी। इस बीच, बलात्कार और यौन हमले हुए। पुलिस निष्क्रिय रूप से खड़ी रही और घटनाओं से मुँह फेर लिया। यदि उनका कर्तव्य कानून और व्यवस्था बनाए रखना था, तो यह कुछ ऐसा था कि वे एक महत्वपूर्ण दिन पर बेखबर थे।

मेमनीनगर के गुलबर्ग सोसाइटी में, बहुत दूर नहीं, एक हाउसिंग सोसायटी को जला दिया गया था जिसमें लोकसभा में पूर्व में अहमदाबाद का प्रतिनिधित्व करने वाले पूर्व सांसद सहित 70 लोग मारे गए थे। पूर्व सांसद, एहसान जाफरी के शक्तिशाली लोगों से मदद मांगने के लिए फोन करने के बावजूद सुबह से ही सोसाइटी के बाहर भारी भीड़ जमा हो रही थी। पुलिस पर्याप्त सुरक्षा प्रदान करने में विफल रही। यह घटना तब हुई जब स्थानीय अतिरिक्त पुलिस आयुक्त ने दोपहर में उस जगह का दौरा किया और उनके जाने को प्रतीक्षारत भीड़ द्वारा संकेत के रूप में लिया गया कि पुलिस हस्तक्षेप नहीं करेगी या मदद के लिए वापस नहीं आएगी। भीड़ ने सुरक्षा पूर्ण सोसाइटी की दीवारों को तोड़ दिया, पत्थर और तेजाब भरे बल्ब फेंके। उन्होंने एलपीजी सिलेंडरों में भी विस्फोट किया। यह एक विशेष रूप से ख़ौफ़नाक घटना थी क्योंकि पूर्व सांसद को पहले पीटा गया था, और फिर नग्न किया गया था। फिर उनके शरीर के अंगों को काट दिया गया और आखिरकार उन्हें जला दिया गया। गुलबर्ग सोसाइटी में जो कुछ हुआ उसकी कहानी बाद में गुजराती फिल्म निर्माता राहुल ढोलकिया द्वारा निर्देशित एक संवेदनशील हिंदी फिल्म, परजानिया में बनी। इसी तरह की घटनाएं वडोदरा में भी हो रही थीं, जहां जाना-माना बेस्ट बेकरी केस हुआ था। एक मुस्लिम के स्वामित्व वाली एक बेकरी को 14 लोगों के साथ जला दिया गया था, जिनमें से 12 मुस्लिम थे। यहां तक कि जब पुलिस निष्क्रिय थी, मोदी मंत्रालय के दो मंत्री - अशोक भट्ट और आई.के. जडेजा - अभी तक अस्पष्ट कारणों से, पुलिस संचार केंद्र के मुख्यालय में तैनात थे। पूरा शहर धुआं धुआं था लेकिन पहले दिन के अंत में तबाही नहीं रुकी।

28 फरवरी की रात को, एक भीड़ ने अहमदाबाद के पास, मेहसाणा जिले के विसनगर शहर के दिपदा दरवाजा इलाकों में महिलाओं और बच्चों सहित एक मुस्लिम परिवार के 11 सदस्यों की हत्या कर दी। उसी जिले के सरदारपुरा में 33 मुसलमानों को एक भीड़ ने जिंदा जला दिया। 1 मार्च को आनंद जिले के ओड कस्बे में, 2000 की भारी भीड़ पिरावली भागोल के पास जमा हो गई और भीड़ ने एक घर में आग लगा दी, जहाँ मुस्लिम महिलाओं और बच्चों ने शरण ली थी। तेईस मारे गए। सामूहिक बलात्कार के मामले सामने आए, जिनमें सबसे कुख्यात बिलकिस बानो का मामला था। भीड़ के प्रकोप से बचने के लिए 3 मार्च को अपने गांव से भाग रही युवती के साथ सामूहिक दुष्कर्म किया गया, यहां तक कि उनकी तीन साल की बेटी को भी मौत के घाट उतार दिया गया। उनके परिवार के चौदह सदस्य भी मारे गए। बलात्कारी और हत्यारे सभी उन्हें जानते थे: वास्तव में, उनके पति हर सुबह उन्हें दूध प्रदान करते थे।

वहाँ वास्तव में दया या विवेक की कोई भावना नहीं थी। यहां तक कि जो लोग खुद को तबाही में शामिल नहीं करते थे, उन्होंने भी नैतिक समर्थन देकर हमलावरों का पक्ष लिया। यह ऐसा था जैसे पूरा गुजराती समाज गोधरा ट्रेन घटना के लिए गुजराती मुसलमानों के समुदाय को ज़िम्मेदार ठहरा रहा था, भले ही यह अहमदाबाद से बहुत दूर हुआ हो।

दंगों की खबर ने दिल्ली प्रतिष्ठान को हिलाकर रख दिया। रक्षा मंत्री जॉर्ज फर्नांडीस को सेना (यदि राज्य सरकार चाहती थी) तैनात करने और स्थिति को नियंत्रण में लाने के लिए अहमदाबाद भेजा गया था। बातचीत से यह स्पष्ट था कि फर्नांडिस को हिंसा कम करने की कोशिश में सरकार की मंशा और गंभीरता के बारे में दोरुखे संकेत मिल रहे थे।

इस बीच, ऐसा प्रतीत हो रहा था जैसे मोदी स्थिति को नियंत्रित करने के लिए कुछ भी नहीं कर रहे थे। पुलिस के वरिष्ठ अधिकारियों में बड़बड़ाहट थी कि उनके प्रमुख को चुप रहने के लिए कहा गया था। कहानियां घूम रही थीं कि कैसे 27 फरवरी की शाम को नरेंद्र मोदी ने अपने घर पर वरिष्ठ सिविल और पुलिस अधिकारियों की बैठक बुलाकर कहा था कि अगर हिंदू प्रतिक्रिया होती तो इसे 'होने देना' चाहिए। मोदी पर इस तरह के बयान का आरोप कई सालों से कायम है। लेकिन मोदी ने इससे इंकार किया है, जिनसे कई साल बाद सुप्रीम कोर्ट द्वारा नियुक्त विशेष जांच दल (एसआईटी) के अधिकारियों ने पूछताछ की थी। एसआईटी ने उन्हें यह कहकर क्लीन चिट दे दी कि मोदी पर मुकदमा चलाने के लिए कोई 'अभियोजन योग्य सबूत' नहीं है। बेशक, कानून और व्यवस्था की समीक्षा के लिए इस तरह की बैठक आयोजित की गई थी, इस तथ्य से कभी इनकार नहीं किया गया है।

जले हुए शवों को 28 फरवरी की सुबह ट्रकों में भरकर अहमदाबाद लाया गया था। इसने जनता के मूड को भड़काने में योगदान दिया, खासकर क्योंकि मुसीबत के पूर्वानुमान में कोई कर्फ्यू नहीं लगाया गया था। यह भी अजीब था कि गोधरा में मारे गए लोगों के शव वि.हि.प के पदाधिकारियों को सौंप दिए गए थे, न कि मृतक के परिजनों को, जैसा स्थापित कार्यपद्धति के अनुसार होना चाहिए। 28 फरवरी की सुबह से ही दंगे शुरू हो गए थे। शुरुआती घटनाओं में, एक ब्रिटिश गुजराती मुस्लिम परिवार अपने पैतृक गांव लौट रहा था, जिसे राजमार्ग पर रोक दिया गया और मार दिया गया।

दंगों में मारे गए लोगों की कोई सटीक संख्या नहीं है; अनुमान 1000 और 2000 के बीच है। हालांकि, आधिकारिक रिकॉर्ड का दावा है कि 1267 लोग मारे गए

थे, जिनमें से 70 प्रतिशत से अधिक मुसलमान थे। आंकड़ों में भिन्नता इसलिए है क्योंकि कई शव नहीं मिले थे या उन्हें सामूहिक रूप से दफनाया गया था। भगवा ब्रिगेड का तर्क है कि यह एकतरफा दंगा नहीं था क्योंकि पुलिस की गोलीबारी में हिंदू भी मारे गए थे। यह गलत नहीं है और वास्तव में हुआ है - विडंबना यह है कि - ऐसा उन स्थानों पर हुआ जहां स्थानीय पुलिस ने कानून का पालन किया, जैसा कि उन्हें करना चाहिए था। उदाहरण के लिए, सूरत में 28 फरवरी को कोई दंगा नहीं हुआ, क्योंकि स्थानीय पुलिस आयुक्त विनीत गुप्ता ने कानून-व्यवस्था को मजबूती से बनाए रखा। असली समस्या अहमदाबाद में थी जहाँ के आयुक्त, पी.सी. पांडे ने अपने कर्तव्यों का पालन नहीं किया। यहां तक कि शीर्ष पुलिस प्रमुख, के. चक्रवर्ती भी अपनी बात पर कायम रहने के लिए पर्याप्त साहस नहीं जुटा सके और अपने अधिकारियों से पुलिस नियमावली का सख्ती से पालन करने के लिए बोल पाए।

कई घटनाओं में, पुलिस द्वारा दर्ज की गई एफआईआर त्रुटिपूर्ण थी। उन्हें इस प्रकार दर्ज किया गया था ताकि किसी को भी दोषी ठहराना असंभव हो जाए। बेस्ट बेकरी मामले में, एफआईआर इस तरह से दायर की गई थी कि इसने यह धारणा दी कि गलती मारे गए लोगों की थी। यद्यपि उन आरोपियों के मामले में आतंकवाद रोकथाम अधिनियम (पोटा) का कठोर प्रावधान लागू किया गया था और गोधरा मामले में गिरफ्तार किया गया था, गोधरा के बाद के दंगा हमलावरों को आरोपित करने के लिए अधिनियम का इस्तेमाल नहीं किया गया था। इसके अलावा और कई मामलों में, विहिप पदाधिकारियों को सरकारी वकील के रूप में नियुक्त किया गया था। घटनाएं - कुछ विद्रोह - महत्वपूर्ण आयात एक साथ महीनों तक जारी रहीं: जैसे कि एक हिंदू महिला जो अपने मुस्लिम पति के साथ दोपहिया वाहन पर जा रही थी। दंगाइयों ने उसे स्कूटर से उतार दिया, उसे नग्न कर दिया और चाकू मारकर उसकी हत्या कर दी। । फिर वे अहमदाबाद शहर में सड़क पर नग्न शरीर छोड़कर चले गए।

मोदी के गॉडफादर, एल.के. आडवाणी गृह मंत्री थे। हालांकि उन्होंने मोदी की लगातार रक्षा की, अरुण जेटली जैसे अन्य मोदी शुभचिंतकों ने दिल्ली में तर्क दिया कि गुजरात में लिबरल प्रेस स्थिति को 'बड़ा चढ़ाकर' बता रहा था और गलत सूचना दे रहा था। तत्कालीन भाजपा अध्यक्ष, जन कृष्णमूर्ति और आरएसएस नेता, कुशाभाऊ ठाकरे ने भी संगठन के भीतर मोदी की पैरवी की। यहां तक कि अंतरराष्ट्रीय निंदा तेजी से बढ़ रही थी, जिसके लिए राष्ट्रपति के.आर. नारायणन ने प्रधानमंत्री अटल बिहारी वाजपेयी को पत्र लिखकर अपनी चिंता व्यक्त की।

4 अप्रैल को, रिपोर्टों से परेशान होकर वाजपेयी गुजरात पहुंचे। उन्होंने मोदी को, 'राजधर्म' का पालन करने की सलाह दी जिसके बदले में लाइव टेलीविज़न पर मुख्यमंत्री ने नाराजगी जताते हुए कहा कि वह वास्तव में वही कर रहे थे।

राहत और पुनर्वास पर गुजरात सरकार के प्रयास आधे-अधूरे थे। दंगों के एक महीने के भीतर, 1,00,000 से अधिक विस्थापित व्यक्ति 101 राहत शिविरों में चले गए थे। कुछ ही हफ्तों में, यह संख्या बढ़कर 1,50,000 हो गई। ये राहत शिविर एनजीओ और सामुदायिक समूहों द्वारा स्थापित किए गए थे जो पूरे देश से गुजरात पहुंचे थे। इस बीच, गुजरात सरकार ने शिविरों को बंद करने की कोशिश की, क्योंकि इससे राज्य बदनाम हो रहा था। इसने और अधिक राहत शिविर स्थापित करने से भी इनकार कर दिया, यह घोषणा करते हुए कि इस बात की कोई गारंटी नहीं थी कि जो लोग वहां डेरा डाले हुए थे, वे प्रतिशोध के लिए हथियारबंध न हो। इस अवधि के दौरान, गुजरात में मोदी की लोकप्रियता बढ़ रही थी; यहां तक कि शिक्षित वर्ग भी मंत्रमुग्ध थे। मोदी अपने दर्शकों को लुभाने और बाहरी निंदा रोकने के लिए 'गुजराती अस्मिता' (गुजरात का गौरव) का नारा सफलतापूर्वक लगा रहे थे।

मोदी ने गोधरा का दौरा किया और नरसंहार के पीड़ितों को सांत्वना दी, वह नरोदा पाटिया और गुलबर्ग सोसाइटी जैसे अन्य नरसंहारों की साइटों पर तुरंत जाने में विफल रहे। शायद वह पीड़ितों के रिश्तेदारों का सामना करने से हिचकिचा रहे थे । अपने गृह राज्य में इस समर्थन के बावजूद, एक उत्तेजित वाजपेयी, जो खुद मोदी के साथ बने रहने के लिए हमले के अधीन थे, ने अंततः मुख्यमंत्री से छुटकारा पाने का फैसला किया।

हैवानियत के नतीजे में, राज्य के अंदर और बाहर से बॉस के रूप में मोदी को छोड़ने के लिए बोर्ड के आह्वान थे और द्रविड़ मुनेत्र कड़गम और तेलुगु देशम पार्टी (बीजेपी-राष्ट्रीय जनतांत्रिक गठबंधन) के सहयोगी दल के प्रमुखों सहित,और प्रतिबंध दलों ने इस मुद्दे पर संसद को धीमा कर दिया।मोदी ने अप्रैल 2002 में गोवा में भाजपा की राष्ट्रीय आधिकारिक बैठक में अपना त्यागपत्र प्रस्तुत किया, हालांकि इसे स्वीकार नहीं किया गया। उनके ब्यूरो की 19 जुलाई 2002 को एक संकटकालीन बैठक हुई, जिसके बाद उन्होंने गुजरात के राज्यपाल एस.एस. भंडारी को अपनी रज़ामंदी की पेशकश की और राज्य सलाह-मशवरा बैठक भंग करदी।

अपने जीवन के नए अध्याय से प्रेरित, मोदी समय से पहले विधानसभा भंग करना चाहते थे और चुनाव के लिए जाना चाहते थे। लेकिन चुनाव आयोग प्रमुख के सदस्यों ने गुजरात का दौरा किया और रिपोर्ट प्राप्त की कि चुनाव के लिए

माहौल अनुकूल नहीं था। मोदी इस बात से नाराज थे कि लिंगदोह के नेतृत्व वाले चुनाव आयोग ने नवंबर से पहले चुनाव कराने से इनकार कर दिया था, इस आधार पर कि स्थिति सामान्य नहीं हुई थी और मतदाता सूची को संशोधित करना संभव नहीं था। चुनाव आयोग ने सुप्रीम कोर्ट का संदर्भ दिया और सुप्रीम कोर्ट ने सहमति दी । इस बीच, मोदी ने सार्वजनिक रूप से चुनाव आयुक्त का मज़ाक उड़ाया, उनके ईसाई मूल का उल्लेख किया और इसके साथ ही एक अन्य ईसाई, सोनिया गांधी के साथ उनकी कथित निकटता को 'पक्षपाती' कार्यवाई का कारण बताया। उन्होंने कहा कि यह सब 'सोची समझी साज़िश' थी जिसने गुजरात के गौरव को निशाना बनाने की कोशिश की थी। मोदी ने यह भी आरोप लगाया कि लिंगदोह को गुजरात की तुलना में जम्मू और कश्मीर में चुनाव कराने में ज्यादा दिलचस्पी थी। अपने सार्वजनिक भाषणों में, मोदी ने लिंगदोह का उनके पूर्ण नाम जेम्स माइकल लिंगदोह द्वारा उल्लेख किया, ताकि लोग उन्हें तुरंत एक ईसाई के रूप में पहचान सकें। हालांकि चुनावों में देरी हो रही थी, लेकिन मोदी पिछले कुछ महीनों में भावनाओं को अपने पक्ष के लिए इस्तमाल करने की जल्दी में थे।

इसलिए, राष्ट्रीय स्तर पर भाजपा के समर्थन के साथ, उन्होंने एक बहु-चरण गुजरात गौरव यात्रा शुरू की, जो चुनाव तक जारी रहेगी। यह यात्रा 6 सितंबर को मध्य गुजरात के एक स्थान से शुरू हुई और ,चरणों में, उत्तर और मध्य गुजरात के आदिवासी इलाकों और अन्य स्थानों पर गई: ज्यादातर जो दंगों से प्रभावित थे। मोदी ने कहा कि यात्रा गोधरा और गोधरा के बाद से भिन्न एजेंडे को शुरू करने के लिए थी। लेकिन उनकी कथनी-करनी में संदेह नहीं था कि उनकी खेल योजना क्या है। कथित तौर पर, उन्होंने यह कहते हुए यात्रा शुरू की कि कांग्रेस 'इतालवी चश्मा पहनकर सत्ता में नहीं लौट सकती 'और आरोप लगाया कि सोनिया गांधी 'रोम के पोप' की सलाह ले रही थीं। मोदी ने सोनिया की यह कहने के लिए भी निंदा की कि गुजरात 'गोडसे का गुजरात' बन रहा है। 'कांग्रेस, छद्म धर्मनिरपेक्षतावादी और मुशर्रफ सभी एक ही भाषा बोल रहे हैं, 'उन्होंने कहा। 'उनमें से कोई भी गोधरा पर एक शब्द नहीं बोल रहा है, लेकिन बाद में जो हुआ उसके लिए गुजरात को गालियाँ दे रहें है।' यात्रा के दौरान, मोदी ने अन्य विवादास्पद बयान भी दिए।

ऐसा ही एक था ' पांच के पच्चीस', जो मुसलमानों में उच्च जनसंख्या वृद्धि के लिए था। जल्द ही ऐसा लगने लगा था कि भाजपा के शीर्ष नेता स्वयं मोदी की राजनीति के बंधक बन रहे हैं। आडवाणी, जिन्हें गृह मंत्री से उपप्रधानमंत्री बनाया गया था, ने घोषणा की कि मोदी गुजरात के अब तक के सर्वश्रेष्ठ मुख्यमंत्री हैं।

अक्षरधाम मंदिर

24 सितंबर 2002 को लगभग 4:45 बजे, अक्षरधाम मंदिर परिसर के गेट 3 पर स्वचालित हथियारों और हथगोले से लैस 20 और 25 की उम्र के बीच दो आतंकवादियों को एक सफेद कार ने उतार दिया। जब दोनों ने अक्षरधाम मंदिर परिसर में प्रवेश करने का प्रयास किया, तो वॉलंटियरों(स्वयंसेवकों) ने एक सुरक्षा जांच के लिए सशस्त्र आतंकवादियों को रोक दिया। स्क्रीनिंग को दरकिनार करते हुए, आतंकवादियों ने 7 फुट ऊंची बाड़ के ऊपर से कूद कर अपनी बंदूकें निकाल पुरे परिसर में गोलियां चलानी शुरू करदी और मौत का तांडव शुरू हो गया।

अपराधियों ने परिसर के केंद्रीय मार्ग की ओर दौड़ लगाई और पास के बुक स्टॉल पर आने वाले आगंतुकों और तीर्थयात्रियों पर गोलियां बरसाते हुए और हथगोले फेंकते हुए मुख्य मंदिर की ओर बढ़े। जैसे ही मंदिर के पर्यवेक्षक सहित अक्षरधाम के कर्मचारियों ने हत्याओं को देखा, वे 200 फुट के पैदल मार्ग पर पहुंचे और मुख्य मंदिर के 15 फुट के दरवाज़ों को बंद कर दिया। नतीजतन, आतंकवादी मुख्य मंदिर में घुसपैठ नहीं कर पाए, जहां 35 लोग पूजा कर रहे थे।

हमले के शुरू होने के तीन मिनट बाद, 4:48 बजे, अक्षरधाम मंदिर परिसर में विश्वविहारी स्वामी ने मुख्यमंत्री नरेंद्र मोदी के कार्यालय में एक एसओएस कॉल किया और उन्हें हमले की जानकारी दी। मिनटों के भीतर, गांधीनगर के जिला पुलिस प्रमुख आर.बी.ब्रमभट्ट को घटनास्थल के लिए रवाना कर दिया गया। इसके अतिरिक्त, राज्य कमांडो बल को भी अक्षरधाम मंदिर परिसर में पहुंचने का निर्देश दिया गया था। इस बीच, अक्षरधाम मंदिर परिसर के बाहर, स्थानीय व्यक्ति मदद में जुट गए।

इसके बाद, आतंकवादी, मुख्य स्मारक में घुसपैठ करने में असमर्थ, प्रदर्शनी हॉल की ओर बढ़ गए। सेवकों ने प्रदर्शनी हॉल के सभी दरवाजों को बंद कर दिया था; हालांकि, आतंकवादियों ने प्रदर्शनी हॉल 1 में बाहर निकलने के दरवाजे को खोलकर प्रवेश किया, जिसमें मल्टीमीडिया शो था। हॉल में प्रवेश करने पर, उन्होंने दर्शकों पर गोलियां चलाईं, जिसमें पुरुषों, महिलाओं और बच्चों की मौत हो गई और घायल हो गए।

शाम 5:15 बजे , गुजरात के मुख्यमंत्री नरेंद्र मोदी ने दिल्ली में उप प्रधान मंत्री एल.के.आडवाणी को फ़ोन किया और राष्ट्रीय सुरक्षा गार्ड (एनएसजी) के लिए कहा, जिन्हें आमतौर पर ब्लैक कैट कमांडो कहा जाता है। आतंकवादियों ने प्रदर्शनी हॉल 1 से बाहर निकले, जिस प्रकार वे अंदर आए थे, निकास द्वार से, और मंदिर की बाहरी परिधि 'परिक्रमा' में छिप गए। हमले के 10 से 15 मिनट के भीतर, पुलिस सुरक्षा गार्ड और कमांडो परिसर में पहुंच गए थे। पुलिस और कमांडो ने आगंतुकों को परिसर के आसपास से सुरक्षित स्थान पर पहुंचाया, और सेवकों ने घायल पीड़ितों को पास के अस्पतालों में पहुंचाने में मदद की।

पुलिस और कमांडो ने दो आतंकवादियों की तलाश की, जो एक वैकल्पिक छिपने वाले स्थान पर आश्रय लेने पर केंद्रित थे। इस अस्थायी पड़ाव के दौरान, पुलिस और कमांडो ने प्रदर्शनी हॉल 1 में शेष 100 आगंतुकों को परिसर के बाहर एक सुरक्षित स्थान पर निर्देशित किया।

शाम 7:30 बजे, जब सुरक्षा गार्डों ने सुरक्षा के लिए मुख्य स्मारक के अंदर से 30 आगंतुकों का मार्गदर्शन किया, तो आतंकवादी , जो मंदिर की बाहरी परिधि परिक्रमा पर चढ़ गए थे, ने कमांडो पर गोलियां बरसाना शुरू कर दिया । इस हमले के दौरान, किसी को चोट नहीं पहुंची। चूंकि कमांडो ने इलाके को घेर लिया था और जवाबी गोलीबारी जारी रखी थी, इसलिए आतंकवादियों का बच निकलना मुश्किल हो गया।

10:10 बजे, NSG कमांडो की दो बसें और NSG उपकरणों से भरी एक बस अक्षरधाम पहुंची। लगभग रात 11:30 बजे तक, कई रणनीतियों की समीक्षा करने के बाद, 35 ब्लैक कैट कमांडो ने आतंकवादियों को खोजने के प्रयास में अक्षरधाम मंदिर परिसर में खुद को तैनात कर लिया।

रात भर आतंकियों की तलाश जारी रही। लगभग आधी रात को, आतंकवादी परिक्रमा से नीचे कूद गए और पास के बाथरूम में घुस गए। राष्ट्रीय सुरक्षा गार्डों ने आतंकवादियों का पता लगाने की कोशिश करने से पहले रात को बीतने देने की योजना बनाई।

इस समय अवधि के दौरान, गार्ड ने आतंकवादियों की गोलियाँ ख़त्म करवाने के लिए गोलीबारी की। अधिकारियों ने अक्षरधाम मंदिर परिसर के चारों ओर खुद को स्थित कर लिया। राष्ट्रीय सुरक्षा गार्ड पहली पंक्ति में थे, इसके बाद रैपिड एक्शन फोर्स, सीमा सुरक्षा बल, राज्य रिजर्व पुलिस और आतंकवाद विरोधी दस्ते(एंटी टेररिस्ट स्क्वॉड) के पुरुष थे।

जैसे-जैसे रात हुई, आतंकवादी दूसरे इलाके में चले गए, प्रदर्शनी हॉल 3 के पास पेड़ों के एक झुंड में।भोर होते-होते, आतंकी उतावले हो गए और गोलीबारी जारी करदी।

लगभग 6:45 बजे, 14 घंटे की लंबी परीक्षा ब्लैक कैट कमांडो के झाड़ियों में छिपे दोनों आतंकवादियों को मौत के घाट उतारने के साथ समाप्त हुआ। रात भर चली हमलावरों की तलाश में राज्य के एक पुलिस अधिकारी और एक कमांडो की जान चली गई।

෧ඃ

इसके बाद का चुनाव अब तक का सबसे ध्रुवित चुनाव था, जैसा गुजरात ने पहले कभी नहीं देखा था। मोदी ने 182 की विधानसभा में 127 सीटों के साथ घर वापसी की, जिसमें सभी मतों का 49.85 प्रतिशत वोट था। कांग्रेस को केवल 51 सीटें मिलीं, लेकिन सभी लोकप्रिय वोटों का 39.55 प्रतिशत हासिल किया। विजयी मोदी ने प्रधानमंत्री वाजपेयी सहित एक विशाल जनसमूह और वीआईपी की उपस्थिति में अहमदाबाद के सरदार पटेल स्टेडियम में एक भव्य समारोह में शपथ ली। अब ऐसा लग रहा था कि गुजरात के मुख्यमंत्री भारत के प्रधानमंत्री के पर्यवेक्षक थे। लेकिन बड़ी संख्या में संगठनों, समूहों और उनके खिलाफ आरोप लगाने वाले व्यक्तियों को देखते हुए, मोदी की परेशानियां ख़त्म होने से कोसों दूर थीं। वे गुजरात के ताकतवर व्यक्ति को गलत काम के लिए सिर्फ इसलिए दोषमुक्त करने को तैयार नहीं थे, कि वह चुनावों में विजयी हुआ था।

15
दंगों के बाद

मार्च 2008 में, लंबी कानूनी प्रक्रियाओं के बाद, सुप्रीम कोर्ट ने एक विशेष जांच दल (SIT) का गठन किया, जिसके प्रमुख सीबीआई के पूर्व निदेशक आर.के.राघवन थे। मई 2009 में, शीर्ष अदालत ने छह प्रमुख दंगों के मामलों में एसआईटी की देखरेख में सुनवाई का आदेश दिया। सुप्रीम कोर्ट का आदेश आपराधिक न्याय प्रणाली के हितों में और इन मामलों की जांच और परीक्षण में खामियों को संबोधित करने के लिए था। गोधरा, नरोदा पाटिया और गुलबर्ग सोसायटी मामले इस बैच में शामिल मामलों में से थे। जैसा कि पहले उल्लेख किया गया था, गोधरा का मामला सामने आया और इसी तरह नरोदा पाटिया मामला सामने आया।

गुलबर्ग सोसायटी मामले के लिए सितंबर 2011 में, खुद मोदी को एसआईटी ने पूछताछ के लिए बुलाया था।

"मोदी गांधीनगर में सरकारी परिसर के भीतर एसआईटी कार्यालय जाने के लिए सहमत हुए," 2002 के गुजरात दंगों में एसआईटी द्वारा उनके सामने रखे गए 100 में से एक भी सवाल का जवाब टाले बिना गुजरात के तत्कालीन मुख्यमंत्री नरेंद्र मोदी ने 9 घंटे की मैराथन पूछताछ के दौरान अपनेआप को "शांत रखा" और जांचकर्ताओं से एक कप चाय भी स्वीकार नहीं की, उस समय जांच टीम के प्रमुख आर.के राघवन ने एक नई किताब में कहा है।

जांच के अंत में, एसआईटी ने मोदी को छोड़ दिया। लेकिन इस मामले में न्यायालय मित्र(एमीकस क्यूरीए) राजू रामचंद्रन ने यह कहकर हौले-हौले हड़कंप मचा दिया कि वास्तव में कुछ ऐसे सबूत हैं जिनके तहत मोदी को पकड़ा जा सकता है।

गुजरात की एक अदालत द्वारा 2002 के दंगों के दौरान गुलबर्ग सोसाइटी नरसंहार में मोदी को दोषी ठहराए जाने के बाद दी गई क्लीन चिट के एक दिन बाद, भारतीय जनता पार्टी के प्रधानमंत्री पद के उम्मीदवार और गुजरात के मुख्यमंत्री नरेंद्र मोदी ने दावा किया कि सांप्रदायिक नरसंहार को लेकर वे व्यथित थे।

मोदी का ब्लॉगः -

प्रिय बहनों और भाइयों,

प्रकृति का नियम है कि सत्य अकेले ही जीतता है - सत्यमेव जयते। हमारी न्यायपालिका ने अपना फैसला सुना दिया है और ऐसे वक्त यह जरूरी हो जाता है कि मैं देश के साथ अपनी आंतरिक भावनाएं साझा करूं।

इस मामले के अंत ने शुरुआत की यादें ताजा कर दीं। 2001 के भीषण भूकंप ने गुजरात को मौत, तबाही और हताशा के काले अंधेरे में धकेल दिया था। सैकड़ों जानें गईं। लाखों लोग बेघर हुए। जिंदगी तबाह हो गई। अकल्पनीय पीड़ा के ऐसे दर्दनाक समय में, मुझे लोगों को संभालने और जिंदगियां दोबारा बनाने की जिम्मेदारी दी गई थी।

और हमने इस चुनौती को दिल से स्वीकार करते हुए पूरी शिद्दत के साथ काम शुरू किया।

लेकिन पांच महीने ही बीते थे, 2002 की भीषण हिंसा ने हमें हिलाकर रख दिया। निर्दोष लोग मारे गए। परिवार हताश थे। कई बरसों की मेहनत से खड़ी इमारतें ढह गईं। प्राकृतिक तबाही से अपने पैरों पर वापस लौटने के लिए संघर्ष कर रहे, पहले से ही जर्जर और आहत गुजरात के लिए यह बड़ा झटका था।

मैं भीतर तक दहल गया था। 'दुख', 'निराशा', 'हताशा', 'गम', 'गुस्सा' और 'वेदना'। ये अलफाज उस खालीपन को बयान नहीं कर सकते, जो हम लोगों ने उस अमानवीयता को देखकर महसूस की थी।

एक तरफ भूकंप के पीड़ितों का दर्द था, और दूसरी तरफ दंगों के पीड़ितों का दर्द था। मैं बेहद मुश्किल हालात में फंसा था। मुझे ईश्वर से मिली सारी ताकत को एकाग्र कर अमन, न्याय और पुनर्वास में लगाना था, उस गम और गुस्से को भूलकर, जिससे मैं व्यक्तिगत रूप से निपट रहा था।

उन चुनौतीपूर्ण हालात में मैं शास्त्रों में लिखी ज्ञान की बातें याद कर रहा था, जिनमें उल्लेख किया गया है कि जो लोग तख्त पर बैठे हों, उन्हें अपना दुख-दर्द बांटने का अधिकार नहीं होता। उन्हें अकेलेपन के साथ इससे जूझना पड़ता है। मैं भी इसी अनुभव से गुजरा। भीतर ही भीतर वेदना महसूस कर रहा था। वास्तव में, मैं जब कभी उन काले दिनों को याद करता हूं, तो मैं केवल ईश्वर से प्रार्थना करता

हूं कि फिर कभी ऐसे क्रूर दुर्भाग्यपूर्ण दिन किसी अन्य व्यक्ति, समाज, राज्य या राष्ट्र के सामने न आएं।

मैं पहली बार उन दिनों की अपनी दिक्कतों को आपसे साझा कर रहा हूं, जिनका सामना मैंने व्यक्तिगत स्तर पर किया था। हालांकि, इन्हीं भावनाओं को आधार बनाकर मैंने गुजरात के लोगों से उस रोज अपील की थी, जब गोधरा में ट्रेन जला दी गई थी। मैंने शांति और सौहार्द्र की अपील की, ताकि निर्दोष लोगों को कोई खतरा न हो।

मैंने फरवरी-मार्च, 2002 के उन बदकिस्मत दिनों में बार-बार मीडिया के सामने यही सिद्धांत रखे। शांति स्थापित करने, न्याय सुनिश्चित करने और हिंसा में शामिल लोगों को सजा दिलाने से जुड़ी सरकार की प्रतिबद्धता को सार्वजनिक रूप से सामने रखा। आपको सद्भावना उपवासों के दौरान भी इन्हीं भावनाओं को उड़ेलने वाले शब्द मिल जाएंगे, जहां मैंने जोर दिया कि इस तरह की घटनाएं सभ्य समाज में नहीं होती और इससे मुझे गहरा दुख पहुंचा है। मेरा जोर हमेशा एकता की भावना को बढ़ाने पर रहा है और इसी अवधारणा को मेरे 5 करोड़ गुजराती भाइयों और बहनों ने आगे बढ़ाया, जो मेरे मुख्यमंत्री काल के शुरू होने के साथ अपनाई गई थी। जैसे यही दुख-दर्द कम थे, जो मुझे अपने प्रिय भाई-बहनों की हत्या और हताशा का दोषी भी बताया गया।

आप कल्पना कर सकते हैं उस अंदरूनी दर्द की, जो मैंने महसूस किया क्योंकि उन घटनाओं का आरोप मुझ पर लगाया गया, जिनकी वजह से मैं खुद टूटा था। बीते कई साल से उन्होंने अपने हमले जारी रखे और कोई मौका नहीं छोड़ा। इससे भी ज्यादा दुख की बात यही थी कि अपने व्यक्तिगत और राजनीतिक हित साधने के लिए वो मुझ पर हमला करने के चक्कर में इतना ज्यादा गिर गए कि मेरे राज्य और देश पर भी हमला करने लगे। वे बेदर्दी के साथ उन जख्मों को कुरेदते रहे, जिन्हें हम गंभीर कोशिशों के साथ भर रहे हैं। संयोग से इस वजह से उन न्याय में भी देरी हुई, जिसके लिए लड़ने का दावा ये लोग कर रहे थे। उन्होंने शायद इस बारे में कभी नहीं सोचा कि पहले से दर्द झेल रहे लोगों को उन्होंने और कितना दुख दिया है।

हालांकि, गुजरात ने अपनी राह चुन ली है। हमने हिंसा पर अमन चुना। हमने बांटने की राजनीति पर एकता को चुना। हमने नफरत के बजाय प्रेम चुना। यह आसान नहीं था, लेकिन हमें इसे लंबे वक्त तक लेकर चलने को लेकर प्रतिबद्ध हैं। अनिश्चितता और डर वाली जिंदगी को गुजरात ने शांति, एकता और सद्भावना में बदल दिया है। मैं आज खुश और संतुष्ट हूं। और इसका श्रेय मैं हर

गुजराती को देता हूं।

गुजरात सरकार ने देश में पहले हुए दंगों की तुलना में हिंसा को लेकर सबसे तेज और निर्णायक तरीके से प्रतिक्रिया दी। गुरुवार आया फैसला सुप्रीम कोर्ट की निगरानी में हुई अभूतपूर्व जांच की प्रक्रिया का समापन है। गुजरात की 12 साल चली अग्निपरीक्षा अब अंत की ओर है। मैं आजाद हूं और सुकून महसूस कर रहा हूं।

मैं उन सभी का शुक्रगुजार हूं, जो इन कठिन परिस्थितियों में मेरे साथ खड़े रहे। भ्रम का बादल अब दूर हो रहा है, ऐसे मैं अब मुझे उम्मीद है कि जो लोग असली नरेंद्र मोदी को समझने और उनसे जुड़ने की कोशिश कर रहे हैं, वे खुद को कहीं ज्यादा मजबूत महसूस कर रहे होंगे।

जिन लोगों को दूसरे के दुखों में संतुष्टि मिलती है, वे शायद अब भी मेरे खिलाफ जारी दुष्प्रचार नहीं थामेंगे। मैं उनसे कुछ उम्मीद भी नहीं करता। लेकिन मैं पूरी विनम्रता से प्रार्थना करता हूं कि वे कम से कम अब गुजरात के 6 करोड़ लोगों को बदनाम करने से बाज आएंगे।

दुख और वेदना के इस सफर से उभरने के बाद मैं ईश्वर से प्रार्थना करता हूं कि मेरे दिल में कोई कड़वाहट न आए। मैं इस फैसले को व्यक्तिगत हार और जीत के रूप में नहीं देख रहा। और मैं अपने दोस्तों और खास तौर से अपने विरोधियों से भी यही आग्रह करता हूं।

सुप्रीम कोर्ट ने जब 2011 में इस संबंध में फैसला सुनाया था, तो भी मैं इसी सिद्धांत पर यकीन कर रहा था। मैंने सद्भावना के लिए 37 दिन व्रत किया। इस सकारात्मक फैसले को रचनात्मक कार्रवाई में बदला और समाज में एकता-सद्भावना पर जोर दिया।

मैं यह पूरी शिद्दत से मानता हूं कि किसी भी समाज, राज्य और देश का भविष्य सौहार्द्र में है। यही वह आधार है, जिस पर प्रगति और विकास खड़ा होता है। इसलिए, मैं सभी से इसके लिए काम करने के लिए हाथ मिलाने का आग्रह करता हूं, ताकि सभी चेहरों पर हंसी-खुशी दिखे।

एक बार फिर, सत्यमेव जयते!

वंदे मातरम

नरेंद्र मोदी

16

राजनीति

मोदी इनाम और सजा की एक प्रणाली का पालन करते हैं और जो कुछ भी करते हैं वह एक उद्देश्य के साथ होता है।

गुजरात के आगामी भाजपा नेता हरेन पंड्या की कहानी, जो मोदी की राजनीतिक स्थिति के लिए खतरा बन सकते थे। मोदी ने उन्हें पहले मंत्रालय से हटा दिया (वे राजस्व मंत्री थे) और फिर 2002 के विधानसभा चुनावों में उन्हें सीट देने से इनकार कर दिया, हालांकि वे एक विधायक थे। आडवाणी और जेटली जैसे नेताओं ने पंड्या की ओर से हस्तक्षेप किया, लेकिन दबाव से बचने के लिए, मोदी अस्पताल में भर्ती हो गए।

कुछ दिनों बाद जब दबाव कम होने का कोई संकेत नहीं दिखा, तो मोदी ने घोषणा की कि वह चुनाव नहीं लड़ेंगे, अगर पंड्या को टिकट दिया गया। आडवाणी और जेटली दोनों पीछे हट गए जिससे पंड्या अकेले पड़ गए।

कुछ महीने बाद, एक सार्वजनिक पार्क के बाहर अस्पष्ट परिस्थितियों पंड्या की हत्या में हो गई थी। सीबीआई के केस को उच्च न्यायालय से ख़ारिज कर दिया गया और आरोपी को छोड़ दिया गया। दोनों, पांड्या के पिता और पत्नी ने हत्या को 'राजनीतिक' करार दिया है, जो उन्हें विश्वास है कि इसमें कोई संदेह नहीं है। लेकिन यह एक हत्या थी जिसने सबको हैरान कर दिया और घबराए हुए गुजरातियों के दिमाग में एक नकारात्मक छवि बनाई।

मोदी ने कई लोगों को 'भुला' दिया है जिन्होंने उनका शुरुआती दिनों में अच्छा साथ दिया था। उदाहरण के लिए, आरएसएस के एक नेता विष्णु पंड्या, जिन्होंने

गुजरात में संगठन के मुखपत्र को साधना के नाम से संपादित किया था, के बारे में जाना जाता है कि उन्होंने मोदी को उनके संघर्ष के दिनों में सहायता प्रदान की थी। लेकिन दोनों अब एक दूसरे से बात तक नहीं करते। एक दफ्तरशाह (हाल तक की सेवा में) याद करते हैं कि कैसे उन्हें मोदी से एक पदोन्नति के लिए याचना करनी पड़ी थी जो कि उनके प्रभावी होने से पहले छह महीने के लिए देय थी। इस अधिकारी का कहना है, 'उन चीजों के लिए भी जिनके आप हकदार हैं, मोदी आपको महसूस कराते हैं कि वह बहुत बड़ा उपकार कर रहे हैं।

लेकिन जब यह मोदी के उद्देश्य के अनुकूल होता है, तो वह किसी विशेष को बढ़ावा देने के लिए अन्य अधिकारियों को भी हटा देते है, भले ही उदारता का लाभार्थी अन्यथा, पसंदीदा न हो। एक अच्छा उदाहरण पी.के. लाहेरी के पदोन्नति का है, 2003 में राज्य के मुख्य सचिव के रूप में। यद्यपि एक सक्षम अधिकारी, लाहेरी ने कई अधिकारियों को सिर्फ इसलिए पीछे छोड़ दिया क्योंकि वह गुजरात के थे। उन दिनों मोदी गुजराती अस्मिता को बड़े पैमाने पर बढ़ावा दे रहे थे और उन्हें लगा कि एक गुजराती मुख्य सचिव को नियुक्त करने से एक प्रभावी संदेश जाएगा।

17

राजेश खन्ना "अंदाज़ ही आदमी की पहचान है"

मोदी इस अभ्युक्ति में विश्वास करते हैं, 'अंदाज ही आदमी की पहचान है। वह अच्छी तरह से सजेधजे रहते हैं, अच्छे कपड़े पहनते हैं, 'रे-बैन' चश्मा पहनते हैं और कटे नाखूनों के साथ पेडीक्योर किए हुए पैरों को दिखाते है और साफ़ और चमकती त्वचा के मालिक हैं। जो लोग उन्हें अच्छी तरह जानते हैं, उनका कहना है कि उन्हें शुरू से ही अच्छे पहनावे और पर्सनल ग्रूमिंग का शौक रहा है। वह एक बहुत छोटे शहर से आये थे जहाँ ज्यादातर लोग अपने कपड़ों पर इस्त्री नहीं करते थे। इस प्रकार मोदी के पास, एक लड़के के रूप में, इस्त्री सेवाओं तक कोई पहुंच नहीं थी। लेकिन वह कुछ भारी वस्तुओं का उपयोग करके या जो कुछ भी वह इस्तमाल कर सकते थे, उसका उपयोग करके अपने कपड़े इस्त्री करने की कोशिश करते। वह संगठन में अपने शुरुआती दिनों में अपने आकाओं के नियमों का उल्लंघन कर बैठे, जब उन्होंने बेहतर दिखने के लिए अपनी दाढ़ी की छंटनी की। यह स्पष्ट रूप से आरएसएस में आदर्श नहीं था, कम से कम तब। 80 के दशक की शुरुआत में वे एक नाई - संयोग से एक मुस्लिम - जिसका आरएसएस मुख्यालय के पास सैलून था और जिसने उन्हें राजेश खन्ना स्टाइल हेयरकट दिया था के नियमित ग्राहक बन गए थे। कुछ साल बाद, मोदी ने बजाज चेतक स्कूटर चलाना शुरू कर दिया। अपने कपड़ों के बारे में विशेष रूप से जागरूक, मुख्यमंत्री बनने के बाद, वे अहमदाबाद में कपड़े के दुकान जेड ब्लू के भी नियमित ग्राहक बन गए, जिसके गुजरात के बाहर भी आउटलेट हैं। जेड ब्लू के दर्जी कथित तौर पर उनके घर जाते हैं और उनका माप लेते हैं। दुकान ने अब मोदी कुर्ता का अपना ब्रांड

शुरु किया है। यदि स्टाइलिश कपड़े व्यक्तित्व को बढ़ाने में एक लंबा रास्ता तय करते हैं, तो तस्वीरें भी यही करती हैं।

मोदी इसे बखूबी जानते हैं। जिन लोगों ने उनके पोर्टफोलियो पर एक नज़र डाली है, उन पर विश्वास किया जाए, तो इसमें विभिन्न पोज़ में मोदी के सैकड़ों शॉट्स शामिल हैं। मोदी खुद को एक नायक, एक शक्तिशाली व्यक्ति के रूप में प्रोजेक्ट करना पसंद करते हैं, जो सभी खलनायक को नष्ट करता है। मोदी को उनकी एक 'अल्फ़ा- मेल' की छवि पसंद है। वह विशेष रूप से महिलाओं के बीच आकर्षण का विषय हैं। कई पढ़ी-लिखी, प्रसिद्ध औरतें उन पर फ़िदा हैं। कई अन्य उन्हें व्यक्तिगत रूप से जाने बिना उनके प्यार में सर से पांव तक डूबी हैं।

'गुजरात अनिवार्य रूप से एक व्यापारिक राज्य है जिसमें कोई मार्शल परंपरा नहीं है। इसलिए बॉलीवुड टाइप के नायक, जो असंभव काम करने में सफल होते हैं, गुजरात में उनकी अनुपस्थिति के कारण विशिष्ट हैं। लेकिन शायद राज्य में ऐसे नायकों की आवश्यकता है, खासकर महिलाओं के बीच। मोदी की छवि इस जरुरत को पूर्ण करती है,' पिछले चुनावों में मोदी की राह पर चल रहे कई पत्रकार इस बात की पुष्टि करते हैं कि महिलाओं के बीच यह प्यार कम हो रहा है।

'महात्मा गांधी अपनी तपस्या, संयम और जबरदस्त आत्म-नियंत्रण के साथ पुराने दिनों में गुजरात के नायक बन गए। लेकिन अब, गुजराती मोदी जैसा हीरो चाहते हैं और वह प्रस्ताव पर हैं। या यूँ कहें की, उनकी अधिकांश मर्दानगी भरा व्यवहार प्रदर्शन पर, केवल इसलिए कि लोग इसे पसंद करते हैं।

18

गुजरात और मोदी की "लार्जर - देन - लाइफ" तस्वीर- वाइब्रेंट गुजरात

लाइसेंस कोटा शासन के तहत, केंद्र सरकार ने हमेशा निवेश का स्थान तय किया था और सम्मानित लाइसेंस दिए। लेकिन लाइसेंसिंग के ख़त्म होने के साथ, राज्य सरकारें अब खुद निवेश कर सकती हैं। वास्तव में राज्यों के बीच प्रतिस्पर्धा इतनी तीव्र हो गई थी कि यह अक्सर युद्ध जैसा दिखता था। मोदी ने तय किया कि वह इस युद्ध में सबसे ऊपर आएंगे, जिसमें आंध्र प्रदेश के चंद्रबाबू नायडू प्रमुख थे। मोदी ने महसूस किया कि गुजरात को एक प्राकृतिक लाभ था क्योंकि विदेशों में रहने वाले गुजरातियों (NRG) के व्यापार समुदाय को राज्य की पस्त छवि को बढ़ावा देने और निवेशों को सुरक्षित करने के लिए उतारा जा सकता है। इस गहरी सोच में से एक निवेश मेला 'वाइब्रेंट(जीवंत) गुजरात 'का विचार उभरा।

मोदी की प्रवृत्ति हमेशा सरकार के कार्यक्रमों को निर्धारित करने की रही है जब लोगों की प्राकृतिक ऊर्जा अधिक होती है, आमतौर पर त्योहार के समय के आसपास।' वाइब्रेंट गुजरात को नवरात्रि के साथ मेल खाने के लिए समय निर्धारित किया गया था, जो राज्य में एक प्रमुख त्योहार है। दीवाली एक और भी बड़ा त्योहार है और गुजराती नव वर्ष के साथ मेल खाता है। लेकिन चूंकि लोग आमतौर पर उस समय छुट्टी पर जाते हैं, इसलिए इसके बजाय नवरात्रि को चुना गया था। यह शो 28-30 सितंबर 2003 से फेडरेशन ऑफ इंडियन चैम्बर्स ऑफ कॉमर्स एंड इंडस्ट्री(फिक्की) के सहयोग से आयोजित किया जाना था।

अहमदाबाद में काँकरिया झील के तट पर भव्य उद्घाटन समारोह आयोजित किया गया था। यह गुजराती एनआरआई व्यापारियों की मेजबानी में एक भव्य सांस्कृतिक मनोरंजन कार्यक्रम था। मोदी त्योहार को कट्टर व्यापार के साथ जोड़ रहे हैं, 'दिन के दौरान, सरकार गुजरात के भविष्य पर विचार-विमर्श करेगी। रात में, हम शक्ति पूजा करेंगे।' "वाइब्रेंट गुजरात" ने राज्य की पूर्ववर्ती निवेश नीति से प्रस्थान किया, जिसमें विभिन्न परियोजनाओं के लिए प्रतिस्पर्धी बोली पर जोर दिया जाता था। कोई भी परियोजना, भले ही एक व्यावसायिक समूह को दी गई हो, उसे 'चुनौती देने वालों' के लिए खुला रखा जा सकता है। यदि दावेदार बेहतर शर्तों की पेशकश करता है, तो परियोजना उसे सौंपी जा सकती है। नई व्यवस्था के तहत, प्रस्ताव पर कई परियोजनाएं थीं। निवेशक सरकार के साथ समझौता ज्ञापन पर हस्ताक्षर कर सकते हैं और बिना किसी चुनौती के उन परियोजनाओं के लिए जा सकते हैं।

'प्रस्ताव पर 135 परियोजनाएं थीं। सरकार ने इस मार्ग को इसलिए चुना क्योंकि प्रतिस्पर्धी बोलियों को बुनियादी ढाँचे के क्षेत्र में निवेश को आकर्षित करने के लिए एक बड़ी बाधा के रूप में देखा गया जिसके लिए भारी रकम की आवश्यकता थी। व्यापारिक बैठकों में, मोदी ने डॉलर के सपनों को हवा दी। 'यदि आप यहाँ एक रुपया बोते हैं, तो आप एक डॉलर काटेंगे।"लोगों ने मोदी से पूछा, उन्हें गुजरात में निवेश क्यों करना चाहिए। मोदी ने उन्हें सीधा साधा जवाब दिया। गुजरात एक शांतिपूर्ण श्रम संस्कृति के साथ एक नीति-संचालित राज्य है। जब योजना आयोग ने देश के लिए 8 प्रतिशत का वार्षिक लक्ष्य निर्धारित किया है, तो गुजरात के लिए विकास दर 10 प्रतिशत तय की गई है। 'मोदी ने यह भी भविष्यवाणी की कि कुछ वर्षों में, गुजरात भारत की पेट्रोकेमिकल राजधानी बन जाएगा।

वाइब्रेंट गुजरात को सफल बनाने के लिए, मोदी सरकार ने शो के ठीक एक सप्ताह पहले एक नई औद्योगिक नीति की घोषणा की थी। निवेश के कई वादे आये, निश्चित रूप से, कुछ हाथ की सफाई भी थी। पहले से घोषित कुछ निवेशों को नए निवेश प्रस्तावों के साथ जोड़ दिया गया था। इसने कुल निवेश प्रस्तावों को अधिक प्रभावशाली बना दिया। वास्तव में, निवेश के वादों की कुल राशि ₹66,000 करोड़ हो गयी और 80 समझौता ज्ञापनों पर हस्ताक्षर किए गए। लेकिन 80 प्रतिशत निवेश प्रस्ताव स्थानीय कंपनियों के थे जो पहले से ही गुजरात में कारोबार कर रही थीं: इसमें अंबानी शामिल थे, जिन्होंने अगले तीन वर्षों में ₹9000 करोड़ डालने का वादा किया था, ओएनजीसी ने 'पेट्रोकेमिकल

कॉम्प्लेक्स स्थापित करने के लिए 4000 करोड़ का वादा किया था और निरमा ने ₹ 500 करोड़ डालने का इरादा जताया था। लक्ज़री क्रूज़ प्रोजेक्ट के लिए ₹551 करोड़ के निवेश का भी वादा किया गया था। वादों में नौ ऊर्जा प्रस्ताव, नौ रासायनिक और पेट्रोकेमिकल क्षेत्र में, और आठ विशेष आर्थिक क्षेत्रों के लिए शामिल थे।

'वादा किए गए निवेश की राशि बहुत बड़ी है। 'यह केवल एक ही राज्य के लिए है जो इसे एक शानदार उपलब्धि बनाता है।' शो से एक महत्वपूर्ण सबक सीखा गया था: मोदी ने अप्रवासी गुजरातियों से अपेक्षा की थी कि वे बड़ी संख्या में इस शो में आएँ। हालांकि कुछ आए थे, अधिकांश ने यह संदेश भेजा कि सर्दी उनके लिए बेहतर है, क्योंकि यह यूरोप और अमेरिका में क्रिसमस-नए साल की छुट्टियों के मौसम के साथ मेल खा रहा था। इसलिए मोदी, जो एक ओर शो की सफलता से अधिक प्रसन्न थे, ने तारीख बदलकर इसे जारी रखने का फैसला किया। इसलिए, उत्तरायण उत्सव के साथ, जो उत्तर में लोहड़ी और दक्षिण में संक्रांति के साथ मेल खाता था, वाइब्रेंट गुजरात का 2005 संस्करण जनवरी की शुरुआत में आयोजित किया गया था।

೧೨

2005

2005 का शो अधिक संगठित था। मोदी ने दुनिया भर में पांच मंत्रिस्तरीय प्रतिनिधिमंडलों को भागीदारी और निवेश के लिए लुभाने के लिए भेजा। सूचना प्रौद्योगिकी, कृषि, ऊर्जा, गैस और पेट्रोलियम मुख्य क्षेत्र थे। मुकेश अंबानी, शशि रुइया, गौतम अडानी और ब्रिटिश गैस के अध्यक्ष नाइजेल शॉ जैसे कई शीर्ष उद्योगपतियों ने रुचि दिखाई। इस शो में निवेश करने के लिए प्रतिबद्धताओं की संख्या 2003 के वाइब्रेंट गुजरात की तुलना में बहुत अधिक थी। 227 समझौता ज्ञापनों के माध्यम से पेपर पर ₹106,160 करोड़ के निवेश को शामिल किया गया। इसमें से पोर्ट सेक्टर के लिए, ₹15585 करोड़ के निवेश के साथ 35 प्रस्ताव थे, इंजीनियरिंग और ऑटोमोबाइल के लिए ₹16451 करोड़ के 32प्रस्ताव, और ₹13137 करोड़ के तेल और गैस क्षेत्र से संबंधित 24 प्रस्ताव थे। गुजरात सरकार के अनुसार, वाइब्रेंट गुजरात के पहले दो संस्करणों के दौरान हस्ताक्षरित 60 प्रतिशत समझौता ज्ञापनों को साकार किया गया। हालांकि, कई विश्लेषकों का

मानना है कि 60 प्रतिशत का आंकड़ा भी बहुत अधिक है। कि निवेश करने के वादों की संख्या को बढ़ा-चढ़ाकर पेश किया गया, यह बात हर कोई जानता था, यहां तक कि वे भी जो मोदी के बड़े अनुयायी थे। लेकिन यह शो इस मायने में बहुत बड़ी सफलता था कि इसने गुजरात को एक निवेश गंतव्य के रूप में वापस स्थापित किया और न कि एक ऐसी जगह के रूप में जहां सांप्रदायिक दंगे हुए हों।

19

वीज़ा

वाइब्रेंट गुजरात शो ने राज्य को एक अद्भुत निवेश गंतव्य के रूप में बढ़ावा देने में मदद की हो सकती है, लेकिन अंतरराष्ट्रीय स्तर पर, यह मोदी पर 2002 के दंगों के दाग को हटाने के लिए बहुत कम था। इस बात को मार्च 2005 में स्पष्ट रूप से दूसरे वाइब्रेंट गुजरात शो के बाद देखा जा सकता था जब मोदी का यूएसए का वीज़ा बुश प्रशासन द्वारा रद्द कर दिया गया था। मोदी के पास 1998 से संयुक्त राज्य अमेरिका के लिए दस साल का पर्यटक/व्यावसायिक वीजा था, लेकिन जब फ्लोरिडा स्थित एशियन अमेरिकन होटल ओनर्स एसोसिएशन (एएएचओए), जो अमेरिका में गुजराती मोटल मालिकों के प्रभुत्व में था, ने उन्हें अपने वार्षिक सम्मेलन को संबोधित करने के लिए आमंत्रित किया, गुजरात के मुख्यमंत्री ने राजनयिक वीजा के लिए आवेदन करना उचित समझा। हालांकि AAHOA ने मोदी को आमंत्रित किया था, उन्हें पता था कि अमेरिका में उनके खिलाफ गठित कोएलिशन अगेंस्ट जेनोसाइड (CAG- नरसंहार के खिलाफ गठबंधन) से परेशानी हो सकती है। जैसे ही मोदी के निमंत्रण की खबर सार्वजनिक हुई, सीएजी ने अपना अभियान तेज कर दिया और कैपिटल हिल में पैरवी की। इसने मोदी को वीजा देने से इनकार करने के लिए राज्य के सचिव कॉंडोलिजा राइस से अपील की, उन पर 'धार्मिक स्वतंत्रता 'का उल्लंघन करने और गुजरात में हिटलर जैसे पंथ का निर्माण करने का आरोप लगाया। सीएजी सहित किसी को भी गंभीरता से यह विश्वास नहीं था कि बुश प्रशासन - जो एकमात्र पश्चिमी देश था जिसने 2002 के दंगों की निंदा नहीं की थी - मोदी को वीजा देने से इनकार करेगा। इसका निष्कर्ष यह निकला की , न केवल बुश प्रशासन ने मोदी को एक राजनयिक वीजा देने से इनकार कर दिया, बल्कि उनके मौजूदा पर्यटक / व्यापार वीजा को भी रद्द कर

दिया। मोदी का वीज़ा यूएस इमिग्रेशन एंड नेशनलिटी एक्ट के एक अनुभाग को लागू करते हुए जो अमेरिकी सरकार को किसी भी विदेशी सरकारी अधिकारी को वीजा देने से इनकार करने की अनुमति देता है जो 'किसी भी समय सीधे तौर पर किए गए, विशेष रूप से धार्मिक स्वतंत्रता के गंभीर उल्लंघन' के तहत रद्द कर दिया गया था। राजनयिक वीजा से इनकार कर दिया गया था क्योंकि यह माना गया था कि जिस उद्देश्य के लिए मोदी अमेरिका आ रहे थे, वह 'उस उद्देश्य के लिए नहीं था जो राजनयिक वीजा के लिए योग्य हो।' 'भले ही उन्होंने इसके लिए पैरवी की थी, वीजा से इनकार CAG की उम्मीद से ज्यादा था। मोदी और बीजेपी ने जमकर हंगामा किया और सत्ता में आई यूपीए सरकार ने वीजा को ठुकराने का विरोध किया। '2005 में, मोदी के नाम के साथ एक गंभीर कलंक जुड़ा था। बुश प्रशासन एक ऐसे व्यक्ति को अनुमति देकर अपनी छवि खराब करने के लिए तैयार नहीं था, जिस पर भारत के राष्ट्रीय मानवाधिकार आयोग (NHRC) द्वारा धार्मिक स्वतंत्रता के उल्लंघन का आरोप लगाया गया था।

लेकिन मोदी हार मानने वाले नहीं थे। जब AAHOA निमंत्रण को रद्द करने की योजना बना रहा था, तब भी संगठन में मोदी समर्थक तत्वों ने मोदी के लिए वेब-कास्टिंग सुविधाओं की स्थापना की। इसके माध्यम से, मोदी ने नियत दिन गांधीनगर से सभा को संबोधित किया। गुजराती आतिथ्य का अनुभव करने के लिए फ्लोरिडा के गवर्नर जेब बुश (अमेरिकी राष्ट्रपति जॉर्ज बुश के भाई) को गांधीनगर में आमंत्रित करने के अलावा, मोदी ने कहा: 'मैं सिर्फ तकनीक के कारण नहीं बल्कि लोकतांत्रिक मूल्यों को बनाए रखने और प्रेरित प्रचार की उपेक्षा करने के लिए आपकी संस्था के दृढ़ संकल्प के कारण आपसे बात कर पा रहा हूँ। '

20
2007-2009

2007 में वाइब्रेंट गुजरात का अगला संस्करण - उस साल बाद में होने वाले राज्य चुनावों से पहले - और भी बड़े पैमाने पर आयोजित किया गया था। इस बार, राज्य के प्रमुख उद्योगपतियों के प्रतिनिधिमंडलों को विदेश भेजा गया। संभावित निवेशकों के लिए संदेश था: 'गुजरात में कोई रेड टेप नहीं है, केवल एक लाल कालीन है!' इस तथ्य को रेखांकित करने के प्रयास में कि गुजरात गांधी की भूमि थी, इस शो को मल्टी मीडिया प्रदर्शनी 'इटरनल गांधी: द लाइफ एंड फिलॉसफी ऑफ द महात्मा' के साथ शुरू किया गया था। बारह फोकस क्षेत्रों में विस्तृत निवेश के अवसर भी तैयार किए गए थे और संभावित निवेशकों को पेशकश की गई थी। इनमें बिजली, तेल और गैस, रसायन, पेट्रोकेमिकल और फार्मास्यूटिकल्स (दवाइयाँ), विशेष आर्थिक क्षेत्र के नेतृत्व वाले बंदरगाह और शहरी विकास, जैव प्रौद्योगिकी, वस्त्र और परिधान शामिल थे। ₹461,835 करोड़ पर और अप्रत्याशित रूप से नहीं, वाइब्रेंट गुजरात के इस संस्करण में वादा किए गए निवेश की मात्रा 2005 के शो की तुलना में चार गुना अधिक थी। कुल 343 समझौता ज्ञापनों पर हस्ताक्षर किए गए, जिनमें से 28 समझौता ज्ञापन विशेष निर्यात क्षेत्रों (एसईजेड) के उद्देश्य से किए गए निवेश थे। उत्तरार्द्ध में कुल ₹170889 करोड़ रुपये के निवेश का वादा था।

चुनाव 2007

2007 के गुजरात चुनावों में भाजपा की अंतिम गणना 182 में से 117 सीटों की थी। यह 2002 के चुनावों में मोदी के नेतृत्व वाली पार्टी ने जितनी जीती थी उससे 10 सीटें कम थीं। लेकिन पार्टी के वोट शेयर में कोई गिरावट नहीं आई: कुल वोटों के प्रतिशत के मामले में भाजपा और मोदी का समर्थन आधार 49 प्रतिशत से अधिक रहा। भाजपा ने भारी बहुमत से जीत हासिल की और मोदी के पक्ष में वोटों के समेकन के बाद अपनी स्थिति बनाए रखी। कांग्रेस अध्यक्ष सोनिया गांधी द्वारा उनके बारे में की गई 'मौत के सौदागर' की टिप्पणी के बाद ऐसा हुआ। मतदान के कुछ दिन पहले, दिसंबर 2007 के पहले सप्ताह में राजकोट में एक चुनाव अभियान के दौरान मोदी शासन के खिलाफ तीखा हमला करते हुए, गांधी ने कहा कि गुजरात पर शासन करने वाले 'झूठे और बेईमान' थे और वे 'मौत के सौदागर' थे। इसे सोहराबुद्दीन शेख और उनकी पत्नी की हत्या के एक पतले-पतले संदर्भ के रूप में देखा गया था, जो मुश्किल से छह महीने पहले सार्वजनिक हुआ था। सोनिया ने जोर देकर कहा कि गुजरात चुनाव एक चुनाव के बारे में नहीं थे बल्कि 'मानवता की रक्षा, कानून के शासन और लोकतंत्र' के बारे में थे। ' 'यह एक शानदार चुनावी भाषण था और पंक्तियाँ मंत्रमुग्ध कर देने वाली थीं लेकिन कांग्रेस अध्यक्ष को यह नहीं पता था कि गुजरात का मानसचित्त शेष भारत से अलग था। कि गुजरात के बाहर इसने जो शानदार ढंग से काम किया है वह इस राज्य में उलटा भी पड़ सकता है।

टिप्पणियों के बाद, मोदी ने तुरंत अपने चुनावी भाषणों में प्रतिक्रिया व्यक्त की: "क्या मुझे कुछ भी करने के लिए सोनिया की अनुमति की आवश्यकता है? जिस पर भीड़ ने खुशी से उन्हें चीखकर कहा: 'नहीं, नहीं।'

एक जगह पर सोहराबुद्दीन शेख का संदर्भ था। जब मोदी ने पूछा: 'उनके जैसे लोगों का क्या किया जाना चाहिए?' भीड़ ने चिल्लाया: मार डालो, मार डालो। '

अगले कुछ दिनों में मोदी के पक्ष में वोटों का पूर्ण ध्रुवीकरण हुआ। मोदी की इन टिप्पणियों को भारत के चुनाव आयोग को भेजा गया था। लेकिन मोदी ने यह कहकर पल्ला झाड़ लिया कि स्वतंत्र और निष्पक्ष चुनावों में राजनीति के बाज़ार में राजनीतिक मुद्दों पर बहस शामिल है और जब राजनीतिक विरोधियों द्वारा बयान दिए जाते हैं, तो अन्य लोग उन्हें जवाब देने के हकदार होते हैं।

☙☙

2009

'ग्लोबल ड्रीम्स: वन डेस्टिनेशन। '

2007 में फिर से चुनाव से उत्साहित मोदी ने वाइब्रेंट गुजरात 2009 को और भी बड़े स्तर पर ले जाने का प्रयास किया। 2009 के आम चुनावों से कुछ महीने पहले ही यह शो आया था, इस दौरान हालांकि, प्रधानमंत्री पद के उम्मीदवार नहीं थे, लेकिन मोदी भविष्य में एक संभावित उम्मीदवार के रूप में पहचाना जाना चाहते थे। पहली बार, वाइब्रेंट गुजरात में एक विदेशी भागीदार था: जापान का बाहरी व्यापार संबंध संगठन (जेट्रो)। वाइब्रेंट गुजरात के पोस्टरों में मोदी को भारत के झंडे और कई अन्य विदेशी आर्थिक शक्तियों के झंडों के सामने देखा गया और जिसकी टैगलाइन:'ग्लोबल ड्रीम्स: वन डेस्टिनेशन ' थी। 45 देशों के लगभग 600 विदेशी प्रतिनिधि इस शो में आए जहां मोदी ने विजयी भाव से घोषणा की: 'वाइब्रेंट गुजरात ने आर्थिक संकट को फिर से परिभाषित किया। मंदी की पृष्ठभूमि में भी आप गुजरात में निवेश देख सकते हैं। इसे गुजरात द्वारा प्रदान की गई जीवंतता या स्थिरता कहें। ' यह जानने के बावजूद भी कि निवेश के आंकड़ों को बहुत बढ़ा-चढ़ाकर पेश करने के लिए और अधिकांश निवेश का सच्चाई में न देखे जाने के कारण उन्हें आलोचनाओं का सामना करना पड़ रहा है, मोदी ने कहा: 'कि अगर कोई उद्यमी यहां निवेश करना चाहता है, तो हम उसकी मदद करते हैं। एक भी ऐसा मामला नहीं है जहां निवेशक ने कहा है कि हम अपनी परियोजना को वापस ले रहे हैं क्योंकि हमें सरकार के साथ समस्या है। यदि परियोजनाएँ लागू नहीं होती हैं, तो हम ज़िम्मेदार नहीं हैं। ' वाइब्रेंट गुजरात के दौरान, 8662 समझौता ज्ञापनों, जिसमें कुल 12,00,000 करोड़ (`12000 बिलियन) की भारी राशि का वादा किया गया, पर हस्ताक्षर किए गए।

उद्योगपतियों ने मोदी को घेरा। अनिल अंबानी ने कहा: "गुजरात देश के बाकी हिस्सों से अलग है। यहां का मिजाज अलग है।" लेकिन यहां तक कि मोदी के सबसे अडिग समर्थकों ने महसूस किया कि वाइब्रेंट गुजरात कुछ और नहीं बस राज्य और खुद मोदी की लार्जर - देन - लाइफ तस्वीर पेश करने के लिए एक

शो था।उद्योगपति मोदी के बारे में अद्भुत बातें कहते हैं, उनके निवेश के लिए विभिन्न रियायतों जैसे कि टैक्स ब्रेक और सस्ती जमीन और पानी के लिए। एमओयू (समझौता ज्ञापन) पर हस्ताक्षर करने की हड़बड़ी उसी उद्देश्य के लिए है।'ये उद्योगपति इस बात से भी अवगत हैं कि मोदी को खुद को पुनः स्थित करने के लिए किस तरह उनकी जरूरत है। वे इसका फायदा उठाना चाहते हैं। '

वाइब्रेंट गुजरात के चार संस्करणों ने मोदी की छवि को निवेश के चैंपियन के रूप में उठाने में एक लंबा रास्ता तय किया, लेकिन उन्हें दो महिलाओं: ममता बनर्जी और नीरा राडिया के कारण 'मेगा-बूस्ट' मिला। ममता बनर्जी, उस समय, पश्चिम बंगाल में लंबे समय से चली आ रही वामपंथी सरकार को चुनौती देने वाली थीं और उसे बेदखल करना चाहती थीं । वहीं नीरा राडिया एक जनसंपर्क विशेषज्ञ थीं जो दिल्ली में सत्ता के गलियारों में उच्च स्तर पर संपर्कों के साथ एक प्रभावशाली व्यक्ति के रूप में पहचानी जाने लगीं थी।

21
नैनो

टाटा समूह के चेयरमैन रतन टाटा का लंबे समय से यह सपना था कि वे `1 लाख से नीचे कीमत वाली' लोगों की कार का उत्पादन करें। उन्होंने 2005 में कार को डिजाइन करने के प्रोजेक्ट पर काम शुरू किया: कोई तामझाम नहीं होगा और कार स्टील का कम इस्तेमाल करेगी। जब यह हो रहा था, तब टाटा को पश्चिम बंगाल की वाम मोर्चे की सरकार ने लुभाया था, जो नई टाटा कार इकाई को आमंत्रित करके राज्य का औद्योगिकीकरण करने की इच्छुक थी। रतन टाटा को वामपंथियों द्वारा क्यों लिया गया, यह ज्ञात नहीं है, लेकिन उनके प्रबंधकों को छह निर्माण-स्थान दिखाए गए और अंत में हुगली जिले के सिंगुर को चुना गया। 18 मई 2006 को टाटा को एक अंतिम गो-फॉरवर्ड दिया गया। इसके तुरंत बाद सिंगुर में परेशानी शुरू हुई: भूमि - 997 एकड़ खेत - को सरकार द्वारा एक पुराने कानून का उपयोग करके अधिग्रहित किया गया था।इस प्रक्रिया में, बड़ी संख्या में किसानों को उस क्षेत्र में विस्थापित किया गया जहां भूमि कम है और जनसंख्या का दबाव अधिक है। पर ली गई भूमि अत्यंत उपजाऊ थी और एक वर्ष में कई फसलें उगाई जा सकती थी।

तृणमूल कांग्रेस (टीएमसी) की ममता बनर्जी, जो 1978 से सत्ता में रहे वाम मोर्चे को बाहर करने की कोशिश कर रही थीं, उन्हें एक अवसर नज़र आया। उन्होंने तुरंत विरोध शुरू कर दिया। क्योंकि बेदखल किसान पहले से ही परेशान थे, उन्हें बहुत कोशिश नहीं करनी पड़ी। जल्द ही, विरोध और हिंसा का एक चक्र शुरू हुआ। रतन टाटा ने महसूस किया कि वह दो राजनीतिक संरचनाओं के बीच की लड़ाई में फंस गए थे। वे इस हंगामे के लिए जिम्मेदार नहीं थे क्योंकि भूमि उनके द्वारा अधिग्रहित नहीं की गई थी। लेकिन वह कुछ नहीं कर सकते थे, क्योंकि वे कार

बनाने के लिए बहुत उत्सुक थे। स्थिति 24 अगस्त 2008 को और बिगड़ गई, जब टीएमसी ने नैनो फैक्ट्री के फाटकों पर अनिश्चितकालीन विरोध प्रदर्शन शुरू किया और सभी वाहनों तक पहुंच को रोक दिया। पूरी तरह से तंग आकर, कुछ दिनों बाद 3 सितंबर को, रतन टाटा ने घोषणा की कि - जो काम 2007 में शुरू हुआ था - सिंगुर में रोका जा रहा है , और राज्य के बाहर एक वैकल्पिक साइट की तलाश की जाएगी। रतन टाटा ने घोषणा की, "मैं अपने प्रबंधकों और उनके परिवारों को पश्चिम बंगाल नहीं ला सकता अगर उनको मारा जायेगा, अगर लगातार उनके साथ हिंसा होगी , और अगर उनके बच्चे स्कूल जाने से ही डर जाएँ, तो।"

नरेंद्र मोदी लंबे समय से पश्चिम बंगाल में नैनो के भाग्य पर नज़र रख रहे थे और उन्होंने महसूस किया कि अगर रतन टाटा को अब गुजरात की ओर लुभाया जाए, तो यह एक आभासी तख्तापलट होगा। दंगों के बाद से, रतन टाटा की नज़रों में नरेंद्र मोदी की छवि कुछ खास नहीं थी। 2005 में वाइब्रेंट गुजरात में भाग लेने के लिए, उन्हें उनके जनसंपर्क सलाहकार, नीरा राडिया द्वारा ख़ुशामद करना पड़ा था। टाटा पर राडिया का बहुत प्रभाव था। दोनों एक-दूसरे से इस बात से परिचित हुए कि नीरा के पति गुजराती थे, जिससे उन्हें मोदी से जुड़ने में मदद मिली। इससे पहले भी जब रतन टाटा ने सिंगूर से बाहर निकलने का अंतिम निर्णय लिया था, तब मोदी के लोग टाटा के अधिकारियों के साथ अनौपचारिक बातचीत कर रहे थे: बात बनाने की भूमिका राडिया द्वारा निभाई जा रही थी। नतीजतन, मोदी को पता था कि नैनो प्लांट के लिए रतन टाटा को कितनी और किस तरह की जमीन चाहिए और उसका आदर्श स्थान कहां होना चाहिए।

मोदी के निर्देश पर, गुजरात सरकार ने अपने होमवर्क को उन्मत्त गति से किया और राज्य के विभिन्न हिस्सों में पांच साइटें तैयार की गईं। इसमें कच्छ में एक, दक्षिण गुजरात और उत्तरी गुजरात में एक-एक और क्रमशः वडोदरा और अहमदाबाद शहर में दो शामिल थे। 2 अक्टूबर तक, रतन टाटा द्वारा औपचारिक रूप से घोषणा करने से एक दिन पहले कि वह सिंगूर से बाहर जा रहे थे, अहमदाबाद के करीब की साइट को अंतिम रूप दिया गया था।

टाइम्स ऑफ इंडिया के अहमदाबाद संस्करण ने 3 अक्टूबर को एक फ्रंट पेज की कहानी चलाई: 'क्या नैनो अहमदाबाद में चलेगी?' उन्होंने प्रश्न चिह्न के साथ हेडलाइन को पिन करके अपने आपको सुरक्षित रखा। 'दो दिन बाद, अखबार अपरिहार्य के बारे में इतना निश्चित था, कि इसने एक सकारात्मक शीर्षक दिया: 'नैनो अहमदाबाद में ही बनेगी'।

3 अक्टूबर के बाद, टाटा को साइटें पेश करने के लिए राज्य सरकारों के बीच हड़बड़ी थी। टीमें महाराष्ट्र, कर्नाटक और आंध्र प्रदेश जैसे विभिन्न राज्यों से टाटा तक आईं। "लेकिन हमने महसूस किया कि उनका मन बना हुआ था। वे हमें मुश्किल से 12 घंटे का नोटिस देने के बाद हैदराबाद आए और एक विशेष आयाम की भूमि देखना चाहते थे, जो कि अतिक्रमणों से मुक्त और हवाई अड्डे के आसपास के क्षेत्र में थी। टीम ने जमीन पर एक सरसरी नजर डाली और चली गई। हम यह पता लगा सकते थे कि यात्रा केवल औपचारिकता थी"।आंध्र प्रदेश सरकार के उद्योग विभाग के एक वरिष्ठ अधिकारी का कहना है। 7 अक्टूबर को, रतन टाटा ने औपचारिक रूप से घोषणा की कि कार संयंत्र सानंद (गुजरात) में लगाया जाएगा । "एक बेघर अनाथ को एक घर मिल गया", उन्होंने घोषणा की। जब उनसे बंगाल से गुजरात तक की यात्रा के बारे में पूछा गया, तो उन्होंने कहाः "एक बुरा 'M' और एक अच्छा 'M' है (ममता और मोदी के लिए)। एक विजयी नरेंद्र मोदी - स्पष्ट रूप से बात बनाने के लिए अतिरंजना करते हुए - ने कहा कि उन्हें महज एक रुपये के ' सुस्वागतम' लिखे एसएमएस की कीमत लगी- रतन टाटा को गुजरात लाने के लिए, जिस क्षण कंपनी ने पश्चिम बंगाल से अपनी वापसी की घोषणा की थी।

टाटा मोटर्स के प्रबंध निदेशक रविकांत अधिक यथार्थवादी थे। गुजरात में स्थानांतरित करने के बारे में पूछे जाने पर, उन्होंने कहा कि केवल दस दिनों में, मोदी सरकार ने कब्जे के लिए जमीन तैयार की, सभी मंजूरी और अनुमतियां दीं और अंतिम सौदा पेश किया।

इस सौदे में एक वित्तीय पैकेज शामिल था जिसने वास्तव में नैनो परियोजना को गुजरात में स्थानांतरित करने के लिए इसे सार्थक बना दिया था। इसमें 400 करोड़ की रियायती दर पर 1100 एकड़ जमीन की बिक्री को दस वर्षा में किश्तों में भुगतान किया जाना था, भूमि की बिक्री पर लगाए गए 20 करोड़ रुपये के स्टांप शुल्क के भुगतान पर छूट, मूल्य वर्धित कर (वैट) का आस्थगित भुगतान बीस साल के लिए और परियोजना को स्थापित करने के लिए केवल 0.1 प्रतिशत की ब्याज दर पर '9750 करोड़ का सुलभ ऋण। गुजरात सरकार ने सड़कों सहित बुनियादी ढाँचे को विकसित करना भी अपने जिम्मे ले लिया। इसने उस मशीनरी को सिंगूर (प बंगाल) कारखाने से सानंद (गुजरात) स्थानांतरित करने की लागत को चुकाने की भी मांग की जिसे टाटा ने पहले ही सिंगूर में स्थापित कर लिया था।

रतन टाटा को उनके द्वारा दिए गए स्वागत ने इतना प्रभावित किया कि उन्होंने कहाः 'जब मैं गुजरात के मुख्यमंत्री के निमंत्रण पर उद्योग के दौरे पर

पहली बार आया था, तो मुझे बताया गया था कि अगर मैं गुजरात में नैनो प्लांट नहीं लगाता हूं तो मैं बेवकूफ हूं। लेकिन मैं अब बेवकूफ नहीं हूं। ' हालाँकि, विपक्ष इस सौदे को लेकर बहुत भौंक रहा था, इसे बिकाऊ करार देकर जिसमें एक उद्यमी को भारी प्रोत्साहन दिया जा रहा था और सब्सिडी दी जा रही थी, मोदी खुश थे। वह जानते थे कि यह एक मास्टरस्ट्रोक था। नैनो वाइब्रेंट गुजरात का सबसे बड़ा प्रतीक होगा और यह उनकी छवि को साफ़ करने में एक लंबा रास्ता तय करेगा जो दंगों के बाद लांछित हो गयी थी।

मोदी हमेशा से एक गहरी सोच के रणनीतिकार रहे हैं: उन्होंने परिकल्पना की थी कि नैनो का उपयोग अहमदाबाद क्षेत्र को एक भारतीय डेट्रायट के रूप में विकसित करने के लिए किया जा सकता है जहां अधिक ऑटोमोबाइल उद्योग अपनी इकाइयों को स्थापित करने के लिए आकर्षित हो सकते हैं। यह तमिलनाडु को पछाड़ देगा जहां अब तक ऑटोमोबाइल निवेश की अधिकतम संख्या थी।"अपनी छोटी कार के साथ बीसवीं सदी की शुरुआत में हेनरी फोर्ड द्वारा लाई गई क्रांति को अब रतन टाटा ने अपने नैनो के साथ दोहराया है"। उनके शब्द भविष्यसूचक थे।

गुजरात सरकार द्वारा लुभाए जाने के तुरंत बाद, जुलाई 2011 में फोर्ड मोटर्स ने ' 4000 करोड़ की कार और कार इंजन निर्माण सुविधा स्थापित करने के लिए सानंद के दरवाजों पर दस्तक दी थी। आसान किस्तों में देय, 1100 प्रति वर्ग मीटर की दर से टाटा भूमि के बगल में उन्हें भूमि आवंटित की गई थी। यह भारत में फोर्ड का दूसरा संयंत्र था, पहला तमिलनाडु में था। यह सौदा गुजरात सरकार और नए स्थान द्वारा प्रदान किए गए प्रोत्साहन के कारण और भी लाभदायक लगने लगा था, जो कंपनी को भारत के अन्य हिस्सों में बाजारों में सेवा करने की अनुमति देगा, जो तमिलनाडु के करीब नहीं हैं। यह अहसास कि एक स्थान पर एक से अधिक कार इकाइयां उद्योग के लिए महत्वपूर्ण सहायक इकाइयों के विकास को बढ़ावा देंगी, जो विभिन्न घटकों की आउटसोर्सिंग पर निर्भर है, ने सानंद के लिए फोर्ड के निश्चय को और भी दृढ़ बनाया। इसके अलावा, कच्छ के मुधरा में बंदरगाह, जहां से कारों का निर्यात किया जा सकता है, ने फोर्ड को गुजरात के पक्ष में निर्णय दिया। फोर्ड के बाद, सानंद की ओर देखने के लिए पहजोत (Peugeot) की बारी थी। हमेशा की तरह, मोदी सरकार भूमि और अन्य प्रोत्साहनों के साथ स्वागत कर रही थी।

22

2011 - वीज़ा प्रतिबंध

नैनो के प्रवेश से उत्साहित मोदी ने वाइब्रेंट गुजरात 2011 की योजना और भी बड़े अंदाज में बनाई। वह अब गुजरात को केवल निवेश गंतव्य के रूप में दर्शाने में दिलचस्पी नहीं रखते थे: मोदी अब राज्य को 'एक बिजनेस हब के रूप में स्थान देना चाहते थे जहां व्यापार और ज्ञान भागीदारी रची जातीं थी, विशेष रूप से प्रौद्योगिकी और नवाचार के क्षेत्रों में और शिक्षाविदों और सामाजिक क्षेत्र में'। अब मोदी गुजरात को भारत में व्यापार की राजधानी के रूप में स्थान देना चाहते थे और ऐसा करने के लिए उन्होंने बड़ी चतुराई से महात्मा गांधी की ओर इशारा किया जो कि गुजरात के बेटे थे लेकिन देश के सबसे बड़े आध्यात्मिक और राजनीतिक नेता बन गए थे।' इसलिए, एक नए सम्मेलन केंद्र का निर्माण किया गया, गांधीनगर में और नाम दिया गया महात्मा मंदिर। यहीं पर वाइब्रेंट गुजरात 2011 का आयोजन किया गया था।

हस्ताक्षरित समझौतों के परिणाम, बहुत बड़े थे: 7936 एमओयू के `2083000 करोड़ के निवेश की परिकल्पना पर हस्ताक्षर किए गए। अनुमानित 1400 विदेशी प्रतिनिधि उपस्थित थे। भारतीय व्यापार के बड़े बड़े दिग्गज', मोदी के प्रशंसात्मक गीत गाए जा रहे थे। 'पूरी दुनिया भारत की ओर देखती है और भारत गुजरात की ओर'।

महिंद्रा समूह के बॉस आनंद महिंद्रा ने कहा:"आप यहां नहीं होने का जोखिम नहीं उठा सकते"। मोदी के लिए, महिंद्रा ने कहा: "अपने आलोचकों को बताएं कि आप एक अच्छा काम कर रहे हैं"। गुजरात को रहने की जगह और राज्य को निवेश और नवाचार की राजधानी के रूप में पेश करते हुए, मोदी एक ऐसी रणनीति पर विचार कर रहे थे जो प्रोत्साहन के प्रस्ताव मात्र से परे थी।

एक मायने में, वाइब्रेंट गुजरात 2011 ने मोदी के अंतर्राष्ट्रीय अलगाव को समाप्त कर दिया। हालाँकि, अमेरिका को अभी तक उन पर लगे वीजा प्रतिबंध को हटाना बाकि है, लेकिन गुजरात में बढ़ती व्यापार संभावनाओं ने मोदी सरकार के दरवाजे पर महारानी की सरकार को खड़ा कर दिया। हालाँकि ब्रिटेन 2005 से मोदी का बहिष्कार कर रहा था, जब मानवाधिकार समूहों ने गुजरात के मुख्यमंत्री के खिलाफ गिरफ्तारी वारंट के लिए दबाव बनाया था, देश की प्रस्तावित यात्रा की पूर्व संध्या पर, अक्टूबर 2012 की शुरुआत में, ब्रिटिश विदेश मंत्री, ह्यूगो स्विरे, ने भारत में ब्रिटिश उच्चायुक्त, जॉन बेवन, को नरेंद्र मोदी को कॉल करने और उनके बहिष्कार को समाप्त करने के लिए निर्देशित किया था।

लगभग एक घंटे तक मोदी से मिलने के बाद, यूके दूत बेवन ने 21 अक्टूबर 2012 को कहा कि राज्य में ब्रिटिश व्यापारिक हितों को आगे बढ़ाने के लिए गुजरात के साथ सक्रिय भागीदारी आवश्यक थी। हालांकि उन्होंने टिप्पणी की कि मोदी के साथ उनकी बैठक को मोदी के समर्थन या पुनर्वास के रूप में नहीं देखा जाना चाहिए, लेकिन यह संदेश किसी के मन में नहीं गया। अपनी ओर से, मोदी ने खुद को एक ट्वीट पर ही सीमित कर दिया: 'देर आए , दुरस्त आए'। ब्रिटिश स्थिति में बदलाव को न केवल गुजरात में व्यापार के अवसरों के विस्तार से, बल्कि ब्रिटेन में बड़ी संख्या में गैर-निवासी गुजरातियों को भी सुविधा प्रदान करने के रूप में सुविधाजनक बनाया गया था, जिन्होंने मोदी की भारी पैरवी की थी।

मोदी, भले ही उनके आलोचकों को यह पसंद है या नहीं (और उनके वादे पूरी तरह से निभाए गए हैं या नहीं), तेजी से आर्थिक प्रगति का प्रतीक बन गए हैं।

23

चुनाव - 2012

मोदी के पास अब सफेद दाढ़ी, चौड़ी छाती है और वे दस साल से सत्ता में हैं। मोदी ने 2012 के गुजरात चुनाव के लिए अधिकांश विधायकों को उम्मीदवारों के रूप में दोहराया, यह अच्छी तरह से जानते हुए कि उनमें से कई अत्यधिक अलोकप्रिय थे। यह केशुभाई पटेल के अचानक तीसरे मोर्चे के रूप में चुनाव में प्रवेश करने के कारण है। मोदी सरकार ने स्थानीय स्तर के कांग्रेस के प्रति वफ़ादार सरपंचों और राजनीतिक अधिकारियों को बड़े बीजेपी गेम प्लान में बुद्धिमानी से शामिल करके - अजीब हालांकि यह लग सकता है - यह धारणा के साथ कि राज्य में मोदी और केंद्र में सोनिया के लिए काम करना, एक दूसरे के परस्पर विरोधी है। मोदी ने समझदारी से इसे दिल्ली में अपने और केंद्र सरकार के बीच सीधी लड़ाई के रूप में पेश किया। इस प्रकार जब मतदाता अपना निर्णय ले रहा था, तो उसके दिमाग में यह मोदी और देश में बड़े घोटालों के लिए जिम्मेदार पार्टी के उम्मीदवार के बीच एक विकल्प था। इस तरह उन्होंने दस साल तक सत्ता में रहने की सत्ता विरोधी लहर को मात दे दी। इस बात से पूरी तरह वाकिफ कि भाजपा के कई उम्मीदवार महत्वपूर्ण सत्ता-विरोधी रुझान को आकर्षित कर सकते हैं, मोदी ने मतदाताओं को यह मानने के लिए आह्वान किया कि वे ही सभी निर्वाचन क्षेत्रों में उम्मीदवार हैं और इस तरह उम्मीदवार का मूल्यांकन नहीं करें और वोट डालें। यह इस रणनीति का परिणाम है कि मोदी इस छवि को सुदृढ़ करने में सक्षम हैं कि ' मोदी गुजरात है और गुजरात मोदी है 'और यदि आप मोदी पर हमला करते हैं, तो आप पूरे गुजराती समुदाय पर हमला करते हैं। 'इसे " गुजराती अस्मिता "(गुजरातियों का आत्म-गौरव) का आह्वान करके कुशलता से विकसित किया गया है और मुझे यकीन है कि इसमें घंटों-घंटों की गहरी सोच लगी होगी'। वह एक उच्च-केंद्रित व्यक्ति है

और वास्तव में वह जानते हैं की वे क्या चाहते हैं । यह महात्मा गांधी की धारणा थी कि किसी चीज़ को प्राप्त करने के लिए साधन अधिक महत्वपूर्ण थे; मोदी ने इस अभ्युक्ति को बदल दिया। 'वह चाणक्य निति और साम, दाम, दंड, भेद की तकनीकों में पारंगत है और अच्छे प्रभाव के लिए उनका उपयोग करते हैं। वह उनकी एक फ़ाइल रखते हैं जिन्हें वह मानते हैं कि ये संभावित परेशानी निर्माता हैं। लेकिन खुफिया तंत्र का दुरूपयोग केवल मोदी तक सीमित नहीं है।

2012 के चुनावों के लिए, मोदी ने अपने संदेश को फैलाने के लिए 'नमो ' नाम के एक नए इंटरनेट टीवी चैनल पर भी भरोसा किया हालांकि मोदी का झुकाव स्वाभाविक रूप से आधुनिक गैजेट्स की ओर हो सकता है, लेकिन उनका प्रौद्योगिकी का इस्तेमाल हिंदुत्व की उनकी छवि को बदलने की रणनीति का भी हिस्सा है। एक प्रौद्योगिकी-प्रेमी व्यक्ति एक दूरदर्शी व्यक्ति है, जबकि हिंदुत्व की जड़ें मध्ययुगीन व्यक्ति के रीति-रिवाजों में होती हैं। मोदी तकनीक का उपयोग करके छलांग लगाने की कोशिश कर रहे हैं और यही कारण है कि वह इसके बारे में बड़े पैमाने पर बात करते हैं। वह यह भी जानते हैं कि टीवी का प्रभावी उपयोग कैसे किया जाए। जिन लोगों ने उन्हें करीब से देखा है, वे बताते हैं कि कैसे, एक चुनावी रैली के दौरान, वह गुजराती से हिंदी में तब्दील होते हैं, जैसे ही वह राष्ट्रीय चैनलों के कैमरे देखते हैं। 'कूल' दिखने के लिए और नेटिज़न्स के साथ 'लाइव' चैट करने वाले पहले भारतीय राजनेता के रूप में प्रदर्शित होने के लिए, मोदी अगस्त 2012 के अंत में गूगल + चैट पर दिखाई दिए थे। इस चैट को यूट्यूब पर लाइव प्रसारित किया गया था। लेकिन यह तथ्य कि प्रश्नों को पहले से जमा करना था, ने 'लाइव चैट' से "लाइव" का मतलब ही निकाल लिया। शिक्षा, युवा सशक्तिकरण, शहरीकरण के मुद्दों और ग्रामीण विकास जैसे विषयों से संबंधित प्रश्न। सत्र से एक दिन पहले, मोदी ने ट्वीट किया: दोस्तों मैं कल G + हैंगआउट पर आपके साथ विचारों का आदान-प्रदान करना चाहता हूं और स्वामी विवेकानंद के मजबूत भारत के सपने को साकार कर रहा हूं। इस चैट को फिल्म स्टार अजय देवगन ने संचालित किया था।

मोदी न केवल बेहद कुशाग्र हैं बल्कि बहुत मेहनती भी हैं, जिसकी कीमत अक्सर उनके स्वास्थ्य को चुकानी पड़ती है। चुनाव प्रचार में मोदी ने लगातार पीठ दर्द, पैरों में सूजन और गले में खराश के बावजूद एक दंडात्मक कार्यक्रम बनाए रखा। बताया जाता है कि 14 दिसंबर को समाप्त हुए पहले चरण के चुनाव के बाद गले में खराश ने उन्हें परेशान कर दिया था और मोदी को यह सुनिश्चित करने के लिए चिकित्सीय देख-भाल की जुरूरत पड़ी कि अगले कुछ दिनों तक चुनाव

प्रचार के लिए उनके वाकतन्तु अपनी जगह पर बरकरार रहें। वह वन मैन आर्मी थे, एक उन्मत्त आदमी, जिन्होंने 15 दिनों के दौरान, 3-डी उपस्थिति के अलावा, एक दिन में औसतन 19 बैठकें संबोधित की। यह चुनाव अभियान कार्यक्रम से पहले एक महीने की विवेकानंद युवा विकास यात्रा थी, जिसे मोदी ने वास्तविक चुनाव अभियान के लिए वार्म-अप (अभ्यास) के रूप में इस्तेमाल किया था। लेकिन इन वार्म-अप सत्रों के दौरान भी, मोदी ने एक महीने के दौरान 135 रैलियों को संबोधित किया।

यात्रा और चुनाव प्रचार के कार्यक्रम के परिणामस्वरूप, मोदी दो बार सभी 182 विधानसभा सीटों को छूने में सक्षम थे। यात्रा के लिए विवेकानंद नाम का आह्वान दर्शाता है कि मोदी कितने आविष्कारशील हैं। इस वर्ष स्वामी विवेकानंद की 150 वीं जयंती होने के अलावा ((जिसका अर्थ था कि इस अवसर को मनाने के लिए यात्रा देश भर में कई कार्यक्रमों पर आधारित थी) इस अवसर पर मोदी ने अपने और स्वामी जी के बीच एक समानता बनाई, क्योंकि वह एक हिंदू भिक्षु थे और एक ब्रह्मचारी भी। अधिक दिलचस्प बात यह है कि विवेकानंद का मूल नाम नरेंद्र नाथ दत्ता था। मोदी ने गणना की कि इससे उनके पहले नाम के साथ अजेय तुलना हो जाएगी और सार्वजनिक धारणा में एक, उम्मीद है कि विवेकानंद के कुछ वास्तविक गुणों को मोदी को अंतरण कर देंगे। जैसा कि मोदी ने खुद एक ब्लॉग में लिखा था, उन्होंने अपनी यात्रा को शुरू करने के लिए 11 सितंबर 2012 को चुना क्योंकि यह 1893 का दिन वह था जब स्वामी विवेकानंद ने शिकागो में विश्व धर्म कांग्रेस को संबोधित किया था। बेशक, वह यह भी नोट करने में विफल नहीं हुए कि इन दिनों, 9/11 ने न्यूयॉर्क में ट्विन टावर्स में दुर्घटनाग्रस्त होने वाले हवाई जहाज की विनाशकारी तस्वीरों को ध्यान में लाती है, लेकिन इसकी जगह पर वह लेकिन वह स्वामीजी के भाषण को याद रखना पसंद करेंगे। तकनीक प्रेमी मोदी टाइम्स ऑफ इंडिया साइट पर एक ब्लॉग लिखते हैं और बहुत जल्दी ऑफ-द-मार्क हो जाते हैं। 2012 के चुनावों के अंतिम दौर के मतदान के 45 मिनट बाद 17 दिसंबर को शाम 5 बजे, मोदी का ब्लॉग जिसका शीर्षक था 'चुनावों का ऐतिहासिक मतदान, गुजरात के लोगों को बधाई' देखा जा सकता था।

20 दिसंबर को परिणाम घोषित होने के तुरंत बाद, उन्होंने ब्लॉग किया: 'यह विकास की राजनीति और बाकी सब चीजों से ऊपर सुशासन की जीत है; यह भारत में चुनाव आंदोलन में प्रतिमान बदलाव को दर्शाता है।

तीनों चुनावों में भाजपा की लगभग 50 फीसदी वोट प्रतिशत बनाए रखने से मोदी की सफलता उपजी है, जो भाजपा ने गुजरात में उनके नेतृत्व में लड़े हैं:

2002, 2007 और 2012। लेकिन हर कोई मानता है कि 2002 में - और फिर 2007 में जीत - पूरी तरह से हिंदू वोटों को समेकित करने की उनकी क्षमता के कारण थी। 'अभियान में यह अनुमान लगाया गया था कि 2012 में मोदी की जीत उन्हें दिल्ली ले जाएगी और उन्हें प्रधान मंत्री पद के लिए एक मजबूत दावेदार बना देगी।।

इसने निसंदेह 2012 के चुनाव में उनके पक्ष में बहुत सारे वोटों को डलवाया। अन्यथा, यह हिंदुत्व और विकास के लिए वोटों का मिश्रण था जिसने उन्हें कार्यालय में वापस आने में मदद की।

24

2013

2012 के चुनाव के बाद और अपने प्रधान मंत्री अभियान के पूरे जोरों पर, नरेंद्र मोदी ने 'वाइब्रेंट गुजरात 2013' को अपने उद्देश्य को आगे बढ़ाने के लिए एक महान अवसर के रूप में देखा। शो के पुराने संस्करणों की तरह, वाइब्रेंट गुजरात 2013 ने भी, गुजराती संस्कृति को प्रदर्शित किया। यह शो अहमदाबाद के वार्षिक पतंग उत्सव से जुड़ा हुआ था, जो हर साल 14 जनवरी को मनाई जाने वाली संक्रांति से मेल खाता है। शो में 2000 से अधिक विदेशी प्रतिनिधियों को अहमदाबाद में उड़ रहीं विभिन्न रंगों और आकारों की पतंगों के मनमोहक दृश्य से लुभाया गया। भारत, चीन, इटली और मलेशिया के लगभग 150 पतंगबाजी के शौकीनों ने साबरमती तट पर अपने कौशल का प्रदर्शन किया।'पतंगों ने वाइब्रेंट गुजरात को रंगारंग बना दिया।'

शो का मुख्य आकर्षण पाकिस्तान का एक प्रतिनिधिमंडल होना था। यह जानबूझकर किया गया था: मोदी शो में एक पाकिस्तानी प्रतिनिधिमंडल गुजरात और विकास के प्रतीक के रूप में मोदी की स्वीकार्यता को बढ़ाने के लिए एक लंबा रास्ता तय करेगा और भारत का नेतृत्व करने के लिए उनकी योग्यता सिद्ध करेगा। लेकिन 'वाइब्रेंट गुजरात 2013 'से दो दिन पहले नियंत्रण रेखा (एलओसी) पर दो भारतीय सैनिकों की निर्मम हत्या के बाद भारत और पाकिस्तान के बीच तनाव बढ़ गया। जाहिर तौर पर बीजेपी ने बाजी मारी। मोदी ने महसूस किया कि वाइब्रेंट गुजरात में एक पाकिस्तानी प्रतिनिधिमंडल प्रस्तुत करना और एक 'शत्रु राष्ट्र 'के प्रतिनिधियों के साथ कॉन्फ्रेंस करना उन्हें आलोचना का एक हिस्सा बना देगा। सर क्रीक पर मोदी के रुख के बारे में एक बार फिर से सवाल पूछे जाएंगे।

जब कराची चैंबर ऑफ कॉमर्स एंड इंडस्ट्री के 10 सदस्यीय प्रतिनिधिमंडल ने अहमदाबाद के एक होटल में चेक-इन किया, तो गुजरात पुलिस ने उन्हें अगले दिन गांधीनगर में शुरू होने वाले वाइब्रेंट गुजरात शो से 'दूर रहने' की सलाह दी। वास्तव में, समूह से वापस मुंबई लौटने और भारत छोड़ने का अनुरोध किया गया था। जब पत्रकारों ने पुलिस से पाकिस्तानी प्रतिनिधिमंडल के बारे में पूछा, तो उन्होंने कहा कि टीम को वीजा को लेकर कुछ दिक्कतों का सामना करना पड़ा था। 'उनके पास केवल अहमदाबाद के लिए वीजा था, गांधीनगर के लिए नहीं, जहां वाइब्रेंट गुजरात आयोजित हो रहा था', पुलिस ने कहा।

शो में चीनी उपस्थिति में एक चीनी स्टील प्रतिनिधिमंडल और युनान का एक प्रतिनिधिमंडल शामिल था, प्रांत के उप-गवर्नर गाओ शक्सु के नेतृत्व में। शो के पहले दिन दोनों प्रतिनिधिमंडलों ने मोदी के साथ निजी बैठकें कीं। अमेरिकी प्रतिनिधिमंडल का नेतृत्व यूएस-इंडिया बिजनेस काउंसिल के प्रमुख रॉन सोमर्स ने किया, जिन्होंने उल्लेख किया कि गुजरात ने 'आश्चर्यजनक प्रगति देखी है।' लेकिन अमेरिका में गुजरातियों की बड़ी उपस्थिति को देखते हुए, एशिया-अमेरिकन होटल ओनर्स एसोसिएशन जैसे संगठन(AAHOA) का अलग से प्रतिनिधित्व किया गया। मोदी ने अमेरिका में गुजरात को बढ़ावा देने के लिए AAHOA का आह्वान किया। विश्लेषकों ने कहा कि इस तरह के विशाल अंतरराष्ट्रीय प्रतिनिधिमंडल को आमतौर पर भारतीय व्यापार को प्रदर्शित करने के लिए आयोजित सम्मेलनों में नहीं देखा जाता है।हालाँकि मोदी सरकार ने शो की पैरवी करने और विदेशी भागीदारी सुनिश्चित करने के लिए कई महीने पहले प्रतिनिधिमंडलों को भेजा था, लेकिन इस तथ्य के चलते कि इनमे से कई राज्य में आए, यह एक स्पष्ट संकेत है कि गुजरात अंतरराष्ट्रीय निवेश स्थलों की सूची में ऊपर है। 'विदेशी मोदी पर आशावान है क्योंकि वे आश्वस्त हैं कि वह भारत के अगले प्रधानमंत्री बनने जा रहे हैं। दूसरी ओर, भारतीय व्यापार समूह, हालांकि मोदी का मौन समर्थन करते हैं,फिर भी वे अपने दांव लगाना चाहते हैं।

वाइब्रेंट गुजरात 2013 में 120 देशों के प्रतिनिधिमंडल देखे गए; दो दिवसीय बैठक के दौरान, 125 सेमिनार, विचार-विमर्श और सम्मेलन हुए। मोदी ने दावा किया कि वाइब्रेंट गुजरात सतत, समग्र और समावेशी विकास के लिए दुनिया भर से ज्ञान और विचारों का एक आकर्षक संगम था: न्होंने अपनी नवीनतम चुनावी जीत का वर्णन करने के लिए जिन शब्दों का इस्तेमाल किया था। गुजरात के मुख्यमंत्री, जिन्होंने पारंपरिक पोशाक के लिए सूट को त्याग दिया, ने निवेश के आंकड़ों के बारे में बहुत कम कहा, इसके बजाय गुजरात में बनने वाले 3.5

करोड़ नौकरियों पर ध्यान केंद्रित करना पसंद किया। वैश्विक व्यापार शो प्रदर्शनी में कुल 1200 कंपनियों ने 25,000 उत्पाद प्रदर्शित किए जो 1 लाख वर्ग मीटर के कालीन क्षेत्र में फैले थे। लगातार आलोचना के अधीन की वाइब्रेंट गुजरात के पिछले संस्करणों में जिन समझौता ज्ञापनों (एमओयू) पर हस्ताक्षर किए गए थे, अब तक, जमीनी स्तर पर उन्हें रूप लेते हुए नहीं देखा है, मोदी की टीम ने 2013 में प्रस्तावित निवेशों की संख्या को सीमित कर दिया था, जो कि पिछले संस्करण से आधी थी। उन्होंने यह भी घोषणा की कि वाइब्रेंट गुजरात न केवल निवेश आकर्षित करने के बारे में है बल्कि मुख्य रूप से साझेदारी बनाने के बारे में है। वाइब्रेंट गुजरात 2013 की एक दिलचस्प विशेषता यह थी कि प्रत्येक विदेशी प्रतिभागी गुजरात में निवेश करने की मांग नहीं करता था।

❦

2012 में मोदी की जीत पर सजीव बहस कॉर्पोरेट कप्तानों और विदेशी व्यापार प्रतिनिधियों के दिमाग में नहीं थी, जब वे गांधीनगर में वाइब्रेंट गुजरात 2013 के लिए एकत्र हुए थे। हैरानी की बात यह है कि अनिल अंबानी को छोड़कर, अधिकांश उद्योग प्रमुख मोदी को प्रधान मंत्री पद के लिए समर्थन देने के बारे में चौकस थे। अंबानी ने अपनी ओर से मोदी की तुलना महात्मा गांधी से की और मुख्यमंत्री को 'राजाओं का राजा' कहा। 'मोदी खुली आँखों से सपने देखते हैं । अंबानी ने कहा कि संस्कृत में "नर" का अर्थ है मनुष्य और "इंद्र" राजा है।

अन्य प्रमुख उद्योगपति भी, मोदी की प्रशंसा में निपुण थे, लेकिन किसी ने प्रधानमंत्री पद के लिए उनकी उम्मीदवारी का सुझाव नहीं दिया।

टाटा समूह में रतन टाटा के उत्तराधिकारी साइरस मिस्त्री ने 'निवेश आकर्षित करने में मदद करने वाला एक सक्षम वातावरण और बुनियादी ढांचा' बनाने के लिए मोदी की प्रशंसा की।

एस्सार के शशि रुइया ने मोदी की 'अद्वितीय' दृष्टि की प्रशंसा की और कहा कि मुख्यमंत्री ने प्रदर्शित किया कि अच्छी राजनीति और अच्छी अर्थशास्त्र सह-अस्तित्व में हो सकते हैं।

आनंद महिंद्रा ने गुजरात को 'विकास का रमणीय स्थल' कहा और अनुमान लगाया कि भविष्य में, गुजरात की विकास दर चीन को चुनौती दे सकती है।महिंद्रा ने कहा, '' एक दिन ,निकटतम भविष्य में, आएगा जब चीन विकास के गुजरात मॉडल पर चर्चा और बहस करेगा जैसे हम चीन मॉडल पर बहस करते हैं।''

मुकेश अंबानी ने गुजरात में अपने प्रस्तावित निवेश (`100,000 करोड़) के विवरण की घोषणा करते हुए कहा कि रिलायंस इंडस्ट्रीज 'पहले एक गुजराती कंपनी है, फिर एक भारतीय कंपनी और उसके बाद एक वैश्विक निगम है।' उन्होंने बताया कि रिलायंस ने गुजरात से कैसे शुरुआत की, राज्य में सीखा और अब निवेश करने के लिए राज्य में लौट आई है। भव्य दृष्टि और इस दृष्टि को हकीकत में बदलने के लिए दृढ़ संकल्प वाले एक नेता के रूप में 'नरेन्द्रभाई' की सराहना करते हुए, मुकेश अंबानी ने कहा कि वाइब्रेंट गुजरात आगे बढ़ने के उस संकल्प का उत्सव था।

केवल गौतम अडानी (अडानी समूह के और मोदी के करीबी सहयोगी) ने कहा कि उन्हें उम्मीद है कि 'मोदी उत्तर(नई दिल्ली) की ओर पलायन करेंगे'। एक अन्य प्रतिनिधि जिसने मोदी के मामले को आगे बढ़ाया, वह न तो कोई व्यवसायी था और न ही भारतीय था। रूस के छोटे अस्त्रहकन प्रांत के उप-गवर्नर कॉन्स्टेंटिन मार्केलोव ने उम्मीद जताई कि मोदी भारत के अगले आम चुनाव जीतेंगे। मुख्यमंत्री बनने के बाद अस्त्रहकन मोदी का पहला विदेशी गंतव्य था।

भारती समूह के सुनील मित्तल, जिन्होंने 2009 में, खुले तौर पर कहा था कि मोदी एक अच्छे प्रधानमंत्री बनेंगे, 2013 में शो से गायब थे। 'हालांकि कई व्यवसायी मोदी को प्रधानमंत्री के रूप में देखना पसंद करेंगे, वे सार्वजनिक रूप से उनका समर्थन करने से सावधान हैं। व्यवसायी स्वभाव से ही सतर्क होते हैं। 2009 में कांग्रेस पार्टी के प्रतिनिधियों द्वारा दण्डित किये जाने के कारण, उनमें से कई सत्तारूढ़ कांग्रेस (केंद्र में) को नाराज़ नहीं करना चाहते हैं।

अगर कॉर्पोरेट कप्तानों द्वारा 'मोदी फॉर पीएम' (पीएम पद के लिए मोदी) नारे न लगाने से मोदी निराश थे, तो उन्होंने यह नहीं दिखाया। इसके विपरीत, उन्होंने बाहरी रूप से शांत होने का भाव दर्शाया।'हमने साबित किया है कि गुजरात की ब्रांडिंग दुनिया की किसी भी कंपनी से बेहतर रही है, 'उन्होंने उद्योगपतियों को वाइब्रेंट गुजरात के अगले संस्करण के लिए 11 जनवरी 2015 को लौटने का निमंत्रण देते हुए कहा। यह कहकर कि वह वाइब्रेंट गुजरात के अगले संस्करण में होंगे, उनका व्यक्तिगत रूप से अभिवादन करने के लिए, मोदी ने फिर से अपनी योजनाओं के बारे में अटकलों को हवा दी।

25

प्रधानमंत्री कार्यालय की दौड़

भारत की चुनावी प्रणाली- जिसे फर्स्ट-पास्ट-द-पोस्ट प्रणाली(सर्वाधिक मत पाने वाले की जीत की प्रणाली) कहा जाता है और ग्रेट ब्रिटेन से उधार लिया गया है – के अंतर्गत उम्मीदवार को निर्वाचित होने के लिए बहुमत प्राप्त करने की आवश्यकता नहीं होती है। अक्सर उम्मीदवार और दल अल्पसंख्यक मतों के आधार पर सत्ता में आते हैं। इसका एक स्पष्ट उदाहरण 2004 और 2009 के चुनाव में कांग्रेस पार्टी का वोट शेयर है: क्रमशः 26.53 प्रतिशत और 28.55 प्रतिशत। एक राजनीतिक विश्लेषक का कहना है कि कई दलों द्वारा लड़े गए चुनाव में, एक सरकार आसानी से सभी वोटों के 30 प्रतिशत के साथ सत्ता में आ सकती है।

अब इस तथ्य को तौला जाए कि मुसलमान लगभग 15 प्रतिशत मतदाता हैं। मोदी को भाजपा के प्रधानमंत्री पद के उम्मीदवार के रूप में पेश किए जाने के साथ, कांग्रेस का मानना है कि मुसलमान प्रतिशोध के साथ कांग्रेस को वोट देंगे। कांग्रेस के नेताओं का मानना है कि अन्य 15 प्रतिशत प्राप्त करना इतना कठिन नहीं है और कुल 30 प्रतिशत प्राप्त करना कोई बड़ी बात नहीं है। वास्तव में, 2004 और 2009 दोनों में कांग्रेस के नेतृत्व वाले गठबंधन की जीत का श्रेय मुस्लिमों से मिले वोटों को दिया जाता है। यह अन्य वर्गों के वोटों में सबसे ऊपर था।

भाजपा के वरिष्ठ नेता मोदी को बधाई देने के लिए एक-दूसरे पर गिर-गिर पड़ रहे हैं और उपयुक्त प्रधानमंत्री उम्मीदवार के रूप में उनकी जयजयकार कर रहे हैं। उनमें से कई, दोनों भाजपा के राष्ट्रीय नेता और साथ ही विभिन्न राज्यों के क्षत्रप मोदी के अलंकरण में शामिल होने के लिए अहमदाबाद पहुंचे। फिर भी

अंदरूनी सूत्रों का कहना है कि वे नहीं चाहेंगे कि वह पार्टी छोड़ दें, 'यहां तक कि संघ परिवार की मातृ संस्था आरएसएस भी, जहां से मोदी ने अपना राजनीतिक जीवन शुरू किया है, उनके विरोध में है।'

आरएसएस एक अनुशासन वाली पार्टी है, लेकिन हर कोई जो मोदी को जानता है वह यह भी अच्छी तरह से जनता है कि मोदी नागपुर में बिल्कुल भी नहीं सुनेंगे और भाजपा से अपने स्वयं के हित को पूरा करने के लिए जुड़े हैं,' संयोग से, गुजरात में भी आरएसएस मोदी के अपने स्वार्थी तरीकों के कारण उनका विरोध करता है। अगर पार्टी के दिग्गजों की माने तो लालकृष्ण आडवाणी, अरुण जेटली और सुषमा स्वराज की तिकड़ी मोदी को दूर ही रखना चाहेगी।

आडवाणी पहले से ही 85 साल के हैं। प्रधानमंत्री बनने का यह उनका आखिरी मौका है। वह नहीं चाहेंगे कि मोदी उनसे यह मौका छीन लें। यद्यपि आडवाणी भाजपा में मोदी के मूल लाभकारी थे, लेकिन जो लोग दोनों के बीच संबंधों पर करीबी नजर रखते हैं, वे दृढ़ता से कहते हैं की गांधी नगर निर्वाचन क्षेत्र से लोकसभा के लिए चुने जाने के लिए आडवाणी गुजरात के मुख्यमंत्री पर पूरी तरह से निर्भर हैं। वे इस ओर भी इशारा करते हैं कि कैसे मोदी ने उन चुनावी रैलियों में अधिक तालियां बटोरीं, जिन्हें उन्होंने 2004 से संयुक्त रूप से संबोधित किया है।

चालाक कानून विशेषज्ञ अरुण जेटली मोदी के करीबी हैं और उन्होंने मोदी के कामों में बहुत योगदान दिया है,' जेटली एक महान रणनीतिकार और एक शानदार वकील हैं। लेकिन उनका अपना कोई राजनीतिक आधार नहीं है। उनका अनुमान है कि भले ही भाजपा के नेतृत्व वाला गठबंधन सत्ता के करीब आ जाए, तो भी यह तभी सफल हो सकता है, जब प्रधानमंत्री का उम्मीदवार सभी के लिए स्वीकार्य हो। इसका मतलब है कि कोई मनमोहन सिंह जैसा प्रधानमंत्री बने। जेटली को लगता है कि वह खुद इसके लिए उपयुक्त हैं।

बेशक जेटली की रणनीति का कोई ठोस सबूत नहीं है। लेकिन सूत्र बताते हैं कि अगर मोदी खुद प्रधानमंत्री बनने में नाकाम रहते हैं तो जेटली चाहते हैं कि मोदी उनका समर्थन करें। तर्क यह है कि चूंकि जेटली के पास कोई राजनीतिक आधार नहीं है, इसलिए मोदी को उनसे कोई खतरा नहीं होगा, और इसलिए वह अपना समय बिता सकते हैं क्योंकि जेटली के पास बागडोर रहेगी।

लेकिन दिल्ली में सत्ता के गलियारों में, यह विश्वास है कि मोदी और जेटली के बीच संबंध कुछ समय से ठन्डे पड़े हैं। इसका अर्थ यह होगा कि अगर समय की मांग रही, तो यह माना जा सकता है कि मोदी जेटली के लिए मार्ग छोड़ेंगे जो गुजरात से राज्यसभा सांसद हैं और उन्हें 2010 में 6 साल का नया जनादेश मिला

है। लेकिन उनके नामांकन से पहले के दिनों में तीव्र अटकलें लगाई जा रही थीं कि दिल्ली के वकील को किसी अन्य राज्य में आवास देखना होगा।

सुषमा स्वराज कथित तौर पर भाजपा की पहली महिला प्रधानमंत्री होने की महत्वाकांक्षा का पोषण करती हैं। दरअसल शिवसेना सुप्रीमो बाल ठाकरे के जीवन काल के दौरान, उन्होंने उनका समर्थन मांगा था और उनसे समर्थन पाने में सफल भी रहीं।

लेकिन आरएसएस के लिए, सुषमा स्वराज अपने पति स्वराज कौशल की समाजवादी पृष्ठभूमि के कारण संदिग्ध हैं। उनके और मोदी के बीच कहा-सुनी नहीं है। चुनावी चहल-पहल के बीच वडोदरा में उनकी यह टिप्पणी, कि मोदी प्रधानमंत्री पद के उम्मीदवार हो सकते हैं, एक जटिल राजनीतिक तर्क के लिए जिम्मेदार है, जिसका केवल राजनेता ही सर-पुंछ ढूंढ सकते हैं। भाजपा के अंदरूनी सूत्र के शब्दों में, मोदी को प्रधानमंत्री पद के उम्मीदवार के रूप में प्रोजेक्ट करके सुषमा उन्हें 2014 तक गुजरात में रखना चाहती थीं और उन्हें भाजपा अध्यक्ष बनने से रोकना चाहती थीं। दलील यह है कि दिल्ली में भाजपा अध्यक्ष के रूप में, मोदी अपनी स्थिति को तेजी से मजबूत करेंगे, यदि वह मुख्यमंत्री के रूप में गांधीनगर में ही न बने रहे तो। इस आयोजन में, नितिन गडकरी के पद छोड़ने के बाद मोदी ने इस उम्मीदवारी के लिए दबाव नहीं डाला। यह शायद रणनीतिक कारण और आंतरिक विरोध के कारण था।

मध्य प्रदेश के शिवराज सिंह चौहान और छत्तीसगढ़ के रमन सिंह जैसे मजबूत भाजपा मुख्यमंत्रियों ने शीर्ष पद के लिए बोली लगाने के लिए कोई झुकाव नहीं दिखाया है। लेकिन बाद के चरण में उनके ऐसा न करने की संभावना इंकार नहीं किया जा सकता है।

चौहान एक महान प्रशासक हैं और उनके द्वारा मध्य प्रदेश राज्य में बहुत निवेश लाया गया है। लेकिन वह चुपचाप काम करते हैं और मोदी की तरह ढिंढोरा पीटना या शोर-गुल नहीं करते हैं। वह प्रधानमंत्री बनने के लिए अच्छे उम्मीदवार हैं। रमन सिंह के लिए भी इसी तरह का समर्थन है, जिनके माओवादियों के खिलाफ दृढ़ रुख को उनके एक मजबूत व्यक्ति होने के सबूत के रूप में उद्धृत किया गया है।

यह ध्यान दिया जाता है कि मोदी को अपनी पार्टी के वरिष्ठ नेताओं के इन अंदरूनी कार्यों का पता नहीं है। लेकिन वह यह भी जानते हैं कि वह मध्यम-वर्ग के नेताओं और पार्टी की रैंक और फाइल के साथ बहुत लोकप्रिय है, ऐसे लोगों के बीच जिनकी व्यक्तिगत महत्वाकांक्षाएं उनसे टकराती नहीं हैं और जो एक नेता

की तलाश में हैं जो उन्हें जीत की ओर ले जा सके। मोदी जानते हैं कि यह केवल भाजपा की जीत है जो ऐसे छोटे नेताओं को कार्यालय के ठाठ-बाठ में हिस्सा दे सकती है। उन्हें यह भी पता है कि ये नेता केवल उन्हें ही इस पद के लिए बना हुआ मानते हैं। जमीनी स्तर पर भारी समर्थन मिलने के कारण मोदी साहब पार्टी के अंदर के विपक्ष को मात देंगे। भाजपा के नेता दिल्ली में दरवाजे बंद कर सकते हैं लेकिन हमारे नेता ताला तोड़ देंगे और राज्य के पार्टी कार्यकर्ताओं के जबरदस्त समर्थन से उन्हें भाजपा के पीएम उम्मीदवार के रूप में अभिषेक किया जाएगा। शिवराज सिंह चौहान जैसे मुख्यमंत्री अच्छे हो सकते हैं, लेकिन वे पार्टी को राष्ट्रीय स्तर पर की ओर नहीं ले जा सकते; गुजरात में एक मोदी अनुचर कहते हैं।

नई दिल्ली के अधिकांश विश्लेषक इस बात से सहमत हैं कि मोदी 2013 में दिल्ली जाएंगे, या भाजपा के पदाधिकारियों की संरचना को इस तरह प्रभावित करेंगे कि उनके प्रति व्यक्तिगत निष्ठा रखने वाले लोग बहुमत में होंगे। छत्तीसगढ़ और मध्य प्रदेश में 2013 के अंत में चुनाव होने हैं। भाजपा के दोनों मुख्यमंत्री वहां अच्छा कर रहे हैं।

यदि भाजपा हिमाचल प्रदेश में भी जीती होती, तो मोदी, कई साल पहले हिमाचल प्रदेश के भाजपा सचिव होने के कारण, निश्चित रूप से इसका श्रेय लेते।

'किसी तरह से आपको औपचारिक रूप से उन्हें भाजपा के प्रधानमंत्री पद के उम्मीदवार के रूप में नामित करने की आवश्यकता नहीं है, वह पहले से ही सार्वजनिक धारणा में है'; एक राजनीतिक विश्लेषक बताते हैं।

इसके माध्यम से वस्तुतः यह माना जाता है कि मोदी भाजपा के प्रधानमंत्री पद के उम्मीदवार होंगे, क्या वे वास्तव में जीत हासिल कर सकते हैं और दक्षिण ब्लॉक पर कब्जा कर सकते हैं? या कांग्रेस की चाल कामयाब होगी?

यदि अल्पसंख्यक मतदाता मोदी के खिलाफ समेकित होते हैं, तो हिंदू वोट उसी तरह प्रतिक्रिया के रूप में उनके पक्ष में समेकित हो जाएंगे। पिछले दो चुनावों में, अल्पसंख्यक मतदाता चुपचाप कांग्रेस के पक्ष में और भाजपा के खिलाफ समेकित हो गए, बिना किसी को भी इसकी भनक लगे। इस बार, ऐसा समेकन थोड़ा होने की उम्मीद शून्य के पास है। दूसरी ओर, हिंदू वोटों का प्रति-समेकन होना तय है। लेकिन यह भावना कितनी मजबूत होगी इसका अंदाजा आसानी से नहीं लगाया जा सकता। हिंदू मतों के एकीकरण का सबसे उल्लेखनीय उदाहरण वह है जो राम जन्मभूमि आंदोलन के समय हुआ था। मोदी के नेतृत्व वाली भाजपा को वोट देने वाले एकतरफा मामले के विपरीत, यह समेकन कई वर्षों पहले हुआ था। फिर आंदोलन के चरम पर, भाजपा को 1991 में 120 से अधिक और 1996,

1998 और 1999 में 85 से अधिक सीटें नहीं मिलीं, जब उसने हिंदू एजेंडे का सहारा नहीं लिया। ।

मोदी के रास्ते में एक और संभावित दुर्गम रास्ता है: भले ही भाजपा उनके नेतृत्व को स्वीकार कर लेती है, भाजपा के नेतृत्व वाले गठन के अन्य दल उन्हें शीर्ष पर रखने के लिए सहमत नहीं हो सकते हैं।

बिहार के मुख्यमंत्री और जनता दल (यू) के प्रतिनिधि नीतीश कुमार, जो भाजपा के नेतृत्व वाली राष्ट्रीय जनतांत्रिक गठबंधन (एनडीए) सरकार का हिस्सा थे, ने पहले ही अनिश्चित समय तक मोदी के प्रति अपना विरोध स्पष्ट कर दिया है। नीतीश ने मोदी को बिहार में प्रचार करने की अनुमति देने से इनकार कर दिया और मोदी के शपथ ग्रहण में शामिल नहीं हुए-चाहे केवल सांकेतिक मूल्य के लिए ही क्यों न हों। पूर्व एनडीए के अन्य सहयोगियों (या भाजपा जो भी नया गठबंधन बना सकती है) के पास समान सोच हो सकती है।

ओडिशा के नवीन पटनायक, जो मोदी की तरह स्नातक और तीसरे कार्यकाल के मुख्यमंत्री हैं, भी प्रधानमंत्री पद की दौड़ के लिए कमर कस रहे हैं। लोकसभा में ओडिशा की 21 सीटें हैं, गुजरात की 26 सीटों के ठीक नीचे। हालांकि, तमिलनाडु की मुख्यमंत्री, जयललिता ने मोदी की प्रशंसा की है, लेकिन चर्चा है कि प्रधानमंत्री कार्यालय के लिए उनकी प्राथमिकता पटनायक होंगे।

इस प्रकार, यह केवल तभी होता है जब भाजपा को अपने दम पर बहुमत मिलता है, यानी लोकसभा की कुल 543 सीटों में से 272 सीटें, जिससे मोदी बिना किसी रोक-टोक के देश के कार्यकारी प्रमुख बन सकते हैं।

ऐतिहासिक रूप से, हालांकि, भाजपा ने कभी भी इतनी अधिक सीटें नहीं जीती हैं: अब तक सबसे अधिक संख्या 1998 और 1999 दोनों में थी।

कई लोग महसूस करते हैं कि देश भर में बोधगम्य परिवर्तन के लिए एक मजबूत भावना है। आम आदमी भ्रष्टाचार और कुशासन से तंग आ चुका है। लोग लगातार राजनीतिक झगड़ों, सौदेबाजी और समाज के एक वर्ग या दूसरे के तुष्टिकरण से भी थक चुके हैं। इन परिस्थितियों में, लोग एक मजबूत प्रशासनिक चाहते हैं, जो सहजता से सत्ता की बागडोर को संभाल सकता है। वे ऊर्जावान नेता भी चाहते हैं और अपनी पसंद में वैचारिक बाधाओं से प्रतिबंधित होने के इच्छुक नहीं हैं।

ऊर्जावान नेताओं की इस खोज के कारण ही लोग आंध्र प्रदेश में जगनमोहन रेड्डी, पश्चिम बंगाल में ममता बनर्जी और नरेंद्र मोदी जैसे विविध राजनेताओं के पीछे भाग रहे हैं। पर्यवेक्षक बताते हैं कि धीरे-धीरे लेकिन निश्चित रूप से, नागरिक

उदासीनता पतन पर है।

एक त्वरित विश्लेषण से पता चलता है कि गुजरात, राजस्थान, मध्य प्रदेश, झारखंड, छत्तीसगढ़, कर्नाटक और गोवा के भगवा राज्यों में लोकसभा के लिए 135 सीटें हैं। यहीं पर मोदी चुनावों में प्रबल दावेदार होंगे और युवा और नव-मध्यम वर्ग को आकर्षित करेंगे। बिहार, महाराष्ट्र, और यूपी की 168 लोकसभा सीटों में, वह एक खिलाड़ी होंगे, भले ही वह महत्वपूर्ण न हो। ये ऐसे राज्य हैं जो बीजेपी ने कभी भी अपने दम पर नहीं जीते हैं और पूर्व में अन्य दलों के साथ गठबंधन में शासन किया है। यूपी जैसे राज्य में मुलायम सिंह और मायावती मोदी की तरह ध्रुवित कर रहे हैं। पश्चिम बंगाल, तमिलनाडु, आंध्र प्रदेश और असम जैसे राज्यों में फैली शेष 140 सीटों में, पारंपरिक ज्ञान यह है कि मोदी का कोई प्रभाव होने की संभावना नहीं है।

मोदी के मुख्य समर्थन अड्डों में से एक बड़े व्यावसायिक घराने हैं। पिछले पांच वर्षों में, और पिछले तीन वर्षों में अधिक तेजी से, कॉर्पोरेटों ने मोदी के सबब में खुद को बदल दिया है। एक सरकार के साथ जुड़ाव के रूप में जो शुरू हुआ, जिसने राज्य में बिजली के अधिशेष और श्रम-समस्या-मुक्त प्रतिष्ठा के साथ आकर्षक प्रोत्साहन की पेशकश की, एक वास्तविक मोदी उन्माद में बदल गया।

2009 में, पिछले आम चुनाव से पहले, कुछ शीर्ष उद्योगपतियों ने सार्वजनिक रूप से यह आवाज़ उठाई थी कि मोदी एक अच्छे प्रधानमंत्री बनेंगे। इसे अभूतपूर्व के रूप में देखा गया। आम तौर पर, व्यवसायी अपनी राजनीतिक प्राथमिकताओं को गुप्त रखते हैं और हर राजनीतिक दल को पसंद करते हैं।

'मुझे लगता है कि व्यापारी मोदी में एक राजनीतिक सीईओ देखते हैं। नियम के रूप में व्यवसायी एक स्पष्ट नियंत्रण चाहते हैं। वे गठबंधन से निपटने में सहज नहीं हैं, जिसके तहत निर्णय लेने की प्रक्रिया ढेंकुल की तरह ऊपर नीचे होती है। किसी और चीज से ज्यादा, वे चाहते हैं कि वादे पूरे हों। इससे भी महत्वपूर्ण बात यह है कि भारत में व्यवसायी स्थिर नीतियों के साथ एक स्थिर सरकार को देखने की इच्छा रखते हैं, जिसका नेतृत्व किसी ऐसे व्यक्ति द्वारा किया जाता है जो व्यवसाय-समर्थक भी हो।

धनी गुजराती समुदाय भी 'अपने आदमी' को 'बड़े प्रधान'(प्रधानमंत्री के लिए गुजराती) के रूप में देखना चाहता है। गुजरात में व्यापक रूप से महसूस किया जा रहा है कि इतिहास में, उन्हें प्रधान मंत्री के पद से से इनकार कर दिया गया था, जिनके बारे में उन्होंने सोचा था कि वे सबसे योग्य उम्मीदवार थे: सरदार वल्लभभाई पटेल, 'लौह पुरुष' जिन्होंने देश को एकीकृत करने में मदद की थी।

कई गुजराती में मोदी को 'छोटा सरदार' के रूप में देखते है, 'जो देश को अखंड रख सकते हैं और पटेल के सपने को आगे ले जा सकते हैं'। इस तथ्य ने भी कि दिल्ली में जवाहरलाल नेहरू के परिवार का शासन है, जिनकी स्वतंत्र भारत के पहले प्रधान मंत्री के रूप में पहचान है ने पटेल को उनके अवसर से वंचित कर दिया, दक्षिण ब्लॉक में मोदी को स्थापित करने के गुजरातियों के संकल्प को मजबूत किया। यह आश्चर्यजनक नहीं है कि मोदी खुद 'छोटा सरदार' कहलाना पसंद करते हैं।

नरेंद्र मोदी मनमोहन सिंह को विषम चुनौती देंगे। काफी, वस्तुतः चुप, मनमोहन सिंह एक ग्रामीण पृष्ठभूमि साझा करते हैं, लेकिन उन्होंने दुनिया के शीर्ष विश्वविद्यालयों में पढ़ा है और वित्त मंत्री, आरबीआई के गवर्नर और भारत सरकार के वित्त सचिव के रूप में बहुत बड़ा अंतरराष्ट्रीय अनुभव था। मोदी को इस सारे अनुभव का लाभ नहीं है। लेकिन मनमोहन के विपरीत, मोदी एक मंझे राजनीतिक हैं। साथ ही मनमोहन के विपरीत, जिनकी छवि एक प्रधानमंत्री की है जो लगातार समझौता करते रहते हैं, मोदी वाचाल और दृढ़ हैं।

मनमोहन भारत के प्रधान मंत्री नहीं, बल्कि साम्राज्ञी सोनिया के प्रधान मंत्री हैं। किसी दूसरे के हाथ की कठपुतली होना मोदी का स्वभाव नहीं है, उन्हें व्यावहारिक लगने पर, समझौता करने के लिए भी जाना जाता है।

यदि वह प्रधान मंत्री बनते हैं, तो मोदी अटल बिहारी वाजपेयी से भी अलग होंगे, जो अब तक उच्च पद पर बैठने वाले भाजपा के एकमात्र व्यक्ति हैं। जैसा कि भाजपा के आयोजक गोविंदाचार्य ने कहा (एक टिप्पणी में जिसके लिए उन्हें राजनीतिक कीमत चुकानी पड़ी थी) वाजपेयी कट्टरपंथी पार्टी के लिए एक मुखौटा थे, जो भाजपा के नरम, स्वीकार्य चेहरे का प्रतिनिधित्व करते थे। वाजपेयी की वास्तविक छवि के कारण ही भाजपा को सत्ता में आने पर एनडीए में अन्य दलों का समर्थन मिला। यह सर्वविदित है कि कट्टर आडवाणी, जिनके तहत पार्टी ने राम जन्मभूमि का शुभारंभ किया, उन्हें वाजपेयी के लिए रास्ता बनाना पड़ा। अटल एक महान सार्वजनिक वक्ता थे और मोदी भी। लेकिन उनकी वक्तृत्व कला की प्रकृति अलग है। 'वाजपेयी का वक्तृत्व विनोदपूर्ण था, अक्सर अपने आप पर मज़ाक उड़ाते हुए, ज्ञान के शब्दों से भरा और सुनने में बहुत आनंददायक था, लेकिन मोदी का कथन पूर्णतःउर्जित है और अक्सर विरोधियों को अनीतिपूर्ण तरीके से चोट करता है। 'उनमें ज़मीन आसमान का अंतर है और यह उनकी राजनीति में परिलक्षित होगा। 'यद्यपि वाजपेयी ने परमाणु परीक्षण जैसे कुछ कठोर निर्णय भी लिए, मोदी की नीतियां, गुजरात में उन्होंने जो किया है, उसके

अनुसार साहसिक और निर्णायक होंगी'। ।

नरेंद्र मोदी की तुलना जवाहरलाल नेहरू से भी नहीं की जा सकती है, जो भारत के पहले प्रधानमंत्री थे, आज़ादी की लड़ाई लड़ने के बाद शीर्ष पद मिला था, पारिवारिक पृष्ठभूमि, शिक्षा और परिस्थितियों में, नेहरू और मोदी बेशक दो अलग-अलग युगों के थे। वास्तव में, जब मोदी का जन्म हुआ था, नेहरू पहले से ही प्रधानमंत्री थे।

अंतिम विश्लेषण में, यह अनुमान लगाना जल्दबाजी होगी कि मोदी प्रधान मंत्री बनेंगे या नहीं, लेकिन यह निश्चित है कि वह खुद को दिल्ली में प्रस्तुत करेंगे। उन्होंने पहले ही इसकी घोषणा कर दी थी अपनी चुनावी जीत के बाद गुजराती अखबारों को यह बताकर कि अब से वह हिंदी में बात करेंगे, न कि अपनी मूल गुजराती में।

महत्वाकांक्षा तब और स्पष्ट हो गई, जब एक नए शपथ ग्रहण के बाद मोदी ने 'भारत माता की जय' की जय-जयकार की। और उनके घटकों ने उत्साहपूर्वक जवाब दिया: 'देखो देखो कौन आया, भारत का शेर आया'।

❧

सेमी फाइनल राउंड

नरेंद्र मोदी को भाजपा का नेतृत्व करते हुए देखने का विचार अब पार्टी कैडर के बीच एक ठोस रूप ले रही थी। एक यथार्थवादी के रूप में, हालांकि, मोदी को खड़ा करना आसान नहीं होगा, क्योंकि बाहर से सहयोगी दलों से ज्यादा, भाजपा के भीतर पर्याप्त विरोध प्रतीत होता है।

भाजपा के अध्यक्ष राजनाथ सिंह को विरोधी विचारों वाले लोगों को समान विचार पर करने की क्षमता और असहमति को लंबे समय तक नहीं रहने देने के उनके दृढ़ समर्पण को परीक्षणों के सबसे कठिन दौर से गुजरना पड़ा।

सिंह को पहला संकेत तब मिला ,के सब ठीक नहीं है, जब कुछ वरिष्ठ नेता, जिनमें एल.के. आडवाणी भी शामिल हैं ने गोवा के पणजी में पार्टी की जून 2013 की राष्ट्रीय कार्यकारिणी को छोड़ने का फैसला किया। यह संभावना की नरेंद्र मोदी को 2014 के चुनावों के लिए बड़ी जिम्मेदारी दी जा रही है, अगर पार्टी के प्रधानमंत्री पद के उम्मीदवार के रूप में नामित नहीं भी किया जा रहा है, आडवाणी, यशवंत सिन्हा, जसवंत सिंह, बी.सी. खंडूरी और कुछ और, जिनमें उमा भारती, रविशंकर

प्रसाद और वरुण गांधी शामिल हैं, के लिए ज़ाहिर तौर पर इस आयोजन को छोड़ने के लिए पर्याप्त थी।इसने यह स्पष्ट कर दिया कि नेतृत्व को संयुक्त रूप से एक उम्मीदवार के पीछे अपना मत रखने के लिए राज़ी करना कितना कठिन कार्य होगा।

मोदी के आगमन पर उनका जोरदार स्वागत, जिसमें गोवा के मुख्यमंत्री मनोहर परिकर द्वारा समर्थन की सार्वजनिक घोषणा भी शामिल थी, ने बैठक के लिए एक ताल छेड़ दी। भाजपा अध्यक्ष प्रमुख अधिकारिओं के साथ लगातार विचार-विमर्श में थे लेकिन मोदी के बारे में किसी भी औपचारिक घोषणा का कुछ विरोध भी उपेक्षा करने के लिए बहुत विशिष्ट था। यदि एक ओर, गोवा पहुंचने से पहले, भाजपा अध्यक्ष ने भाजपा सदस्यों के बारे में मीडिया को संभावित नामों की ओर इशारा करते हुए सुना, तो दूसरी ओर, उन्हें सहयोगियों के फोन आए जो जानना चाहते थे कि उनके मन में क्या चल रहा है। जद (यू) के नीतीश कुमार ने मोदी को भाजपा के प्रधानमंत्री पद के उम्मीदवार के रूप में पेश किए जाने के बारे में अपना मत स्पष्ट कर दिया था और सिंह से पूछा था कि क्या पार्टी गोवा में इसे सार्वजनिक करने जा रही है।

भाजपा के अध्यक्ष राजनाथ सिंह ने कुमार से कहा कि सीपीबी मोदी को कुछ अतिरिक्त जिम्मेदारियां सौंपेगी, लेकिन अभी तक कोई अंतिम फ़ैसला नहीं किया गया है। कुमार आश्वस्त नहीं हुए और उन्होंने सिंह को मोदी को पार्टी का उम्मीदवार घोषित करने से रोकने का प्रयास किया। दो-दिवसीय राष्ट्रीय कार्यकारिणी के दौरान, मोदी के प्रति स्पष्ट विरोध के बारे में फुसफुसाहट थी जिसके लिए मुख्य रूप से मीडिया ने 'टीम आडवाणी 'को ज़िम्मेदार माना था।

आडवाणी ने राजनाथ सिंह से कहा था कि वह चाहते हैं कि मध्यप्रदेश, छत्तीसगढ़, राजस्थान और दिल्ली में विधानसभा चुनावों के बाद निर्णय की घोषणा की जाए क्योंकि मोदी की नियुक्ति से राज्य के चुनावों का ध्यान बदल जाएगा। आडवाणी का विचार है कि विधानसभा चुनाव कांग्रेस द्वारा भ्रष्टाचार, मूल्य वृद्धि और शासन की कमी के मुद्दों पर लड़ा जाना चाहिए, और इसे कांग्रेस बनाम मोदी में नहीं बदलना चाहिए। पांच दशकों में ऐसा पहली बार हुआ था कि आडवाणी उस राजनीतिक संगठन की एक महत्वपूर्ण बैठक में शामिल नहीं हुए थे जिसका वह हिस्सा थे, लेकिन अंतिम निर्णय पर उनसे पीसीबी के साथ-साथ भाजपा अध्यक्ष ने भी सलाह ली थी। ऐसी खबरें थीं कि पार्टी के 'ग्रैंड ओल्ड मैन' मोदी के नाम को आम चुनाव के लिए प्रचार के प्रमुख के रूप में घोषित करने के लिए उत्सुक नहीं हैं।

यह अवश्यंभावी था कि पीसीबी के कुछ प्रमुख सदस्यों की अनुपस्थिति 'बड़ी' घोषणा के लिए आम सहमति पर पहुंचने में देरी का कारण बनेगी- मोदी भाजपा के प्रधानमंत्री पद के उम्मीदवार के रूप में — लेकिन गोवा से बिना किसी निष्कर्ष के वापस लौटना गलत संदेश देगा। जिस तरह से कुछ तिमाहियों में उनके नाम का विरोध किया गया था, उसे देखते हुए और उनकी नियुक्ति को रोकने के कदमों के बारे में लगातार बकबक के कारण नरेंद्र मोदी ने अपना नाम वापस लेने का सोचा।

कई वर्षों तक साथ काम करने के बाद, राजनाथ सिंह और मोदी दोनों ने एक दूसरे को उत्तम पाया। सिंह गुजरात के मुख्यमंत्री के रूप में मोदी के काम के साक्षी थे और कैडर के बीच उनकी अपार लोकप्रियता से भी अवगत थे।

पणजी में अंतिम चर्चा के दौरान, बीजेपी के अध्यक्ष का संकल्प और मजबूत हो गया। यहां तक कि भारी विरोध के बावजूद, उन्होंने अपनी जड़ों को और मजबूत कर लिया। राजनाथ सिंह ने नेतृत्व के पूरे सरगम के साथ तर्क दिया, उम्र और अनुभव के बावजूद, उन्होंने इस बात को रेखांकित किया के कैसे किसी भी तरीके की घोषणा को टालने से वह सामरिक लाभ समाप्त हो जाएगा जो पार्टी के पास दूसरों पर होगा। लेकिन किसी भी चीज़ से अधिक, स्पष्टता की कमी कैडर के उत्साह और जोश को कम कर सकती है।

एक पार्टी अध्यक्ष के रूप में, राजनाथ सिंह की पहली और सबसे महत्वपूर्ण जिम्मेदारी एक ऐसे उम्मीदवार का चयन था जो जीत दिला सके।

कार्यकारिणी की बैठक के अंतिम दिन भाजपा अध्यक्ष राजनाथ सिंह ने देश के हर एक बूथ पर मतदाताओं के साथ बेहतर समन्वय स्थापित करने के लिए एक केंद्रीय बूथ प्रबंधन समिति शुरू करने की इच्छा व्यक्त की। जैसे जैसे उनका संबोधन समाप्ति के निकट आया, सिंह ने दोहराया कि पार्टी के नेताओं में मतभेद हो सकते हैं लेकिन ऐसे बड़े दिल वाले नेताओं का कहीं और मिल पाना असंभव होगा।

मनुष्य को ज्ञात सबसे बड़े चुनावों की चुनौती को ध्यान में रखते हुए, राजनाथ ने एक केंद्रीय अभियान समिति के गठन का प्रस्ताव रखा और फिर, बिना किसी देरी के, नरेंद्र मोदी को इसके अध्यक्ष के रूप में घोषित किया और उन्हें संसदीय बोर्ड में भी शामिल किया।

मोदी ने न केवल लगातार तीन बार चुनाव जीते थे, बल्कि राज्य में विकास का एक नया मानदंड भी स्थापित किया था, जिसे विश्व स्तर पर स्वीकार किया गया था, जिसने पार्टी को मोदी में अपना विश्वास और आशा व्यक्त करने के लिए प्रेरित किया था।

घोषणा इतनी अप्रत्याशित थी कि मोदी को बधाई देने के लिए कोई गुलदस्ता नहीं था। तो, भाजपा के अध्यक्ष ने भाषण-मंच के बगल में पड़े एक को, जो पहले किसी और को दिया गया था, उठाया और मोदी को सौंप दिया।

☙

अंतिम राउंड (अगला दिन)

एक बैठक जहां भाजपा अध्यक्ष, अरुण जेटली, मनोहर परिकर और नरेंद्र मोदी के साथ गोवा के पार्टी कार्यकर्ताओं से बातचीत कर रहे थे, भाजपा के अध्यक्ष ने प्रोटोकॉल तोड़ा और दूसरों के पहले बोलने का विकल्प चुना।

भाजपा अध्यक्ष ने एकत्रित कार्यकर्ताओं से कहा कि उनका मोदी के पहले बोलने के लिए उठने का कारण (जिन्हे जेटली द्वारा अपना सम्बोधन देने के लिए आमंत्रित किया गया था) बस इतना था कि वह उनके और युवा नेता के बीच नहीं आना चाहते थे जिन्हे वे सुनने आये थे।

उन्होंने आगे एक निर्णायक चुनाव के लिए तैयार होने के लिए कहा और उन्हें संबोधित करने के लिए मोदी का स्वागत किया। राजनाथ सिंह की अप्रत्याशित और संक्षिप्त घोषणा आगे जो होने वाला था उसके लिए पर्याप्त थी। जिस तरह से 2014 के लोकसभा चुनावों के सबसे महत्वपूर्ण घटनाक्रमों में से एक - संभवतः इसका मार्ग बदल सकता है – को संभाला गया था ने भी उनके द्वारा झेले गये भारी विरोध का संकेत दिया। भाजपा अध्यक्ष की अंतिम क्षण की घोषणा को नरेंद्र मोदी को पार्टी का प्रधानमंत्री पद का उम्मीदवार बनाए जाने के एक कदम और करीब लाने के रूप में देखा गया।

जिस क्षण राजनाथ सिंह ने मोदी को लीडर कहा था, उसी समय सब कुछ स्पष्ट हो गया।

☙

2013 में पार्टी के प्रचार समिति के प्रमुख के रूप में नामित किए जाने के तुरंत बाद, जो कि मोदी को पार्टी के प्रधान मंत्री पद का उम्मीदवार नामित किए जाने से कुछ महीने पहले था, मोदी ने अध्यक्ष राजनाथ सिंह को ख़ुशामद किया। जल्द ही अमित शाह को यूपी के लिए पार्टी प्रभारी के रूप में नामित किया गया। गुजरात में अमित शाह को मोदी के दाहिने हाथ के रूप में जाना जाता है, जिन्होंने सबसे

चुनौतीपूर्ण कार्य संभाले। 1964 में जन्मे अमित शाह मोदी कैबिनेट में गृह राज्य मंत्री थे - मोदी खुद गृह मंत्रालय संभाल रहे थे। सोहराबुद्दीन शेख मामले में फंसने के बाद उन्हें इस्तीफा देना पड़ा था। देर से आने वालों के लिए, शेख, एक कुख्यात अपराधी और उसकी पत्नी कौसर बी (जिनका किसी अपराध से कोई संबंध नहीं था) को गुजरात पुलिस ने नवंबर 2005 के अंत में हैदराबाद से सांगली की बस से यात्रा के दौरान अपहरण कर लिया था। दोनों को अहमदाबाद ले जाया गया, जहां वे अलग-अलग एनकाउंटरों में मारे गए। लंबे समय तक जांच के बाद तीन आईपीएस अधिकारियों को गिरफ्तार किया गया था और अमित शाह को भी - जिन्होंने स्वाभाविक रूप से मोदी मंत्रालय से इस्तीफा दे दिया था। वह फिलहाल जमानत पर है।

๏๏

शुक्रवार 13 सितंबर 2013 को, नई दिल्ली में पार्टी के सीपीबी ने सर्वसम्मति से गुजरात के मुख्यमंत्री को लोकसभा चुनाव में नेतृत्व करने के लिए चुना। एल.के. आडवाणी को छोड़कर, जिन्होंने पार्टी के कामकाज के तरीके के बारे में नाराज़गी व्यक्त करते हुए इसमें शिरकत नहीं की, बैठक में बारह-सदस्यीय बोर्ड के प्रत्येक अन्य सदस्य ने भाग लिया। इसका श्रेय भाजपा अध्यक्ष को जाता है कि कुछ महीने पहले मोदी के प्रति लगभग सारा विरोध बीते दिनों की बात हो गई थी।

26

विजय अभियान

एक व्यक्ति ने बाद के मिशन में मदद करने के लिए कुछ तीन साल पहले 2011 में मोदी के दरवाजे पर दस्तक दी। कोई नहीं जानता कि वह किसके संदर्भ में आया था और उसने स्वेच्छा से मोदी की मदद क्यों की। लेकिन बहुत जल्द, वह महत्वाकांक्षी मुख्यमंत्री के महत्वपूर्ण सहयोगी बन गए,बिहार का ये पेशेवर, प्रशांत किशोर- बोली से स्पष्ट था - गुजरात के मुख्यमंत्री को दक्षिण ब्लॉक दिल्ली में कोने के कार्यालय में बिठाने के लिए जिम्मेदार मोदी मशीन के प्रमुख रणनीतिकारों में से एक हो सकता है।

उनका मिशन: ऐसी योजनाओं को तैयार करना जो मोदी को देश के युवाओं की पसंद बना दें और एक बड़ा समर्थन आधार तैयार करना।

किशोर की गहरी सोच, प्रतिबिंब और स्वयं मोदी के साथ विचारों के निरंतर आदान प्रदान के बाद, सिटीजन फॉर अकाउंटेबल गवर्नेंस (CAG) का विचार आया। यह एक प्रकार की सार्वजनिक कार्यवाई समिति थी जो सार्वजनिक महत्व के मुद्दों पर ध्यान केंद्रित करेगी और उन्हें हल करने के लिए अभियान और कार्यक्रम शुरू करेगी। नाम सावधानी से चुना गया था: यह संक्षिप्त नाम सीएजी के उपयोग की अनुमति देगा, जिसकी भारत में एक उच्च सार्वजनिक याद है और एक सकारात्मक छवि बनाता है। इसका कारण तलाशने में ज्यादा दिमाग नहीं लगाना है: 2010 से, कंट्रोलर एंड अकाउंटेंट जनरल (CAG) ने भ्रष्टाचार को उजागर करने में एक महत्वपूर्ण भूमिका निभाई है। इस नाम का प्रयोग कर जनता को तत्काल संदेश दिया जा रहा था कि यह संस्था समाज की भलाई के लिए है। 'मोदी नए विचारों के लिए बहुत खुले हैं और उन्हें वास्तव में प्रशांत किशोर के नए विचार (आईडिया) पसंद आए होंगे। कोई आश्चर्य नहीं कि उन्होंने उन्हें खुली छूट दे दी।

जल्द ही प्रशांत ने उस संगठन का मार्गदर्शन करना शुरू कर दिया जिसने गांधीनगर में इंफो टावर्स में दफ्तर डाला था। सीएजी को कंपनी अधिनियम की धारा 25 के तहत एक गैर-लाभकारी संगठन के रूप में पंजीकृत किया गया था और भुगतान किए गए वालंटियर्स को इसमें शामिल होने के लिए प्रोत्साहित किया गया था। ऐसा कहा जाता है कि कई शीर्ष निगमों और कुछ प्रमुख रियलटर्स ने CAG के कोष की ओर योगदान दिया, यहां तक कि कई IIT, IIM और इंडियन स्कूल ऑफ बिजनेस (ISB) के पूर्व छात्र भी इसमें शामिल हुए। उनमें से कई ने गोल्डमैन सैक्स, मैकिन्से एंड कंपनी, एटी केर्नी, ड्यूश बैंक जैसे शीर्ष निगमों के लिए काम किया था, और उन्होंने अपने वेतन के एक अंश मात्र पर मोदी के लिए काम किया। 'वे अत्यधिक प्रेरित वालंटियर्स हैं जोजो साथ आए क्योंकि वे मोदी के बारे में आश्वस्त थे'।

'इस प्रक्रिया में, उन्होंने मोदी को लोकप्रिय बनाया और उनके संदेश को दूर-दूर तक फैलाया। चुनाव के परिणाम से पहले मई के मध्य में अंतिम गणना में, सीएजी की साइट, जो खुद को शासन में जवाबदेही के लिए प्रयास करने वाले उत्साही व्यक्तियों के समूह के रूप में वर्णित करती है, को 503,710 लाइक्स मिले थे। सीएजी मोदी और उनके संदेश को पूरे देश में पहुंचाने का एक साधन मात्र है। लेकिन संदेश देना क्या है? संक्षेप में यह है: देश खराब शासन के परिणामस्वरूप अवनति में जा रहा है। यह देखते हुए कि चारों ओर इतना भ्रष्टाचार है, चीजों को सही तरीके से व्यवस्थित करना आसान नहीं है। लेकिन एक आदमी है जो चीजों को ठीक कर सकता है। वह नरेंद्र मोदी हैं। इसलिए चुनावों में, मतदाताओं को चीजों को बदलने के अपने अधिकार का उपयोग करना चाहिए और मोदी को चुनना चाहिए।

27

गुजरात जो कर रहा है, वह भारत को कल करना होगा

वोट के बदले में, ऐसा क्या था जो मोदी ने विशेष रूप से वादा किया था? शुरूआत के लिए, उन्होंने देश भर में विकास के गुजरात मॉडल को दोहराने का वादा किया। इसका तात्पर्य उच्च विकास दर, रोजगार के विशाल अवसर और बोर्ड भर में सभी के लिए भौतिक समृद्धि से है। उन्होंने यह सब 'न्यूनतम सरकार जिसने अधिकतम शासन दिया' के साथ वादा किया था। उन्होंने इस बात पर भी जोर दिया कि गुजरात में उन्होंने यही किया है जिससे राज्य में अभूतपूर्व समृद्धि आई है। और इसी वजह से उन्होंने राज्य में तीन बार चुनाव जीता: 2002, 2007 और 2012 में। CAG साइट फेसबुक पर मोदी की छवि का प्रचार करती है: 'अगर हर भारतीय 1 फीसदी भी नरेंद्र मोदी के जितना मेहनती, केंद्रित और प्रतिबद्ध हो, तो हमें महाशक्ति (सुपरपावर) बनने से कोई नहीं रोक सकता।' "मोदी के इस संदेश के साथ - भारतीय राजनीति का मुहावरा जो अब तक गैर-विकास विषयों पर केंद्रित था - बदलने लगा।

युवा मतदाता

यह महत्वपूर्ण है कि हम अपने राष्ट्र के युवाओं को कैसे देखते हैं – मोदी

युवा मतदाता (उदारीकरण के बच्चे: एक पूरी पीढ़ी जो 1991 के बाद पैदा हुई थी और उसे कभी नियंत्रण राज की कठोरता महसूस नहीं हुई थी) ने महसूस किया है कि मुफ्त लूट पर आधारित नीतियों में कोई योग्यता नहीं है। अंत में, यह आर्थिक विकास है जो मायने रखता है। ये युवा आकांक्षी थे और राजनीतिक विचारधारा से अधिक एक बेहतर जीवन की संभावनाओं से प्रेरित थे। नरेंद्र मोदी को भी इसका एहसास है। 'मोदी ने उन्हें अपना सपना दिखाया। मोदी के आत्मविश्वास का एक और कारण था: उन्होंने गुजरात में विशेष रूप से दिसंबर 2012 के राज्य विधानसभा चुनावों में भी लगभग इसी रणनीति का इस्तेमाल किया था। और इसने काम किया था। यहां तक कि बिहार के ग्रामीण इलाकों के युवा आकांक्षी बन गए। वे अपने दोस्तों को मुंबई आते और एक अच्छे जीवन का आनंद लेते देखते हैं।मोदी ने इस वोट बैंक का दोहन किया और बहुत ही सरलता और समझदारी से बात की।' इसमें कोई आश्चर्य नहीं कि वह युवा दर्शकों को लक्षित कर रहे थे इसलिए मोदी ने संदेश देने के लिए आधुनिक तकनीक और गैजेट्स का अधिकतम संभव सीमा तक उपयोग करना चुना। इसमें फेसबुक और ट्विटर जैसे सोशल मीडिया का भी उपयोग किया, और इस उद्देश्य के लिए मोदी प्रबंधकों ने समर्पित आईटी पेशेवरों की एक टीम का उपयोग किया। हिरेन जोशी के नेतृत्व में टीम - जिनकी सेवाओं को 2012 के गुजरात चुनावों के लिए भी मोदी द्वारा विस्तृत किया गया था - सेल फोन के माध्यम से मोदी संदेश को आगे बढ़ाने में सक्रिय है।

28

चाय पे चर्चा

सबसे महत्वपूर्ण और दिलचस्प अवधारणाओं में से एक चाय पे चर्चा थी, जहां लोगों ने कई स्थानों पर बड़े स्क्रीन के आसपास एकत्र होकर सार्वजनिक महत्व के मुद्दों पर मोदी से बात की। मोदी ने दर्शकों से सवाल सुने और उन्हें जवाब दिया - इसे एक सहभागी कार्य बनाकर। यह अवधारणा कांग्रेसी मणिशंकर अय्यर ने टेलीविजन पर जो कहा, उस पर एक बुद्धिमान प्रतिक्रिया थी। राजीव गांधी के एक दोस्त अय्यर ने भविष्यवाणी की कि मोदी कभी भी प्रधानमंत्री नहीं होंगे और उनका चाय बेचने के लिए स्वागत है। उत्तरार्द्ध एक संकेत था - खराब तौर पर - इस तथ्य के लिए कि एक युवा लड़के के रूप में मोदी ने अपने पिता को चाय बेचने में मदद की। टीम मोदी द्वारा तुरंत एक योजना को आकार दिया गया, जिसमें देश भर में चाय के स्टालों को ब्रांड बनाने और मोदी संदेश को प्रसारित करने में मदद करने के बदले में उन्हें वित्तीय सहायता देने के लिए कहा गया।

सबसे पहली चाय पे चर्चा

मोदी अपने सुरक्षाकर्मियों के साथ 12 फरवरी 2014 को अहमदाबाद के इस्कॉन मंदिर के सामने शहर के सरखेज गांधीनगर राजमार्ग पर एक चाय की दुकान पर शाम 7.00 बजे के नियत समय पर आए।

'वह बैठ गए और एक साथ चाय की चुस्की लेते हुए 1,500 मजबूत सभाओं को संबोधित करने लगे। यह बातचीत भारत के 300 शहरों में 1,000 स्थानों तक पहुंचाई जा रही थी। चर्चा सुशासन पर केंद्रित थी। संयोग से, यह चाय पे चर्चा प्रशांत किशोर की सलाह से CAG द्वारा आयोजित की जा रही थी, लेकिन उसके

बाद कई सत्र आयोजित नहीं किए गए क्योंकि कुछ 'तकनीकी दिक्कतों' ने उनकी सफलता को रोक दिया। हालाँकि, बाद में मार्च 2014 में हुए कुछ और सत्रों में, मोदी ने महिला सशक्तीकरण और किसानों की समस्याओं जैसे मुद्दों पर चर्चा की।

यह कार्यक्रम मोदी की अधिकृत वेबसाइट का सीधा प्रसारण करता है। जब नरेंद्र मोदी हाई-फाई तकनीक के माध्यम से लोगों से जुड़ते हैं और एक कप चाय के साथ लोगों से बात करते हैं, तो वे उनसे सीधा जुड़ाव महसूस करते हैं।

सबसे नवीन कार्यक्रमों में से एक 'मिस्ड कॉल' का था। इसके द्वारा, बड़े पैमाने पर जनता को 19 फरवरी को लॉन्च किए गए नमो नंबर पर कॉल करने के लिए प्रोत्साहित किया गया। मिस्ड कॉल करने के तुरंत बाद कॉल करने वाले को एक डेटा सेंटर से एक कॉल बैक मिलेगा जो कॉल करने वाले के सभी विवरणों को ले लेगा, जिसमें नाम, ईमेल और डाक पता शामिल है। इस डेटा बेस ने मोदी टीम को संभावित मतदाता को ट्रैक करने में सक्षम किया, जिनमें से कई को 'नमो फॉर पी एम ' वालंटियर दल के लिए सदस्यों में परिवर्तित किया गया था।

चुनाव से बहुत पहले मतदाता आधार के विश्लेषण की प्रक्रिया शुरू की गई थी। 'मोदी और उनकी टीम वास्तविक चुनाव से लगभग अठारह महीने पहले हरकत में आ गई थी।

'पीएम के लिए नरेंद्र मोदी' का एक अलग फेसबुक पेज भी है जिसका नारा है: भारत को प्रथम बनाना है। जिस पेज पर 1,706,104 लाइक्स थे (एग्जिट पोल के नतीजों की पूर्व संध्या पर) नरेंद्र मोदी को नेतृत्व की परिभाषा और लोगों के सुशासन के लिए, लोगों द्वारा और लोगों के लिए एक आंदोलन के रूप में वर्णित करता है। 'नरेंद्र मोदी को आधिकारिक रूप से उनकी पार्टी द्वारा प्रधानमंत्री पद के उम्मीदवार के रूप में घोषित किए जाने के तथ्य ने उनकी मदद की। इससे उनकी पूरी मशीनरी उन पर ध्यान केंद्रित करने में सक्षम हो गई। यह एक ऐसे देश में राष्ट्रपति चुनने की लड़ाई की तरह हो गया जहां आमतौर पर सत्ता के लिए पार्टियां चुनी जाती हैं।

'पूर्व में इंदिरा गांधी की तरह, मोदी ने कहा कि लोकसभा सीट के लिए उम्मीदवार को मत देखो। सीधे मेरे लिए वोट करें। यदि आप पार्टी के उम्मीदवार को वोट देते हैं तो वोट सीधे मुझ तक पहुंचेगा। यह कुछ ऐसा है जो मोदी ने 2012 के गुजरात विधानसभा चुनावों के लिए भी किया था। इससे उन्हें 'पदस्थता विरोध' रभाव से उबरने में भी मदद मिली जिसका कई उम्मीदवारों को सामना करना पड़ा।

मतदान की तारीख के करीब अखबार में आने वाले विज्ञापनों ने भी इस बात को स्पष्ट कर दिया कि मतदान मोदी के बारे में था। उन्होंने कहा: 'कमल का बटन दबाना है, मोदीजी को जीताना है'।'वोट फॉर बीजेपी' कहने वाले विज्ञापनों में, एक मुस्कुराते हुए मोदी की एक बड़ी तस्वीर पूरे पृष्ठ पर रहती थी, जिसमें यह संदेह नहीं था कि मोदी के लिए वोट मांगे जा रहे हैं।

मोदी आक्रमण का अंतिम चरण 26 मार्च को जम्मू में वैष्णो देवी मंदिर से पहली भारत विजय रैली के साथ शुरू हुआ। अंतिम चरण के मतदान तक मोदी ने जिन 161 चुनावी रैलियों को संबोधित किया, उनमें से यह पहली थी। मिशन अब भाजपा 272 + था। आसान शब्दों में, मोदी ने लक्ष्य निर्धारित किया: जिसके अंतर्गत पार्टी का लक्ष्य लोकसभा में 272 से अधिक सीटें जीतना होगा और इस तरह उसे नई दिल्ली में अपने दम पर सरकार बनाने की स्थिति में होना चाहिए। इसके साथ ही नारा: अब की बार मोदी सरकार भी लोकप्रिय होने लगा । 'यह अच्छी तरह से प्रचलित हुआ । कई लोगों ने स्वतः ही इसे गुनगुनाया। अन्य नारे भी थे जो प्रचलित हुए। उदाहरण के लिए,'अच्छे दिन आने वाले है' ने कई लोगों, विशेष रूप से ग्रामीण उत्तर भारत में और निम्न मध्यम वर्गों के दिलों को छू लिया। यह एक मजबूत संदेश था। मोदी का 'कांग्रेस मुक्त भारत' का नारा भी चर्चा का विषय बन गया। भारत विजय रैलियाँ मोदी को पूरे देश में ले गईं, लेकिन वह हर रात गांधीनगर में अपने घर लौटते थे और अगली सुबह एक बार फिर से शुरू करते थे - पांच घंटे से अधिक न सोने और अपनी कोर टीम के साथ बैठक करने के बाद। यह बैठक यह पता लगाने के लिए होती कि पिछली बैठकों का प्रभाव क्या था और उसकी रणनीतियों को कैसे ठीक किया जाए। अपने द्वारा संबोधित लोगों के साथ अधिक से अधिक जुड़ाव हासिल करने के लिए, मोदी ने अपनी हर एक रैलियों में प्रारंभिक एक या दो वाक्य स्थानीय भाषा में दिए। फिर वह हिंदी की ओर बढ़ जाते। हालांकि भाषण का सार वही रहा, मोदी ने आंशिक रूप से स्थानीय मुद्दों पर ध्यान केंद्रित किया।

भगवा नेता असम और पश्चिम बंगाल में बांग्लादेशियों के अवैध प्रवास जैसे विवादास्पद मुद्दों को संबोधित करने से पीछे नहीं हटे। हालांकि, मोदी का कड़ा लहजा चुनाव प्रचार के बाद के चरण में ही उभरा। ऐसा लग रहा था कि भाजपा के कूच पर नज़र रखने वाले मोदी के लोगों ने मार्च-अप्रैल में आंतरिक मतदान में महसूस किया कि पार्टी 543 लोकसभा सीटों में से 423 में पहले या दूसरे स्थान पर है । यह शायद 260 सीटों में पहली हो सकती है, लेकिन जीत की गारंटी नहीं थी क्योंकि कई राज्यों में प्रतियोगिता इतनी दिलचस्प और काँटे की थी की विजेता

घोषित करना मुश्किल था। इस बिंदु पर मोदी ने अपने अभियान की तीव्रता बढ़ाई। रैलियां मोदी को बड़े शहरों से लेकर छोटे शहरों तक ले गईं। उन्होंने जितनी रैलियों को संबोधित किया, उनमें से अधिकतम यूपी में थी: राज्य की 30 रैलियों में वे गर्जे जिसमें 80 लोकसभा सीटें थीं। उन्होंने गुजरात के अपने राज्य में 15 रैलियों को भी संबोधित किया, जिसे वे अपेक्षाकृत हल्के में ले सकते थे। 'मोदी जो करते हैं उसे बहुत गंभीरता से करते हैं। वह चीजों को हल्के में नहीं लेते। यही कारण है कि उन्होंने गुजरात को अपने एजेंडे से बाहर नहीं रखा। इसके अलावा, मोदी वडोदरा सीट से भी प्रत्याशी थे।

2012 के विधानसभा चुनावों के दौरान मोदी ने जो 3 डी तकनीक का इस्तेमाल किया था उसका आम चुनावों के लिए फिर से उपयोग किया गया था।

3-डी होलोग्राफिक प्रस्तुति प्रौद्योगिकी वीडियो सम्मेलन से काफी अलग है। यह तकनीक पहली बार ब्रिटेन के राजकुमार चार्ल्स द्वारा 2008 में इस्तेमाल की गई थी जब उन्होंने विश्व ऊर्जा परिषद को संबोधित किया था, उन्होंने केवल छह मिनट के लिए इसका इस्तेमाल किया था। यह तकनीक पर्यावरण के अनुकूल है, इसलिए यह बहुत कम कार्बन पदचिन्ह छोड़ती है, इसलिए चार्ल्स को यह बहुत पसंद आई। यह व्याख्यान महल में भी दर्ज किया गया था। आम तौर पर, इस तकनीक का उपयोग दुनिया में किसी उत्पाद को बाजार में प्रमोचन करने के लिए या मनोरंजन के उद्देश्य से किया जाता है। हालांकि, भारतीय जनता पार्टी ने चुनाव प्रचार के लिए इस तकनीक का उपयोग किया। इसके लिए, एक त्रि-आयामी मंच का निर्माण किया जाता है, जिस पर दर्शकों के लिए प्रस्तुति के लिए तीन-आयामी छवि को बनाया जाता है।

मोदी की रैलियों को वास्तविक समय में 53 स्थानों पर एक साथ पहुंचाया गया ताकि अधिक पहुंच संभव हो सके। चूंकि मोदी की छवि भी दर्शकों के सामने थी, ऐसा लग रहा था कि मोदी उनके सामने मौजूद हैं। जबकि हकीकत में वह कहीं और या स्टूडियो में होते थे। 3डी शो के लिए मोदी हर दिन अलग-अलग तरह के कपड़े पहनते थे: बहुरंगी कुर्तों की एक श्रृंखला में। मोदी की ये 3 डी रैलियां 10 अप्रैल को शुरू हुई थीं। यूपी और बिहार जैसे राज्यों में, जीपीएस युक्त वैन का एक बेड़ा, जिसे डिजिटल रथ कहा जाता है, 55 इंच की एलईडी स्क्रीन पर मोदी क्लिप दिखाने के लिए गांव के आम लोगों तक पहुंचा। प्रत्यक्ष रूप से मोदी के प्रबंधकों ने महसूस किया कि दोनों राज्यों में 30,000 से अधिक गाँव थे, जो 'मीडिया डार्क' थे - यहाँ कोई भी समाचार पत्र नहीं पहुँचा, कोई रेडियो नहीं सुना गया और कोई टीवी कार्यक्रम नहीं दिखाया गया। फिर भी ग्रामीणों के पास वोट थे और उन्होंने हर

चुनाव में अपने मताधिकार का प्रयोग किया। इन गांवों तक मोदी संदेश पहुंचाने के लिए डिजिटल रथों को चलाया गया था।

मोदी ने इंटरनेट, सोशल मीडिया, फेसबुक, समाचार पत्रों और टीवी जैसे हर माध्यम का उपयोग करके मतदाताओं के दिमाग में पूरी तरह से कब्जा कर लिया था। आप उन्हें हर सुबह पेपर में, हर रात टीवी पर देख सकते थे। मीडिया ने उनके संदेश को आगे बढ़ाया। मोदी का उद्देश्य हर समय चर्चा में रहना था। और संदेश क्या था? 'मीडिया को संदेश की रचनात्मक व्याख्या करने की अनुमति देने के लिए शायद इसे अस्पष्ट रखा गया था'।

मोदी मर्चेंडाइजिंग ने भी पीएम उम्मीदवार के चारों ओर एक आभा बनाने में मदद की। इसमें मोदी स्कार्फ, मोदी टी-शर्ट, मोदी पेन, मोदी नोटपैड और मोदी बैज थे।और निश्चित रूप से, सर्वव्यापी मोदी मुखौटे थे। कई भाजपा रैलियों और जुलूसों में सैकड़ों की संख्या में उपस्थित लोगों ने मोदी मुखौटे पहन - मोदी को सर्वव्यापी बना दिया!

इस नई टेक्नोलॉजी और तकनीकों का उपयोग करके, मोदी नई पीढ़ी से अपील कर उन्हें बड़े राष्ट्रीय मुद्दों पर अंकुश करने की कोशिश कर रहे थे और उन्हें उनकी जाति और धार्मिक जीवन से ऊपर उठा रहे थे। लेकिन क्या भारत जैसे देश में ऐसा करना पूरी तरह संभव है? शायद नहीं, और इसे मोदी से बेहतर कौन समझेगा।

29

जय वीरू की जोड़ी

उत्तर प्रदेश, 80 सांसदों का चुनाव करने वाला राज्य पिछले पंद्रह वर्षों में भाजपा के लिए एक कमजोर बिंदु रहा है। मोदी ने महसूस किया कि दिल्ली दरबार का रास्ता इस सबसे अधिक आबादी वाले राज्य उत्तर प्रदेश के शहरों की धूल भरी गलियों और उप-गलियों से होकर जाता है। 90 के दशक की शुरुआत में जब राम जन्मभूमि आंदोलन अपने चरम पर था तब पार्टी ने एक बड़ा प्रदर्शन किया था। तब से प्रमुख जातियां भाजपा से दूर हो गई थीं। उन्हें पार्टी के पाले में वापस लाने की चुनौती थी।अमित शाह को यूपी के लिए पार्टी प्रभारी के रूप में नामित किया गया था। अमित शाह ने पार्टी के कार्यकर्ताओं को पूरी लगन से लामबंद कर उन्हें एक पूर्व निर्धारित कार्य पर लगा दिया। यूपी में, सत्तारूढ़ समाजवादी पार्टी की सफलता यादवों के समर्थन पर टिकी हुई है।पार्टी को मुसलमानों का भी समर्थन प्राप्त है। वास्तव में, समाजवादी पार्टी की पकड़ को तोड़ने के लिए आदर्श बात मुस्लिम समर्थन को हटाना होगा। हुआ यूं कि 2013 के महीने में मुजफ्फरनगर में दंगे भड़क उठे थे। दंगे क्यों हुए और उन्हें किसने भड़काया, यह विवादित है। लेकिन जल्द ही जाट और मुस्लिम संघर्ष में उलझ गए। जाट, जो परंपरागत रूप से भाजपा समर्थक नहीं थे, भगवा पार्टी में आ गए और जो मुसलमान समाजवादी पार्टी (जो यूपी में सरकार चला रही थी) के साथ थे, वे संगठन से दूर हो गए। सीधे शब्दों में, यह सांप्रदायिक ध्रुवीकरण था और इससे मोदी और पार्टी को लाभ हुआ जिसके वे प्रधानमंत्री पद के उम्मीदवार थे। वहीं अमित शाह ने दलित वोट आधार पर निशाना साधा जो मायावती के नेतृत्व वाली बसपा के साथ था। मोदी के परामर्श से, शाह ने दलितों पर बसपा की पकड़ तोड़ने की योजना बनाई। दोनों ने महसूस किया कि दलित एकसमान नहीं थे और समुदाय को जो भी उदारता दी जा

रही थी, उसका मुख्य लाभ जाटवों को था। अगर गैर-जाटवों को बसपा से दूर किया जा सकता है, तो इसका मतलब मोदी के लिए बहुत बड़ा लाभ होगा। अमित शाह ने उन गैर-जाटवों को व्यवस्थित रूप से लुभाना शुरू कर दिया, उन्हें भाजपा की स्थानीय इकाई में नियुक्त करके जो उग्र गुटबाजी से ग्रस्त थी। अभ्यास के रूप में, छोटे गैर-जाटवों को लक्षित किया गया था। वहीं अमित शाह ने मोदी के मार्गदर्शन में ब्राह्मणों को भी निशाने पर लेना शुरू कर दिया। तत्कालीन राजनीतिक रूप से सशक्त समूह अपनी पसंदीदा पार्टियों - कांग्रेस और भाजपा - दोनों के साथ यूपी में अव्यवस्था के कारण गिर गया था। कई लोगों ने बसपा के साथ अपना पक्ष रखा था। यह एक दलित पार्टी हो सकती है लेकिन इसने ब्राह्मणों को अपने बहुजन तख़्त के तहत शामिल करने की कोशिश की थी। बहुत जल्द, भाजपा के साथ जाटों, ब्राह्मणों और कुछ दलितों का एक वोट बैंक था। यहां तक कि जब अमित शाह इन अलग-अलग समूहों को भाजपा के लिए लुभा रहे थे, तब टीम मोदी एक साथ जमीनी सर्वेक्षण कर रहे थे और चुने हुए निर्वाचन क्षेत्रों में उम्मीदवारों पर निजी चुनाव कर रहे थे ताकि रुझानों का पता लगाया जा सके और उनकी लोकप्रियता का पता लगाया जा सके।

चुनाव करीब आने के साथ, अमित शाह की सलाह के तहत मोदी ने एक महत्वपूर्ण निर्णय लिया। वह न केवल अपने गृह राज्य से बल्कि यूपी से भी चुनाव लड़ेंगे। मोदी ने महसूस किया कि अगर वह यूपी से चुनाव लड़ते हैं, तो इसका कई गुना प्रभाव होगा और पूरे बोर्ड के मतदाताओं को प्रेरित करेगा और उन्हें राज्य भर में भाजपा के उम्मीदवारों के लिए तैयार करेगा। कुछ समय के लिए इस मुद्दे पर विचार करने के बाद, मोदी अमित शाह के इस सुझाव से सहमत हुए कि उनकी सीट आम आदमी पार्टी (आप) के नेता अरविंद केजरीवाल के खिलाफ वाराणसी होनी चाहिए। काशी विश्वनाथ के पवित्र शहर के चुनाव से देश भर के हिंदू मतदाताओं में यह संदेश जाएगा कि यहां एक व्यक्ति था जो प्राचीन भारत के गौरव को पुनर्जीवित करने के लिए निकला था। अपनी बात को पुख्ता करने के लिए, मोदी ने वाराणसी आने पर कहा कि वह इसलिए आए थे क्योंकि, 'मा गंगा ' ने उन्हें बुलाया था। मुझे आपके स्थानीय आइकन या उत्पादों के बारे में पता है। मैंने उनके महत्व को समझने का प्रयास किया है, मुझे इस गौरव का हिस्सा बनने की अनुमति दें जो आप इस आइकन, उत्पाद या स्थान के बारे में महसूस करते हैं। एक ही झटके में, मोदी लोगों के दिल और दिमाग में जगह बना लेते हैं। भारतीय बहुत ही भावुक लोग हैं, संवेदनशील भी। कुछ लोगों को यह शैली सतही लग सकती है, लेकिन ऐसा नहीं है। महान नेताओं ने अपने घटकों के दिलों और

दिमागों के अंदर जो कुछ भी होता है, उसके करीब पहुंचने के तरीके खोजे हैं और मोदी यही करते हैं वह भी बिना खोट के और सुचारू रूप से। यह उनमें स्वाभाविक है और इस प्रकार लोगों के बीच उनकी स्वीकृति केवल बढ़ती है। 'मोदी विकास का शोर मचाकर हिंदुत्व का यह संदेश दे रहे थे, लेकिन बहुत चालाकी से।

मोदी ने वाराणसी में अपनी नामांकन प्रक्रिया को भारत के अपने दृष्टिकोण को प्रदर्शित करने के लिए एक शो के रूप में परिवर्तित किया। उनके नामांकन पत्र शहर के चार नागरिकों द्वारा प्रस्तावित किए गए थे: एक नाविक जिसकी उपस्थिति गंगा नदी का प्रतीक थी जो शहर और हिंदू संस्कृति का एक अविभाज्य हिस्सा था; एक बुनकर जो बनारसी साड़ी के प्रतीक शहर के पारंपरिक शिल्प का प्रतिनिधित्व करता था; एक गायक जिसने शहर की संगीत परंपरा की ओर इशारा किया; और एक न्यायाधीश जो न्याय के प्रतीक के अलावा पंडित मदन मोहन मालवीय के पोते भी थे। मोदी ने मालवीय की प्रतिमा के प्रति सम्मान व्यक्त करते हुए बीएचयू गेट से नामांकन के लिए अपना रोड शो शुरू किया। रास्ते में उन्होंने सरदार पटेल, स्वामी विवेकानंद और बी. आर. अंबेडकर - जो सभी राष्ट्रीय प्रतीक हैं और सभी भारतीय राष्ट्र के विभिन्न पहलुओं का प्रतिनिधित्व करते हैं- की प्रतिमाओं को माला पहनाई।

'यथास्थिति के लिए चुनौती का प्रतीकवाद तब आया जब उन्होंने न केवल गांधी परिवार पर हमला किया, जिसने देश पर पिछले 64 साल के लिए शासन किया, बल्कि अपनी ही पार्टी के भीतर भी। एल.के. आडवाणी को एक तरफ करके उन्होंने वही संदेश दिया। 'उन्हें इस बात से कोई फर्क नहीं पड़ा कि आडवाणी उनके मूल हितैषी थे। इसी तरह उन्होंने मुरली मनोहर जोशी से वाराणसी सीट खाली करवा दी, हालांकि वे मौजूदा सांसद थे। जोशीजी पहले व्यक्ति थे जिन्होंने 1991 में उन्हें कन्याकुमारी-श्रीनगर एकता यात्रा का शुभंकर बनाकर राष्ट्रीय राजनीति में कदम रखने का मौका दिया। एक साल पहले, 2013 में, आडवाणी ने पहले 2014 के चुनावों के लिए प्रचार समिति के प्रमुख के रूप में और फिर प्रधान मंत्री पद के उम्मीदवार के रूप में मोदी की पदोन्नति का कड़ा विरोध किया था। आडवाणी भोपाल से लोकसभा चुनाव लड़ना चाहते थे, लेकिन मोदी ने उन्हें गांधीनगर से लड़ने पर मजबूर किया।

उन्होंने 'अच्छे दिन' का वादा किया और 'अधिकतम शासन वाली न्यूनतम सरकार '-एक ऐसी सरकार जो उद्योग समर्थक, आम आदमी समर्थक और किसान समर्थक होगी। अपने उत्तेजक भाषणों के माध्यम से उन्होंने अपनी अपरंपरागत सोच और समस्या को हल करने के दृष्टिकोण को व्यक्त किया और

लाखों भारतीयों के दिलों में आशा जगाई। उन्हें एक बार किसी ने पूछा था, 'आपके अनुसार, भारत के सामने दो सबसे बड़ी चुनौतियाँ क्या हैं?' उनका उत्तर था, 'देश के विशाल राष्ट्रीय संसाधनों का उपयोग कैसे करें, और दूसरी, भारत की इतनी बड़ी युवा आबादी का उपयोग कैसे करें और लाभप्रद रूप से नियोजित करें"। उन्होंने लाखों दिल जीत लिए जब उन्होंने कहा, "मैं प्रधान मंत्री नहीं, प्रधान सेवक के रूप में हूँ"।

30
56-इंच

अक्टूबर27, 2013 नरेंद्र मोदी के जेहन में हमेशा के लिए बना रहेगा। बहुप्रतीक्षित लोकसभा चुनाव अभी सात महीने दूर थे। सर्दियाँ अभी तक आयी नहीं थीं और मौसम काफी सुखद था।हवा उत्तेजना से भरी थी। पटना में प्रतिष्ठित गांधी मैदान खचाखच भरा हुआ था, जिसकी परिधि में लोगों की भीड़ उमड़ रही थी। वे राजनीति की बातें कर रहे थे। यह विश्वास कि परिवर्तन आने वाला है ने लोगों को अच्छी तरह से प्रभावित किया। उनके लिए मोदी सिर्फ एक राजनेता नहीं थे, बल्कि उन सभी बीमारियों के लिए रामबाण थे जिनसे देश पीड़ित था।

प्रतिष्ठित गांधी मैदान के एक-एक इंच पर बैठे लोगों का मानना था कि मनमोहन सिंह ने देश को ठगों को बेच दिया था और वे सभी जो मोदी के खिलाफ थे, अनिवार्य रूप से बदमाश थे। बिहार को भारत की राजनीतिक राजधानी माना जाना चाहिए। और पटना में गांधी मैदान ऐतिहासिक रूप से भारतीय राजनीति में बदलाव के लिए एक शुभ मेजबान रहा है। देश में गांधी मैदान से बड़ा मैदान नहीं हो सकता है और किसी भी राजनेता के लिए इतनी भीड़ जुटाना एक गर्व की बात है। लोग राज्य के कोने-कोने से आये थे।

पटना आने के लिए लोगों को जुटाने के लिए पूरी भाजपा मशीनरी ने महीनों तक काम किया था। और वे अच्छे उपायों में ट्रेनों, बसों, ट्रैक्टरों और यहां तक कि ट्रकों में भी आए। बिहार एक ऐसा राज्य है जहाँ लोगों के पास समय की कमी नहीं है। सरकारी विभागों में नौकरियों को छोड़कर, राज्य में लोगों के पास अभी तक अन्य राज्यों में ज्ञात अर्थों में रोजगार नहीं है। गंगा और कोसी - दो शक्तिशाली नदियों द्वारा धन्य भूमि के साथ राज्य अत्यधिक उपजाऊ है। दोनों नदियाँ विभिन्न सहायक नदियाँ बनाती हैं। भले ही नई दिल्ली में सरकार ने बिहार

में नहर सिंचाई विधि लाने के बारे में कभी नहीं सोचा था, लेकिन राज्य के लोगों ने शिकायत नहीं की क्योंकि पानी हमेशा भरपूर था। राज्य के लोगों के पास विभिन्न विषयों पर और सबसे महत्वपूर्ण रूप से राजनीति पर राय देने और विचार-विमर्श करने का पर्याप्त समय है। अखबारों में छपे एक-एक शब्द को, भले ही चीन या फ्रांस की खबरों की बात की जाए, तो भी वे ऐसे पढ़ेंगे मानों इनसे बाद में पूछा जाएगा। भारत में कोई भी राज्य उतना स्वच्छंद नहीं होगा जितना कि बिहार है और इसके लोग अत्यधिक जागरूक हैं। भले ही दिल्ली विश्वविद्यालय के स्नातक भारत के उपराष्ट्रपति का नाम बताने में अटक जाएँ, लेकिन बिहार के गांवों में स्कूल जाने वाले बच्चे यह बता सकते हैं कि चीन का राष्ट्रपति कौन है।

जब तक मोदी ने नई दिल्ली में बिहार के गांधी मैदान से मनमोहन सिंह को सत्ता की सीट से बाहर करने के लिए अपना अभियान शुरू करने की कोशिश की, तब तक राज्य में लोग इस विचार से भरे थे कि यूपीए शासन के तहत देश को एक दशक तक लूटा गया है। अन्यथा बिहार को भी कांग्रेस से कोई प्यार नहीं है, जो यूपीए की प्रमुख पार्टी है। राज्य में लोगों ने दो दशक पहले ही कांग्रेस को खारिज कर दिया था। यह पार्टी राज्य में इतनी मृत हो चुकी है कि वह दिन दूर नहीं जब राजधानी में इसके लिए एक मकबरा बना दिया जाए और लोग उसपर फूल अर्पित कर श्रद्धांजलि दे सकें, भारतीय राजनीती को बड़े बड़े दिग्गज देने के लिए याद करते हुए। इसलिए, यूपीए सरकार के कुकर्मों के किस्से बहुत आसानी से बढ़ जाते हैं, क्योंकि लोगों ने राजनीती पर बात की है। उनका मानना था कि यूपीए एक ऐसा दानव है जो मोदी द्वारा मारे जाने के योग्य है।

नरेंद्र मोदी ने उस दिन सुबह पटना हवाई अड्डे के लिए उड़ान भरी थी। हवाई अड्डा बहुत छोटा है और शहर के मध्य में है। हवाई अड्डा गांधी मैदान के इतना करीब है कि वहां बैठे लोग मोदी के जेट को नीचे उतरते हुए देख सकते थे। जेट को सेट ऑफ होते दूर से देखने के बाद बेताब भीड़ की फुसफुसाहट एक भयंकर गरजना में बदल गयी जो इतनी तेज़ थी की भाजपा के दुश्मन के दिल में डर भर दे। हवाई अड्डे पर उनकी पार्टी के सहयोगी राजीव प्रताप रूडी और शाहनवाज हुसैन ने मोदी की अगवानी की। दोनों पूर्व नागरिक उड्डयन मंत्री थे और उनके पास हवाई अड्डों के स्थायी प्रवेश पार-पत्र थे। स्थानीय विधायक नवीन नितिन उनके साथ थे। स्वागत खुशनुमा नहीं, तनावपूर्ण था। गांधी मैदान की भीड़ के उत्सव ने कुछ ही देर में एक अलग रूप ले लिया था। मिजाज कुछ उदास हो गया था। स्क्रिप्ट में थोड़ी गड़बड़ी हो गई थी। मोदी ने अपने मेजबानों की उदास आँखों को देखा, सुबह जब सर्दी दस्तक दे रही थी।

वह उस समय गुजरात के मुख्यमंत्री थे और उन्हें सबसे अधिक खतरा था, और राजनीतिक वर्ग के भीतर सबसे अधिक संरक्षित नेता थे। वह कांग्रेस से नई दिल्ली में सत्ता पर कब्जा करने के लिए अपने सात महीने के लंबे अभियान को शुरू करने के लिए गांधी मैदान में 'हुंकार' रैली के लिए आए थे। गोधरा में ट्रेन जलने के बाद गुजरात में हुए सांप्रदायिक दंगों में करोड़ों मुसलमान मारे गए। अयोध्या से लौट रहे चौसठ गुजराती ट्रेन में जलकर मर गए थे। मोदी पर आरोप लगाया गया था कि उन्होंने मुसलमानों के नरसंहार को रोकने के लिए पर्याप्त रूप से कार्रवाई नहीं की थी। उन पर मुसलमानों की निर्मम हत्याओं का 'मूक दर्शक' होने का आरोप लगाया गया था। यहां तक कि 'उत्तम निष्क्रियता' का ठप्पा भी लगाया गया। आतंकवादी समूहों ने अक्सर उनका नाम लिया और भारत में विभिन्न स्थानों पर बम विस्फोटों के लिए गोधरा के बाद के दंगों का उल्लेख किया। इसके बाद, मोदी देश के सबसे सुरक्षित राजनीतिक नेता बन गए।

उस दिन मोदी का सुरक्षा प्रोटोकॉल स्पष्ट रूप से भंग हो गया था। गांधी मैदान में और उसके आसपास बम विस्फोट हुए। उनमें से कुछ पटना रेलवे स्टेशन पर हुए। शहर में बम विस्फोट जिस प्रकार हुए उनमें एक डिज़ाइन था जिसमें प्रति वर्ग इंच मानव घनत्व बिना किसी समानांतर के है। बम कम तीव्रता के थे और लोगों को डराने और भगदड़ मचाने के लिए थे।

बड़ी योजना नई दिल्ली में सत्ता की सीट के लिए अपना अभियान शुरू करने से पहले ही मोदी की पटकथा को फाड़ देना था। जब मोदी पटना हवाई अड्डे पर उतरे, तब तक भाजपा नेताओं और पुलिस को पता चल गया था कि आतंकवाद ने गांधी मैदान को घेर लिया है। कि भाजपा के प्रधानमंत्री पद के उम्मीदवार को स्थानीय राज्य नेतृत्व द्वारा अनुमत आतंकवादियों द्वारा बिछाए गए जाल में फेंक दिया गया था। अगर मोदी जल्दबाजी में पीछे हट जाते तो देश भर में उनके कायर होने का संदेश फैल जाता। यदि लोग भगदड़ में मारे जाते, तो उनपर अपने अनुयायियों के जीवन के साथ खेलने के लिए क्रोध का सामना करना पड़ता। भले ही मोदी खुद सीधे तौर पर आतंकवादियों के निशाने पर न रहे हों, लेकिन बम विस्फोट की डिजाइन ने निश्चित रूप से तबाही मचाई है। उन्होंने कम पैमाने पर विस्फोटों के बाद भीड़ में दहशत फैलाकर भगदड़ मचाई। तदानुसार, मोदी को हवाई अड्डे पर विस्फोटों के बारे में जानकारी दी गई।

गुजरात के पुलिस प्रमुख और भाजपा नेताओं ने उन्हें वापस जाने की सलाह दी। जोखिम अधिक था। धैर्यपूर्वक सुनने के बाद, मोदी प्रक्षालन कक्ष चले गए। थोड़ी देर बाद वह बाहर आए और एक गिलास पानी माँगा। वे एक घूंट में पूरा पानी

पी गए, फिर उन्होंने रूडी की पीठ थपथपाई और उनसे उनका वाहन मांगा।'चलिए गांधी मैदान चलते हैं,' उन्होंने अपने मेजबानों से कहा। वह एक सफेद एम्बेसडर की सामने की सीट पर बैठ गए, जिसके बारे में कहा जाता है कि वह बुलेट प्रूफ भी नहीं थी। मोदी जब कार्यक्रम स्थल पर पहुंचे तब तक सात बम विस्फोट हो चुके थे। आयकर राउंड अबाउट से लेकर गांधी मैदान तक, मोदी की कार सड़क के दोनों ओर खड़े लोगों की भीड़ के बीच से गुजरी। सुरक्षा प्रोटोकॉल को किनारे कर दिया गया। वह एक आसान लक्ष्य हो सकते थे। वह उस राज्य में थे जिसके मुख्यमंत्री नीतीश कुमार उनके कट्टर राजनीतिक शत्रु थे।

नीतीश विस्मय में थे। उन्होंने घटनाओं के ऐसे मोड़ की आशंका नहीं जताई होगी। वह नियमित रूप से सुशील कुमार मोदी को, जो गांधी मैदान में भीड़ की कमान संभाल रहे थे, घटनाओं के बारे में जानकारी देते रहे। सुशील कुमार मोदी बिहार में बीजेपी का चेहरा हैं और दोनों दलों के अलग-अलग होने से पहले लगभग आठ साल तक नीतीश के साथ राज्य के उपमुख्यमंत्री थे। उन्होंने लोगों से कहा कि वे घबराएं नहीं। उन्होंने जोरदार धमाकों के लिए टायरों और पटाखों के फटने को जिम्मेदार ठहराया।

तात्कालिक मकसद ''हुंकार''रैली को बिगाड़ना था। बहादुरी एक नेता की अनिवार्य विशेषता है और उस दिन मोदी की बहादुरी का परीक्षण था। एक और मोदी - सुशील कुमार - का चेहरा दर्द और पीड़ा की कहानी कह रहा था। उनका चेहरा फीका पड़ गया था। उन्हें पता था कि क्या सब हुआ है। लेकिन उन्होंने अपनी भावनाओं को छुपाया और खुद को मजबूत बनाये रखा। उनकी शिद्दत से एक बड़ी मानवीय त्रासदी और लोगों की जान जाने से टल गई। उन्होंने सुनिश्चित किया कि लोग घबराएं नहीं। चारों ओर बमों के विस्फोट के साथ, गांधी मैदान को भारत के अगले प्रधान मंत्री के पद के लिए दो दावेदारों के लिए आगे के सफर पर फैसला देना था। डिजाइन से नहीं, बल्कि संयोग से, गांधी मैदान उनकी क्षमताओं का मध्यस्थ बन जाएगा। गांधी मैदान में उस दिन जो कुछ हुआ वह सात महीने बाद लोगों के मन में चुनावी विकल्प चुनने के लिए अधिक प्रभावकारी होगा। मोदी इस बात से अवगत थे कि बिहार 'हिंदुत्व' की राजनीति के लिए एक राज्य नहीं था। राज्य पिछड़ा हुआ था, और लोग हमेशा जातिगत आधार पर वोट देते हैं।

पटना में सूर्यास्त के समय तक, लोगों को सीरियल बम धमाकों की पूरी जानकारी थी। खुफिया एजेंसियों ने धमाकों के लिए भारतीय मुजाहिदीन को जिम्मेदार ठहराया। पड़ोसी झारखंड के रांची के एक लॉज में कुछ दिन बाद नौ जीवित बम मिले।

31
10 मई 2014

2014 के चुनावों में शानदार जीत से पहले नरेंद्र मोदी का एक पत्र

प्रिय दोस्तों, 2014 में लोकसभा चुनाव के लिए प्रचार अभियान का अंतिम दिन था। मैंने अपनी अंतिम रैली पूर्वी उत्तर प्रदेश के बलिया में की, जो 1857 की क्रांति के नेता मंगल पांडे की भूमि है। 13 सितंबर 2013 को मुझे भारतीय जनता पार्टी के प्रधान मंत्री उम्मीदवार होने की जिम्मेदारी सौंपे जाने के बाद, मैंने पूरे भारत का दौरा किया।मेरी पार्टी के दोस्तों ने मुझे सूचित किया कि मैंने रैलियों, 3-डी मीटिंगों और चाय पे चर्चा और सभी तरह के लगभग 5800 कार्यक्रम आयोजित किए और इसी तरह, मैंने 73 लाख किलोमीटर की यात्रा की, और कुल 440 कार्यक्रमों और रैलियों को संबोधित किया। इस संख्या में भारत विजय रैलियां भी शामिल हैं, जिन्हें 26 मार्च 2014 से मां वैष्णो देवी के आशीर्वाद से शुरू किया गया था। एक बार फिर से मुझे भारत की विविधता, लोगों के जोश और हमारी संस्कृति के गौरव को देखने का सुखद अवसर मिला। मैंने पहले भी संगठन के लिए काम करते हुए देश का दौरा किया है, लेकिन इस बार का अनुभव अनूठा और अलग था। मुझे लोगों का आशीर्वाद पाने का ऐसा मौका मिला जैसा पहले कभी नहीं मिला। आम तौर पर, इस तरह के लंबे समय तक चलने वाले अभियान को बहुत थका देने वाला माना जाता है, लेकिन मैं संतुष्टि और आनंद महसूस कर सकता हूं, यह एक ऐसा अनुभव है जो एक साधक को लंबी तपस्या के बाद मिलता है। इस अभियान ने मुझे अपने पूरे देश में लोगों का आशीर्वाद प्राप्त करने का अवसर

दिया। जब मैं पूरे अभियान को देखता हूं, तो मेरे मन में उठने वाले तीन शब्द हैं - विस्तृत, अभिनव, संतोषजनक। अपने चुनाव अभियान के दौरान, हमने भारत के हर नुक्कड़ तक सुशासन और विकास के एजेंडे को पहुंचाने की कोशिश की है। लोग अपनी असफलताओं को छिपाने के लिए झूठे वादे, भ्रष्टाचार और बार-बार दोहराए जाने वाले वंशवादी बयानों को सुनकर थक चुके हैं। वे बेहतर भविष्य की कामना करते हैं, और एनडीए एकमात्र गठबंधन है जो इस परिवर्तन को ला सकता है। कार्यकर्ताओं की प्रेरणा और अथक परिश्रम को देखकर झे सबसे ज्यादा खुशी हुई। टेलीविज़न या सोशल मीडिया पर रैली देखना एक बात है, जमीनी स्तर पर काम करना बिल्कुल अलग अनुभव है। हम इस चुनाव अभियान को जीत या हार के सीमित दृष्टिकोण के साथ नहीं देखते हैं। एक चुनाव अभियान कार्यकर्ता के जीवन का एक यादगार अनुभव होता है। यह एक संगठन को मजबूत और विस्तारित करने का एक अवसर है, यह लोगों और संगठन के संबंधों के बीच में विश्वास और मजबूती का संचार करने का अवसर है। कार्यकर्ताओं ने घर-घर जाकर पार्टी का संदेश लोगों तक पहुंचाया ; हमें उन पर गर्व महसूस होता है । हमारा अभियान उस कड़ी मेहनत की कहानी है जो हर उस कार्यकर्ता ने की है, जिसने एक बेहतर भारत के निर्माण के लिए निस्वार्थ भाव से योगदान दिया है। पूरे अभियान के दौरान, हमें पार्टी के वरिष्ठ नेतृत्व से निरंतर सहयोग और मार्गदर्शन मिला; यह हमें असीम शक्ति और प्रेरणा देता रहा, और कार्यकर्ताओं को पर्याप्त रूप से प्रेरित किया गया। यह अभियान नवोन्मेषी प्रयोगों के लिए हमेशा याद किया जाएगा। राजनीति में, आम तौर पर एकतरफा संदेश होते हैं; लेकिन हमने प्रथा से हट कर चाय पे चर्चा कार्यक्रम किए, जो आत्मा से नवोन्मेष थे । देश में 4000 से अधिक स्थानों पर चाय पे चर्चा कार्यक्रम हुआ। मैं इस कार्यक्रम में एक साथ घंटों तक बैठा रहा, लोगों के विचार सुने और विभिन्न मामलों पर उनका जवाब दिया। मुझे याद है कि ऐसी ही एक चर्चा वर्धा (महाराष्ट्र) में हुई थी जहाँ मैं उन किसानों के परिवारों से मिला था जिन्होंने आत्महत्या कर अपना जीवन समाप्त कर लिया था। वह अत्यंत दुख का अवसर था। हमारे किसान आजादी के इतने साल बाद भी असहाय हैं और अपनी जान गंवाने को मजबूर हैं; जबकि सरकार मूकदर्शक बनी हुई है। हम इसे कब तक जारी रहने दे सकते हैं? फिर भी एक और नवोन्मेष प्रयोग भारत विजय 3-डी रैलियां थीं। एक महीने में, मैंने 12 राउंड में 1350 स्थानों पर 3-डी रैलियों को संबोधित किया। मैं इन 3-डी रैलियों के प्रति लोगों का उत्साह देख सकता था। कई युवाओं ने सोशल मीडिया और ई-मेल के माध्यम से अपने गांवों का दौरा करने के लिए मुझे धन्यवाद दिया। लोगों ने हमारे कार्यकर्ताओं से कहा कि वे मंच पर

मोदीजी से मिलना चाहते हैं। भारत में पहली बार चुनावी इतिहास में, एक विशेष वालंटियर पोर्टल भारत 272+ लॉन्च किया गया था। लाखों कार्यकर्ता इससे जुड़े और ऑनलाइन और जमीनी स्तर पर बहुत योगदान दिया। उनके विचारों और योगदान से मुझे बहुत फायदा हुआ। अभियान में क्रांति लाने और शुभचिंतकों के परामर्श में प्रतिमान बदलाव और वालंटियर्स के योगदान को निर्देशित करने के लिए अनंत अवसर मौजूद हैं। अभियान में सोशल मीडिया का उपयोग ऐसे हुआ जैसा पहले कभी नहीं किया गया था। कई लोगों ने मुझे व्हाट्सएप पर कई रचनात्मक संदेश, नारे और इन्फोग्राफिक्स दिखाए, जो काफी लोकप्रिय थे। मैंने अपना वोट डालने के बाद अपनी सेल्फी ली और आपसे अपनी भी सेल्फी भेजने का अनुरोध किया। मैंने प्रिंट और इलेक्ट्रॉनिक मीडिया में अपने दोस्तों से बात की। मुझसे हिंदी, क्षेत्रीय और अंग्रेजी मीडिया द्वारा साक्षात्कार लिया गया था। पिछले आठ महीनों के दौरान मुझे जो स्नेह मिला है वह बस अविस्मरणीय है।

26 अक्टूबर 2013 को पटना की रैली में हुई घटना मेरी स्मृति में अंकित रहेगी। वहां कई बम विस्फोट हुए, लेकिन लोगों का दृढ़ संकल्प उन विस्फोटों के ऊपर अधिक मजबूत साबित हुआ। कोई आदमी वहां से नहीं गया; मैंने उस दिन एक स्पष्ट संदेश दिया था जिसे मैंने अभियान के दौरान दोहराया है - हम एक निर्णय ले सकते हैं कि क्या हमें एक दूसरे से लड़ते रहना चाहिए, या हमें एक साथ गरीबी से लड़ना चाहिए। पहला विकल्प हमें कहीं नहीं ले जाएगा, जबकि दूसरा हमारे देश को बेहतरीन उपलब्धियों के शिखर पर ले जाएगा।

मैं अपने देशवासियों को धन्यवाद देना चाहता हूं, जिन्होंने हमारी रैलियों, 3-डी कार्यक्रमों और चर्चाओं में भाग लिया। हमारे साथ सभी आयु वर्ग, जाति और धर्म के लोगों ने भाग लिया। मैंने अक्सर कहा कि यह नरेंद्र मोदी या कोई एक व्यक्ति नहीं है जो चुनाव लड़ रहा है। भारत के लोगों ने इन चुनावों की ज़िम्मेदारी को अपने कंधों पर उठाया है , और भारत का प्रत्येक नागरिक परिवर्तन का संवाहक बन गया है।

मैंने कई जगहों पर रैलियां कीं, जहां मौसम बहुत गर्म था, फिर भी उनमें बड़ी संख्या में लोग मौजूद थे। कुछ दिनों पहले, मैं विशाखापट्टनम में था, जब अचानक बारिश होने लगी, लेकिन लोग जहां थे वहीं खड़े रहे। मेरे पास उन्हें धन्यवाद देने के लिए कोई शब्द नहीं है। मैं भारत के लोगों को आश्वस्त करना चाहता हूं कि मैं अभूतपूर्व विकास के रूप में उनका आभार व्यक्त करूंगा, जो एक मजबूत भारत की आधारशिला बनेगा।

अभियान आज समाप्त हो गया है, लेकिन मतदान का एक अंतिम चरण शेष है। मैं सभी लोगों, खासकर युवाओं से अपील करता हूं कि वे जाकर मतदान करें और नया रिकॉर्ड बनाएं। जिन्हें अंतिम चरण में मतदान करना है, वे सभी जाएं; कृपया अपने परिवार के सभी सदस्यों और दोस्तों को वोट करने के लिए प्रेरित करें; हर वोट देश के लिए मायने रखता है। अपने भारत दौरे के दौरान, मैंने प्रत्यक्ष रूप से अनुभव किया है कि हमारा देश अद्वितीय है, इसकी एक विशिष्ट जिम्मेदारी है। इतिहास में कई उदाहरण हैं कि कैसे हमारे देश ने समय-समय पर दुनिया का मार्गदर्शन किया है; और आज, यह एक बार फिर से आवश्यक है कि भारत विश्व के जगद्गुरु, आध्यात्मिक नेता, की भूमिका निभाए। आइए, हम सब मिलकर एक मजबूत और विकसित देश का निर्माण करें जो दुनिया का मार्गदर्शन करेगा।

आपका

नरेंद्र मोदी

32

भारत ने स्थिर सरकार का चुनाव किया

16 मई, 2014

वर्ष 2014 भारतीय राजनीति के लिए महत्वपूर्ण रहा है। इसने दुनिया के इतिहास में पहली बार मतदाताओं की अधिकतम संख्या को अपना मतदान (814.5 करोड़) करते देखा। चुनाव में केंद्र में एक-दल के बहुमत की वापसी देखी गई, कुछ ऐसा जो भारत ने तीन दशकों तक नहीं देखा और इसने एक राजनेता को देखा, जिसका कोई राजनीतिक उपनाम नहीं था, जिसने एक समय चाय भी बेची है, वो आज दुनिया के सबसे बड़े लोकतांत्रिक देश का प्रधानमंत्री बन गया।

इस चुनाव में भारत सही मायने में 2014 में आया है। यह भारत है जिसने इस बार मतदान किया है। यह भारत है जिसने खुद को एक मजबूत नेतृत्व और एक स्थिर सरकार दी है। यह भारत ही है जिसकी राजनीति में विभाजनकारी और विखण्डनशील ताकतों ने राष्ट्र को एकजुट और एकीकृत नहीं होने दिया। उन्होंने भारत का एक विभाजित दृष्टिकोण दिया - समुदायों (बहुसंख्यक या अल्पसंख्यक) या जाति में विभाजित। उन्हें "फूट डालो और राज करो" की ब्रिटिश नीति को सिद्ध करने के लिए जाना जाता है। भारत ने सभी जातियों, समुदायों, लिंग, क्षेत्र, भाषा या इस तरह के किसी भी विचार से ऊपर उठकर दशकों बाद राष्ट्रीय सरकार को चुना है। और यह एक बहुत बड़ी उपलब्धि है।

यह राष्ट्र-विरोधी, जन-विरोधी ताकतों की करारी हार है। यह भारत की जीत है। यह भारत है। यह ज्ञान समाज का भारत है। यह एकीकृत और संगठित देश है। यह लोगों की बदसूरत वोट बैंक की गला घोंटने वाली राजनीति की पकड़ से

आज़ादी है, जिसने उन्हें राजनीतिक ठेकेदारों और व्यापारियों के अधीन रखा है, जिन्होंने उन्हें इन सभी वर्षों में देश में नागरिकों के बीच तनाव उत्पन्न करने के लिए चारे के रूप में इस्तेमाल किया। उनके भरोसे को कायम रखना है और भारत जैसे महान राष्ट्र का उदाहरण बनाना है।

नरेंद्र मोदी के कंधों पर एक बड़ी जिम्मेदारी आ गई है। उनके पास केवल 60 महीने हैं, लेकिन उन्हें शुरुआत के कुछ हफ्तों में परिणाम दिखाना होगा। यह संभव है, अगर वह कानून के शासन में सार्वजनिक विश्वास को पुनः स्थापित कर सकें तो, जो पिछले दस वर्षों में भ्रष्ट यूपीए- I और II के हाथों हज़ारो कष्ट झेले हैं। एक बार जब प्रशासन कानून के अनुसार चलना शुरू कर दे और काम करता हुआ दिखाई देता है, तो अन्य चीजें जल्द ही लाइन में आ जाएंगी। ईमानदार लोक सेवकों के समृद्ध भंडार को जिम्मेदारी दी जानी चाहिए।

मनमोहन सिंह सरकार ने प्रशासन को जाने-माने भ्रष्ट अध्येताओं को सौंप दिया था जो कानून के अधिकारियों के बजाय अतिरिक्त संवैधानिक अधिकारियों के प्रति वफादार थे। भाजपा के वरिष्ठ नेताओं को यह समझना करना चाहिए कि भारत ने इस बार अमेरिकी राष्ट्रपति की तरह भारत के प्रधान मंत्री का एक अनोखा प्रत्यक्ष चुनाव किया है और भारत के लोगों की इस जीत को सफल बनाने में अपनी कृपा दिखाना चाहिए। नेता या उनकी सरकार को नुकसान पहुंचाने का कोई भी प्रयास उग्र सार्वजनिक रोष को आमंत्रित करेगा। लोग आज उनकी बातों के कारण उन्हें देख रहे हैं।

नरेंद्र मोदी की जरा सी भी फीकी प्रशंसा, भारत के लोगों की धूर्त प्रशंसा, नागरिक कटाक्ष और उपहास के समान होगी, साथ ही दूसरों को भी ऐसा करना सिखाएगी। बड़ी उम्मीद की इस घड़ी में उन्होंने देश को निराश किया है। राष्ट्र प्रधानमंत्री नरेंद्र मोदी पर, पिछले 10 वर्षों में दुष्ट राजनेताओं द्वारा किए जा रहे उत्पीड़न और दुख से मुक्ति के लिए आस लगा रहा है। यह इस महान राष्ट्र का एक स्थायी अपमान है कि यूपीए सरकार के भ्रष्टाचार ने आम खाद्य नमक की कीमतों को 24 रुपये प्रति किलोग्राम तक बढ़ाकर गरीबों के सबसे साधारण भोजन को भी एक विलासिता बना दिया है। सूखी रोटी और नमक से गरीब कैसे गुजारा करते हैं, यह आप पहले से जानते हैं। नमक भारत के राष्ट्रीय आंदोलन का सबसे शक्तिशाली प्रतीक है। मोदी को आम आदमी के इस खून चूसे जाने को बदलना होगा।

दलगत राजनीति की क्षुद्र सीमाओं से परे, भारत के प्रधान मंत्री के रूप में नरेंद्र मोदी के उदय ने पिछले 67 वर्षों से चल रहे भारत के लोकतांत्रिक संघर्ष को साबित

किया है।

महाराष्ट्र और हरियाणा में आम चुनाव के बाद होने वाले विधानसभा चुनावों में भी, भाजपा ने सत्ता हथिया ली, जनता के बीच मोदी के निरंतर आकर्षण के कारण। मोदी बने भारत के 15 वें प्रधानमंत्री: 7 अप्रैल से 12 मई के बीच हुए नौ चरण के राष्ट्रीय चुनाव के नतीजे 16 मई को घोषित किए गए। यह भाजपा के लिए एक शानदार जीत थी जिसने अकेले 282 सीटों पर कब्जा किया और एनडीए ने 543 सीटों की लोकसभा में 336 सीटों के साथ जीत हासिल की। दूसरी सबसे अच्छी पार्टी कांग्रेस थी, जिसकी संख्या तुच्छ 44 थी। उत्तर प्रदेश में, जिसे राजनीतिक रूप से सबसे महत्वपूर्ण राज्य माना जाता है, भाजपा ने 80 में से 71 सीटें जीतीं, जो फिर से अपने आप में एक रिकॉर्ड है। समाजवादी पार्टी (5 सीटें), राष्ट्रीय जनता दल (4 सीटें), जेडी (यू) (2 सीटें) और बहुजन समाज पार्टी, द्रविड़ मुनेत्र कड़गम और जम्मू-कश्मीर पीपल्स कांफ्रेंस पार्टी (कोई सीट नहीं) जैसे क्षेत्रीय दलों को परिधि तक ढकेल दिया गया जो राजनीति के गठबंधन पैटर्न के साथ राष्ट्रीय मतदाताओं के असंतोष को दर्शाता है। मोदी खुद दो सीटों (वाराणसी और वडोदरा) से जीते और उन्होंने पहली सीट चुनी। वह दोनों सीटों पर बड़े पैमाने से जीते थे।

26 मई

मोदी ने भारत के प्रधान मंत्री के रूप में शपथ ली: मोदी ने गुजरात के मुख्यमंत्री पद से इस्तीफा दिया, राष्ट्रपति भवन में आयोजित एक भव्य समारोह में उन्होंने अपने मंत्रियों के साथ शपथ ली। यह अवसर इस लिए महत्वपूर्ण था, क्यूंकि विभिन्न क्षेत्रों के प्रतिष्ठित लोगों के अलावा, यह अवसर इसके लिए महत्वपूर्ण था, विभिन्न क्षेत्रों के प्रतिष्ठित लोगों के अलावा, दक्षिण एशियाई राज्यों में से प्रत्येक के राष्ट्राध्यक्ष या प्रतिनिधि इसमें शामिल थे। यहां तक कि पाकिस्तान के प्रधानमंत्री नवाज शरीफ भी मौजूद थे, जिससे यह पता चलता है की पहले दिन से मोदी विदेश नीति में कितना महत्व रखते थे।

33

प्रधानमंत्री के रूप में मोदी

हालाँकि, गुजरात भारत के 29 राज्यों में से एक है, और इस प्रकार भारत को चलाने का मतलब उस छोटे राज्य को चलाने जैसा नहीं है, जिसके मुख्यमंत्री वे लगभग बारह वर्षों तक रहे, मोदी की कार्यशैली उनके पश्चिमी तट राज्य को चलाने के तरीके से स्पष्ट है। मुख्यमंत्री के रूप में, मोदी निर्णायक थे, लेकिन उन्होंने सभी शक्तियों को केंद्रीकृत भी किया। कैबिनेट की बैठकें महज औपचारिकताएं थीं जो अक्सर ज़्यादा से ज़्यादा दस मिनट तक चलती थीं, हालांकि बैठकों के आधिकारिक रूप से समाप्त होने के बाद मोदी लंबे समय तक मंत्रियों के साथ अनौपचारिक बातचीत करते थे। 'मोदी ने लोक सेवकों के साथ परामर्श से या अपने स्वयं से महत्वपूर्ण निर्णय लिए। उन्होंने मंत्रियों के साथ बहुत कम चर्चा की। मोदी ने उद्योग पर एक बैठक की जहाँ उन्होंने विभाग से जुड़े सभी सचिवों को बुलाया लेकिन मंत्री को नहीं! दिल्ली में यह संभव नहीं हो सकता है क्योंकि जिन विषयों पर चर्चा की जानी है वे अधिक विविध हैं - और शायद ऐसे कई मामले होंगे जिनके बारे में मोदी - कम से कम शुरुआत में - कम जानकारी रखते होंगे'। इसके अलावा, एनडीए के सहयोगियों का प्रतिनिधित्व करने वाले मंत्रियों के साथ, मोदी को उनसे निपटने में अधिक चौकस रहना होगा - भले ही भाजपा के पास बहुमत हो। यह तब स्पष्ट हुआ जब शिवसेना के प्रतिनिधि अनंत गीते ने दो दिनों तक अपने मंत्रालय का कार्यभार नहीं संभाला उन्हें आवंटित किए गए पोर्टफोलियो से नाखुशी जाहिर करने के लिए। साथ ही, सुषमा स्वराज, वेंकैया नायडू और यहां तक कि राजनाथ सिंह जैसे भाजपा के मंत्रियों को भी इस तरह नहीं टरकाया जा सकता।

अरुण जेटली लंबे समय से मोदी के सहयोगी और भरोसेमंद रहे हैं, और हालांकि वे हाल ही में हुए लोकसभा चुनावों में हार गए , लेकिन उन्हें नजरअंदाज नहीं किया जा सकता है। वास्तव में जेटली मोदी के लिए लुटियन की दिल्ली के भंवरजाल पर बातचीत करने में एक महत्वपूर्ण मार्गदर्शक होंगे। मोदी ने पहले ही एक सुगठित कैबिनेट और मंत्रिपरिषद की शपथ लेकर अपने इरादे का संकेत दे दिया है। उनके सलाहकारों पर अधिक निर्भर रहने की संभावना है जो विषयों के तकनीकी विशेषज्ञ न कि राजनीतिक पदाधिकारी पर।

❧

15 अगस्त 2014 को, स्वतंत्रता दिवस पर राष्ट्र को संबोधित करते हुए, नई दिल्ली के लाल किले में एक मंच से,"यह भारतीय लोकतंत्र के लिए एक सम्मान की बात है कि एक गरीब परिवार, एक साधारण परिवार का एक व्यक्ति, आज लाल किले से राष्ट्र को संबोधित कर रहा है।" - नरेंद्र मोदी ने घोषणा की, "मैं आपसे वादा करता हूं। यदि आप 12 घंटे काम करते हैं, तो मैं 13 घंटे काम करूंगा। यदि आप 14 घंटे काम करते हैं, तो मैं 15 घंटे काम करूंगा। क्यों? मैं आपके बीच एक प्रधानमंत्री के रूप में नहीं, बल्कि एक प्रधान सेवक के रूप में उपस्थित हूँ। -नरेंद्र मोदी

34

पीएम के रूप में नरेंद्र मोदी के साथ भारत का विकास चार्ट

मोदी ने पड़ोसी देशों के साथ मैत्रीपूर्ण संबंधों को विकसित करने के लिए क्षेत्रीय प्रभाव पर जोर देने के लिए मोदी ने भूटान का दौरा किया। मोदी ने देश के प्रधान मंत्री के रूप में पद संभालने के बाद 15 जून को भूटान की अपनी पहली विदेश यात्रा की। वेब पर एक शौकीन पाठक और सामाजिक सलाहकार, उन्होंने भारत लौटने पर ट्वीट किया कि: -

महामहिम भूटान नरेश द्वारा आयोजित मध्याह्न भोज के दौरान प्राथमिक विद्यालय के छात्रों द्वारा गाए गए स्वागत गीत ने उन्हें भावविभोर कर दिया। पारंपरिक लाल और हरे रंग की पोशाक पहने सैकड़ों स्कूली बच्चों ने हवाई अड्डे से भारतीय ध्वज को लहराते हुए मार्ग को पंक्तिबद्ध किया जैसे ही उनका काफिला राज्य में आया जो सदियों से बाहरी लोगों के लिए बंद था।

धुंध से ढके पहाड़ों में बसी भूटान की राजधानी थिम्पू में उनका अनुष्ठानिक स्वागत किया गया। भूटान के राजा जिग्मे केसर वांगचुक और प्रधान मंत्री त्शेरिंग तोबगे के साथ उनकी बातचीत ने दोनों देशों के बीच के संबंध को मजबूत किया। भूटान का हिमालयी साम्राज्य 1.5 बिलियन से अधिक लोगों का घर है, लेकिन तीखी प्रतिद्वंद्विता के कारण पीछे रह गया है। 2008 में पूर्ण राजतंत्र से संसदीय लोकतंत्र में परिवर्तन करने वाला यह देश उच्च बेरोजगारी और बढ़ते राष्ट्रीय ऋण से जूझ रहा है। भारत और तिब्बत के बीच रणनीतिक रूप से स्थापित, भूटान

1951 से चीन द्वारा तिब्बत पर नियंत्रण करने के बाद से अलग-थलग रहा है, जिसकी सीमा भूटान से लगती है। दोनों देशों की राजधानियों बीजिंग और थिम्पू के बीच सीमा विवाद के बाद संबंध पारंपरिक रूप से तनावपूर्ण रहे।

हालांकि, 2012 में एक आश्चर्यजनक कदम में, तत्कालीन चीनी प्रधान मंत्री वेन जियाबाओ और उनके भूटानी समकक्ष, जिग्मी वाई थिनले ने रियो डी जनेरियो में सतत विकास पर संयुक्त राष्ट्र सम्मेलन के मौके पर मुलाकात की। बैठक के दौरान, दोनों नेताओं ने राजनयिक संबंध स्थापित करने की इच्छा व्यक्त की और सीमा विवाद को सुलझाने के प्रयासों में तेजी लाने और द्विपक्षीय संबंधों को बढ़ाने के उपायों पर चर्चा की। लेकिन भारत के साथ अपने संबंधों में कोई गलतफहमी पैदा करने से बचने के लिए स्पष्ट रूप से भूटान ने इस कदम को आगे नहीं बढ़ाया। दूसरी ओर, चीन श्रीलंका, बांग्लादेश और उसके "लंगोटिया यार", पाकिस्तान में बंदरगाह बना रहा था।

इसने 2014 के पहले छह महीनों में भारत को नेपाल के सबसे बड़े विदेशी निवेशक के रूप में पछाड़ दिया। अपनी पहली विदेश यात्रा के दौरान, मोदी ने भूटान को भारत के समर्थन का आश्वासन दिया। यह उनकी कोशिश थी कि दक्षिण एशिया में भारत का प्रभाव बढ़े, जहाँ चीन लगातार बढ़त बना रहा है। उन्होंने भारतीय सहायता से निर्मित सर्वोच्च न्यायालय भवन खोला। उन्होंने भूटान और भारत में बिजली की मांग को पूरा करने के लिए एक 600 मेगावाट के पनबिजली स्टेशन की नींव भी रखी एक ऊर्जा सहयोग योजना के तहत। कुल मिलाकर, उनका लक्ष्य भारत को पूरे दक्षिण एशिया में प्रमुख विदेशी निवेशक के साथ-साथ बुनियादी ढांचा ऋण का मुख्य प्रदाता बनाना है, ठीक उसी तरह जैसे चीन ने एशिया और अफ्रीका के बाकी हिस्सों में किया है।

अपने देश को एक आर्थिक और सैन्य शक्ति बनाने के वादे पर, भूटान को अपना पहला गंतव्य बनाने का उनका निर्णय अपरंपरागत नीति विकल्पों की एक श्रृंखला में नवीनतम था। उन्होंने पहले प्रधानमंत्री के रूप में अपने शपथ ग्रहण समारोह में दक्षिण एशियाई नेताओं को आमंत्रित किया था और क्षेत्र में प्रमुख शक्ति के रूप में भारत को फिर से स्थापित करने के लिए पाकिस्तान के प्रधानमंत्री नवाज शरीफ के साथ दोस्ताना पत्रों का आदान-प्रदान किया था। "मोदी की भूटान यात्रा, भारत की आर्थिक गतिशीलता और रणनीतिक ताकत के क्षेत्र के महत्वपूर्ण महत्व की एक अद्भुत भावना को दिखाती है", न्यूयॉर्क स्थित काउंसिल ऑन फॉरेन रिलेशंस में दक्षिण एशिया विशेषज्ञ एलिसा आयर्स ने कहा।

नेपाल की ऐतिहासिक यात्रा

नरेंद्र मोदी 17 साल में नेपाल की यात्रा करने वाले पहले भारतीय प्रधानमंत्री बने। अपनी यात्रा के दौरान उन्होंने राष्ट्रपति राम बरन यादव और प्रधानमंत्री सुशील कोइराला सहित नेपाली नेतृत्व को संविधान लेखन के महत्व पर ज़ोर दिया। दोनों देशों के बीच द्विपक्षीय संबंधों को बढ़ाने के लिए, उन्होंने 4 सी का सूत्र दिया - सहयोग, संपर्क, संस्कृति और संघटन। साथ ही उन्होंने नेपाल को आश्वासन दिया कि भारत उसके आंतरिक मामलों में हस्तक्षेप नहीं करना चाहता है। कुछ भी निर्देशित नहीं करते हुए, उन्होंने हिमालयी देश को एक स्थिर और समृद्ध लोकतांत्रिक गणराज्य के निर्माण के अपने प्रयास में अपना रास्ता चुनने के लिए कहा।

"नेपाल वास्तव में एक संप्रभु राष्ट्र है। हमने हमेशा यह माना है कि आप जो करते हैं, उसमें हस्तक्षेप करना हमारा काम नहीं है, लेकिन आप जिस रास्ते पर जाने का फैसला करते हैं, उसमें आपका समर्थन करना है"। उन्होंने नेपाल की संविधानकारी सभा को संबोधित करते हुए कहा। उन्होंने नेपाल को 1 बिलियन डॉलर की लाइन ऑफ क्रेडिट (एलओसी) की घोषणा की। उनकी यात्रा के दौरान यह तय किया गया था कि पंचेश्वर विकास प्राधिकरण की स्थापना की जाएगी और एक वर्ष के भीतर एक विस्तृत परियोजना रिपोर्ट को अंतिम रूप दिया जाएगा। दोनों पक्षों ने 45 दिनों के भीतर वाणिज्य और बिजली क्षेत्र के लिए एक पावर ट्रेड एग्रीमेंट (पीटीए) - एक रूपरेखा संधि के समापन पर सहमति व्यक्त की। दोनों प्रधानमंत्रियों ने संबंधित अधिकारियों को ऊपरी कर्णाली जलविद्युत परियोजना के विकास के लिए नेपालके निवेश बोर्ड और भारत के जीएमआर समूह के बीच परियोजना विकास समझौते (पीडीए) पर 45 दिनों के भीतर वार्ता समाप्त करने का निर्देश दिया।

☙

विनिर्माण टाइकून चीन ने मोदी को आमंत्रित किया

चीनी राष्ट्रपति श्री शी जिनपिंग की ओर से 15 जुलाई को मोदी को एक प्रस्ताव भेजा गया था जिसमें कहा गया था कि वह अपनी सितंबर की भारत यात्रा की

प्रतीक्षा कर रहे हैं और 2014 में श्री मोदी को चीन आने का भी आमंत्रण दिया। उन्होंने सीमा विवाद के लिए जल्द से जल्द एक 'बातचीत समाधान' का प्रस्ताव रखा, क्योंकि दोनों नेताओं ने ब्राजील में अपनी पहली बैठक की थी। स्वामी विवेकानंद के कट्टर अनुयायी और 'वसुधैव कुटुम्बकम' सिद्धांत में विश्वास रखने के नाते, मोदी हमेशा मैत्रीपूर्ण बातचीत के माध्यम से सीमा मुद्दों को शांतिपूर्वक सुलझाने के लिए तैयार रहते हैं।

भारत और चीन की सभ्यतागत विरासत साझा है, और बौद्ध धर्म के माध्यम से संबंध हैं और दोनों देश आतंकवाद से लड़ने की अपनी साझा चुनौती से निपटने के लिए एक साथ और अधिक कर सकते हैं। दोनों देशों ने हाल ही में चीन-समर्पित औद्योगिक पार्कों की स्थापना पर पहली बार समझौता ज्ञापन पर हस्ताक्षर किए, क्योंकि वाणिज्य मंत्री निर्मला सीतारमण ने जून में उपराष्ट्रपति की चीन यात्रा के दौरान बीजिंग में अपने समकक्ष गाओ हुचेंग के साथ बातचीत की थी। मोदी ने कहा कि मुद्दे के समाधान के लिए सीमा पर शांति और प्रशान्ति बनाए रखना आवश्यक है।

☙

तीन सुपर पॉवरों को निशाना बनाना

नेपाल और भूटान के बाद 'मेक इन इंडिया 'रणनीति के माध्यम से जापान, चीन और अमेरिका को निवेश के लिए आमंत्रित करने की मोदी की योजना थी और इसके साथ ही शक्तिशाली-तिकड़ी को एक दूसरे के साथ प्रतिस्पर्धा करने देने की। उनके 'मेक इन इंडिया'अभियान ने चीन में एक बड़ी धूम मचाई क्योंकि बड़ी संख्या में निवेशकों ने भारतीय मिशन द्वारा आयोजित विशेष निवेश प्रोत्साहन कार्यक्रमों में भाग लिया, जो देश की तेजी से बदलती निवेश उदारीकरण प्रक्रिया को उजागर कर रहे थे। मोदी ने स्पष्ट रूप से दिखाया कि उनकी सरकार आर्थिक विकास के लिए अधिक प्रतिबद्ध थी और भारत को चीन की आर्थिक सफलता से सीखने की उम्मीद थी। जब चीनी राष्ट्रपति शी जिनपिंग अपनी पत्नी और अन्य मंत्रियों के साथ भारत आए, तो तो गुजरात के अहमदाबाद हवाई अड्डे पर उनका रेड कार्पेट पर स्वागत किया गया। ऐसा पहली बार हुआ था, चूंकि पहले हर प्रतिनिधि का स्वागत दिल्ली में किया गया था।

मोदी आधुनिक भारत को चीनी राष्ट्रपति के सामने पेश करना चाहते थे। मोदी जैसे व्यक्ति की प्राथमिकताएं और क्या हो सकती हैं जिन्होंने अपना जीवन तीर्थ के रूप में बना लिया था और चुनौतीपूर्ण मानसरोवर यात्रा की थी- उन्होंने तिब्बत में कैलाश मानसरोवर यात्रा के लिए एक अतिरिक्त मार्ग स्थापित करने का सुझाव दिया, जिस पर राष्ट्रपति शी ने आश्वासन दिया।

राष्ट्रपति और उनकी पत्नी पेंग लियुआन का दिल्ली के राष्ट्रपति भवन में समारोहपूर्ण स्वागत किया गया। चीनी राष्ट्रपति को एक नेहरू-मोदी (खादी) जैकेट दिया गया, साबरमती नदी ताटाग्र की सैर, स्थानीय नर्तकियों द्वारा एक सांस्कृतिक कार्यक्रम, महात्मा गांधी के चरखे पर एक या दो पाठ और 125 गुजराती व्यंजनों का नमूना दिया गया। चीनी राष्ट्रपति ने कहा कि वह चाहते हैं कि दोनों देश अधिक संतुलित और टिकाऊ व्यापार को सक्षम करने के लिए रेलवे निर्माण जैसे बुनियादी ढांचे में अनुकरणीय परियोजनाओं का एक खेप शुरू करें। चीन के पक्ष में बढ़ते व्यापार घाटे का मुद्दा जो पिछले साल 29 अरब डॉलर तक पहुंच गया था, मोदी द्वारा उठाया गया था। समाचार एजेंसी सिन्हुआ के एक अधिकारी ने कहा कि एक संस्थापक सदस्य के रूप में एक नए एशियाई अवसंरचना निवेश बैंक की स्थापना की पहल में शामिल होने के लिए श्री शी ने भारत का स्वागत किया। भारत और चीन के बीच विवाद को सुलझाने के लिए शी द्वारा जल्द से जल्द एक निष्पक्ष, उचित और पारस्परिक रूप से स्वीकार्य समाधान की मांग की गई थी।

जापान की यात्रा

जापानी प्रधानमंत्री शिंजो आबे सामान्य प्रोटोकॉल से अलग हट कर क्योटो में मोदी की अगवानी करने गए थे, जब वे 30 अगस्त को अपने 5 दिवसीय दौरे के पहले चरण में वहाँ गए थे। एक समझौते पर हस्ताक्षर किए गए जिसके तहत मोदी के लोकसभा क्षेत्र वाराणसी को जापान की मदद से क्योटो 'स्मार्ट सिटी' की तर्ज पर विकसित किया जाएगा। भारत-जापान सहयोग के एक उदाहरण के रूप में, टोक्यो बुलेट ट्रेनों को शुरू करने के लिए वित्तीय, तकनीकी और परिचालन सहायता प्रदान करने में भारत की मदद करेगा, एक परियोजना जिसे मोदी सक्रिय रूप से आगे बढ़ा रहे हैं। मोदी ने कहा, "यह केवल संबंधों को एक श्रेणी से दूसरी

श्रेणी में नहीं बढ़ा रहा है ... हमारे संबंध न केवल अपने ढांचे में क्षेत्रीय हैं, बल्कि इसका वैश्विक प्रभाव भी होगा।" मोदी की जापान यात्रा के बाद, देश ने विकास परियोजनाओं के लिए अगले पांच वर्षों में भारत में अपने निजी और सार्वजनिक निवेश को दोगुना करके लगभग 34 अरब डॉलर करने की घोषणा की। दोनों देशों ने एक विशेष रणनीतिक वैश्विक साझेदारी के लिए अपने संबंधों को अच्छा करने का फैसला किया, लेकिन असैन्य परमाणु समझौता करने में विफल रहे। जापानी समकक्ष शिंजो आबे के साथ अपनी यात्रा के तीसरे दिन शिखर सम्मेलन में अपनी वार्ता के दौरान, दोनों नेताओं ने अपनी रणनीतिक साझेदारी में द्विपक्षीय रक्षा संबंधों के महत्व की पुष्टि की और अधिक रक्षा उपकरण और प्रौद्योगिकी सहयोग पर सहमति व्यक्त की। दोनों देशों ने समुद्री सुरक्षा बढ़ाने के लिए भारत को यूएस -2 उभयचर विमान की बिक्री पर बातचीत में तेजी लाने का फैसला किया। अपने संबंधों को नए स्तर पर ले जाने का संकल्प लेते हुए रक्षा आदान-प्रदान, स्वच्छ ऊर्जा, सड़क और राजमार्ग, महिलाओं और स्वास्थ्य सेवा में सहयोग के लिए पांच समझौतों पर भी पर हस्ताक्षर किए गए। उन्होंने असैन्य परमाणु समझौते पर बातचीत को गति देने का भी फैसला किया जिसका निष्कर्ष नहीं निकाला जा सका। जापान ने हिंदुस्तान एयरोनॉटिक्स लिमिटेड (एचएएल) सहित छह भारतीय संस्थाओं पर प्रतिबंध भी हटा दिया जो 1998 के परमाणु परीक्षणों के बाद लगाए गए थे। अपनी यात्रा के दौरान, मोदी ने विशेष रूप से विनिर्माण क्षेत्र के लिए व्यापार के लिए एक अनुकूल गंतव्य के रूप में भारत को प्रदर्शित करते हुए जापानी निवेशों को आमंत्रित किया। उन्होंने जापानी कारोबारियों से कहा कि भारत 'रेड कार्पेट' के साथ निवेश की प्रतीक्षा कर रहा है न कि 'रेड टेप' के साथ क्योंकि उनकी सरकार ने नियमों और प्रक्रियाओं में ढील दी है। उन्होंने जापान का भारत में अपने 'विश्वास' को पुनः स्थापित करने के लिए आभार व्यक्त किया और एक चुटकी के साथ अपनी दोस्ती को प्रदर्शित करते हुए कहा," ये फेविकोल से ज्यादा मजबूत जोड़ है"। "अरबों और लाखों के बारे में बात की गई है। लेकिन खरबों की बात कभी नहीं हुई," उन्होंने 3.5 ट्रिलियन येन (USD 35 बिलियन या 2,10,000 करोड़ रुपये) का जिक्र करते हुए कहा जो जापान ने भारत को विभिन्न कार्यों के लिए पांच वर्षों में सार्वजनिक और निजी धन के माध्यम से वादा किए थे, जिसमें स्मार्ट शहर का निर्माण और गंगा नदी की सफाई भी शामिल है। मोदी भले ही जापान में परमाणु समझौता करने में विफल रहे हों, लेकिन वाराणसी, उनके निर्वाचन क्षेत्र, को एक स्मार्ट, हरा-भरा, आधुनिक शहर बनाने के लिए एक समझौते पर हस्ताक्षर करना और 35 अरब डॉलर के निवेश का वादा प्राप्त करना

कोई मामूली उपलब्धि नहीं है। दोनों प्रधानमंत्रियों के चेहरे पर व्यापक मुस्कान और उनके हाव-भाव से सब पता चल रहा था।

❧

मोदी ने यूएस में शीर्ष सीईओ के लिए ब्रांड इंडिया को बाजार में उतारा

इसके बाद, मोदी राष्ट्रपति बराक ओबामा से मिलने के लिए अमेरिका गए। 'शक्ति' के एक भक्त, मोदी नवरात्रों (नौ शुभ दिनों) के दौरान भोजन से परहेज करते हैं और उन्होंने अपनी यूएस यात्रा के दौरान भी अपना नियम जारी रखा। मोदी के अमेरिकी अधिकारियों को पूर्व अनुरोध भेजने के बाद कोई भी रात्रिभोज पार्टी नहीं थी, न कोई जाम उठाये गए, यहां तक कि मेहमानों के लिए मांसाहारी भोजन भी प्रश्न से बाहर था। ओबामा ने उनके आहार प्रतिबंध और भारतीय लोकाचार का सम्मान किया। एक दशक तक बहिष्कार करने वाले अमेरिका ने चुनाव के बाद यू-टर्न ले लिया था और एक लाभकारी संबंध बनाने के अधिक प्रयास करने लगा। अमेरिका से भारत की ओर प्रतिष्ठित लोगों की यात्रा जैसे सहायक-सचिव बिस्वाल, राज्य के सचिव जॉन केरी, रक्षा सचिव चक हेगेल, और भारत में अगले अमेरिकी राजदूत के रूप में रिचर्ड राहुल वर्मा की नियुक्ति, मजबूत, राष्ट्रवादी मोदी के अधीन भारत के साथ संबंधों का विस्तार और गहरा करने के लिए अमेरिका की उत्सुकता को रेखांकित करती है। मोदी की लाइन 'सबका साथ, सबका विकास' को श्री केरी ने अपनी यात्रा के दौरान आजमाया। इस पृष्ठभूमि में, अमेरिका अभी भी आर्थिक मंदी से उबर रहा है और लगभग सात प्रतिशत की बेरोजगारी दर के साथ, दुनिया की सुपरपावर अभी भी अपने बाजार में अधिक पहुंच बढ़ा सकती है, भारतीय आईटी और दवा कंपनियों के लिए आसान काम का माहौल, उच्च प्रौद्योगिकी, वैकल्पिक ऊर्जा संसाधन, चुनिंदा क्षेत्रों में संयुक्त अनुसंधान कार्यक्रम, और रक्षा सौदों की एक पूरी श्रृंखला जो भारत को पहले कभी नहीं दी गई थी। बदले में, यह भारत की क्षेत्रीय प्रोफ़ाइल है जिसे अमेरिका अपनी एशियाई और वैश्विक रणनीति में फिट करना चाहता है। जापान भी चीनी आग्रहिता का मुकाबला करने के लिए भारत को अपने पक्ष में रखना चाहता है। और चीन की रणनीति भारत को अमेरिका और जापान के बहुत करीब जाने से रोकने के लिए लगती है। मोदी सितंबर के अंत में अमेरिका की पांच दिवसीय यात्रा

पर गए थे। मैडिसन स्क्वैर जहां भारतीय समुदाय ने उनके स्वागत और संबोधन की व्यवस्था की थी, वह 'मोदीसन स्क्वैर' बन गया। गवाहों का कहना है कि शीर्ष अमेरिकी कंपनियों के मुख्य कार्यकारी अधिकारियों के साथ 29 सितंबर को नाश्ते की मेज पर, उन्होंने एक ऐसे व्यापार प्रमुख के ज्ञान और अधिकार के साथ बात की, जो भारत को एक निवेश गंतव्य के रूप में किसी और की तुलना में बेहतर विपणन कर सकता है। वह अपने दल के हिस्से के रूप में तकनीकी वाणिज्य पृष्ठभूमि वाले किसी भी मंत्री या अधिकारी को साथ नहीं ले गए थे। इसका कारण यह है कि वह सबसे अच्छे वार्ताकार हैं, और वह जानते हैं कि वह किसी भी वैश्विक बहुराष्ट्रीय कंपनी के शीर्ष सीईओ से देश के लिए क्या चाहते हैं। शीर्ष अमेरिकी कंपनियों और संस्थानों के छह अलग-अलग सीईओ के साथ आमने-सामने बातचीत के दौरान उन्होंने प्रत्येक सीईओ के साथ लगभग 15-20 मिनट बिताए। उन्होंने गूगल के एरिक शिमट, द कार्लाइल ग्रुप के डेविड एम. रुबेंस्टीन, सिटी ग्रुप के सीईओ माइकल कॉर्बेट, कैटरपिलर इंक के डग ओबरेलमैन, पेप्सिको की इंद्रा नूयी और यूएस-स्थित वैश्विक दवा कंपनी होस्पिरा इंक के माइकल बॉल और मर्क एंड कंपनी के केनेथ सी.फ्रेज़ियर सहित प्रमुख वैयक्तिक सीईओ के साथ बातचीत की। आमने-सामने की बैठकों की सूची में अमेरिका के शीर्ष व्यवसायी थे: बोइंग के अध्यक्ष डब्ल्यू जेम्स (जिम) मैकनर्नी जूनियर; अमेरिकी बहुराष्ट्रीय निवेश प्रबंधन फर्म ब्लैक रॉक के सीईओ लॉरेंस डी.फिंक; आईबीएम के अध्यक्ष और सीईओ जिनी रोमेटी; जनरल इलेक्ट्रिक के अध्यक्ष और सीईओ जेफरी आर.इमेल्ट; गोल्डमैन सैक्स के चेयरमैन और सीईओ लॉयड ब्लैंकफीन; और हेनरी क्रेविस, अमेरिकी निजी इक्विटी फंड कोहलबर्ग क्रेविस रॉबट्र्स एंड को. के सीईओ। वाइब्रेंट गुजरात के सर्जक, मोदी व्यापार वार्ता के दौरान बहुत अच्छी तरह से बातचीत कर रहे थे। अधिकारियों के साथ बड़े आत्मविश्वास और उत्साह के साथ, उन्होंने स्पष्ट रूप से सीईओ के समक्ष निवेश की जरूरतों को रखा, सभी मदद का वादा किया, और दृढ़ता से जवाब दिए, उन लोगों का कहना है जिन्होंने उन्हें कार्यवाई में देखा था। उन्होंने निवेशकों के लिए एक लाल कालीन सलूक का वादा किया निराशाजनक लाल टेप को हटा कर। उल्लेखनीय रूप से वाइब्रेंट गुजरात द्विवार्षिक कार्यक्रम 2003 में शुरू किया गया था। यह पिछले 12 वर्षों में 'वैश्विक व्यापार केंद्र' के रूप में उभरा है और गुजरात को एक प्रमुख निवेश गंतव्य के रूप में स्थापित किया है। अगले साल का शिखर सम्मेलन जनवरी में होने वाला है, जिसे 'डेवोस ऑफ़ द ईस्ट' के रूप में चिह्नित किया जा रहा है। एक सराहनीय कदम के तहत, मोदी ने अपने विदेश दौरे पर अपने मंत्रिमंडल के लोगों को नहीं

लिया , बल्कि उनके साथ गए अंबानी जैसे शक्तिशाली उद्योगपति ने अपने स्वयं के यात्रा किराए का भुगतान किया। विदेश मामलों की मंत्री सुषमा स्वराज जो पहले से ही न्यूयॉर्क में थीं, उनके न्यूयॉर्क पहुंचने पर उनके साथ शामिल हुईं। अपनी प्रमुख यात्रा में प्रधानमंत्री के साथ जाने वाले अन्य शीर्ष अधिकारियों में राष्ट्रीय सुरक्षा सलाहकार अजीत डोभाल और विदेश सचिव सुजाता सिंह शामिल थीं। घर वापस आने पर, उन्होंने कई परियोजनाओं की शुरुआत की, जिन्होंने राष्ट्र में बेहतरी के लिए एक लहर पैदा की।

෧෨

इंदिरा गांधी के बाद फिजी जाने वाले दूसरे प्रधानमंत्री

मोदी इंदिरा गांधी के बाद फिजी की यात्रा करने वाले दूसरे भारतीय प्रधानमंत्री बने, वह भी उस समय जब द्वीप नई लोकतांत्रिक व्यवस्था में बदल रहे थे। भारत के फिजी द्वीप समूह के साथ घनिष्ठ संबंध रहे हैं, क्योंकि यह भारतीय मूल के लोगों की एक बड़ी संख्या का घर है। फिजी में अधिकांश भारतीय करारबद्ध श्रमिकों और शुरुआती गुजराती प्रवासियों के वंशज हैं। इतिहास के अनुसार जब उपनिवेशवादियों को गन्ने के बागानों में काम करने के लिए मजदूरों की आवश्यकता थी, तो तीन दशकों में लगभग 60,000 भारतीयों को करारबद्ध मजदूरों के रूप में लाया गया। 20 वीं शताब्दी के शुरुआती दशकों में, गुजराती व्यापारी छोटे व्यवसाय स्थापित करने के लिए फिजी में पहुंचने लगे। फिजी में फुटकर क्षेत्र में अब एक गुजराती समुदाय का दबदबा है। । मोदी ने देश के चीनी उद्योग के लिए $ 75 मिलियन की लाइन ऑफ क्रेडिट की घोषणा की। "यह फिजी के साथ हमारे संबंधों में एक नया दिन और एक नई शुरुआत है। फिजी प्रशांत द्वीप समूह के साथ मजबूत भारतीय जुड़ाव के केंद्र के रूप में काम कर सकता है। " फिजियन प्रधान मंत्री, बैनीमारामा के साथ अपनी बैठक के दौरान, मोदी ने फिजी के साथ अधिक सुरक्षा और रक्षा सहयोग की मांग की। उन्होंने फिजीवासियों के लिए आगमन पर वीजा और सहायता परियोजनाओं की भी घोषणा की जिसमें एक संसद पुस्तकालय और फिजीवासियों के लिए भारत में छात्रवृति और प्रशिक्षण स्लॉट को दोगुना करना शामिल है।

और इस प्रकार उनकी उपलब्धियों की सूची बढ़ती जाती है ...

35

विकास और परिवर्तन

मोदी अक्सर बड़ा सोचते हैं। मैं इसे धीरूभाई अंबानी प्रभाव कहता हूं, जो एक और गुजराती थे। अंबानी बड़ा सोचते थे, अक्सर एक बड़े पैमाने पर। परिणाम सभी की आँखों के सामने हैं। रिलायंस इंडस्ट्रीज की जामनगर रिफाइनरी दुनिया की सबसे बड़ी स्टैंडअलोन रिफाइनरी है।

मोदी जानते हैं कि हमारे देश और उसके नागरिकों के सामने कुछ समस्याएं इतनी बड़ी हैं कि जब तक हम उन समाधानों के बारे में नहीं सोचते जो समान रूप से बड़े पैमाने पर हैं, तब तक कोई प्रभाव नहीं पड़ेगा। मोदी में असंभव को सोचने की क्षमता भी है। वह इसे एक व्यक्तिगत चुनौती के रूप में लेते हैं कि कुछ अनोखा सोचें, कुछ ऐसा जो नागरिकों के अनुसार भारतीय प्रतिवेश में आम तौर पर संभव नहीं है। न केवल मोदी बड़ा सोचते हैं, बल्कि एक परियोजना को अंजाम तक पहुँचाने का दृढ़ संकल्प भी रखते है। कुछ कठिन करने का दृढ़ संकल्प, कुछ ऐसा हासिल करना जो बहुत कठिनता से प्राप्त होता है, मोदी की एक विशिष्ट विशेषता है। ।

मोदी के पास न केवल दूरदर्शिता है, वे असाधारण योजनाकार भी हैं, जो काम करवा सकते हैं। चीजों को करने की उनकी शैली सत्तावादी नहीं है, वह एक सच्चे प्रेरक हैं। वह सही लोगों का चयन करते हैं और फिर लक्ष्य को इस तरह पेश करते हैं की लोग सम्मिलित महसूस करते हैं। मोदी के चरित्र और प्रबंधन की शैली में कुछ ऐसा है जो एक परियोजना पर काम कर रहे लोगों को उनके उस भव्य लक्ष्य के प्रति आकर्षित करता है, फिर वे परियोजनाओं को पूरा करने के लिए दृढ़ निश्चय के साथ काम करते हैं। याद रखें कि ये कुछ कॉर्पोरेट एमबीए या आईआईएम हॉटशॉट्स (उस्ताद) नहीं हैं, ये वही सरकारी अधिकारी हैं जो हमारे

राष्ट्र का प्रशासन करते हैं, जो दशकों से राष्ट्र का संचालन कर रहे हैं। इस प्रकार मोदी एक निक्कमी, आलसी अधिकारी तंत्र को उच्च प्रदर्शन करने वाली इकाई में बदलने में सक्षम है।

>>>>>>>>>>>>>>>>>

कार्यालय में पहले पूरे वर्ष में मनमोहन सिंह के दशक के लंबे शासनकाल की परियोजना और योजनाओं पर से धुल हटाई गयी और उन्हें नए तौर पे शुरू किया गया। नंदन नीलेकणी ने 'आधार' के माध्यम से विशिष्ट पहचान की गणना की, जो मोदी सरकार के लिए एक चर्चा का शब्द बन गया।

आधार 'इस तरह के सभी कार्यक्रम का वाहक होगा। लाभार्थियों को एलपीजी सब्सिडी 'आधार' से जुड़े बैंक खातों के माध्यम से दी जा रही है।

मोदी ने एलपीजी सब्सिडी व्याप्ति से खुद को बाहर करने के लिए संपन्न वर्गों के लिए 'गिव इट अप' अभियान शुरू किया। उन्होंने एक करोड़ लोगों को सब्सिडी छोड़ने का लक्ष्य रखा है। भारत में करीब 15 करोड़ एलपीजी उपभोक्ता हैं। मोदी के पद पर आने से पहले किसी ने भी एलपीजी सब्सिडी छोड़ने की बात नहीं की। भारतीय अरबपतियों ने आगे आकर सार्वजनिक रूप से कहा कि उन्होंने एलपीजी सब्सिडी छोड़ दी है और अपने कर्मचारियों को ऐसा करने के लिए कहा है। विडंबना यह है कि मोदी से पहले किसी ने भी अमीरों को विभिन्न सब्सिडी योजनाओं से खुद को अलग करने के लिए कहने के बारे में गंभीरता से नहीं सोचा था।

20 लाख एलपीजी उपभोक्ताओं ने सब्सिडी छोड़ दी और संख्या अभी भी बड़ रही है। डीबीटी के माध्यम से एलपीजी सब्सिडी का हस्तांतरण। मोदी ने औद्योगिक घरानों और बैंकरों से कहा कि अगर एक करोड़ लोग एलपीजी सब्सिडी छोड़ दें तो इतने ही गरीबों को स्वच्छ ऊर्जा मिलेगी।

सब्सिडी व्यवस्था के निर्णयों ने गरीबों के जीवन में सार्थक हस्तक्षेप नहीं किया, क्योंकि इसका तीन-चौथाई हिस्सा बेईमान तत्वों और जो इसके लायक नहीं थे उनकी जेब में गया। इस तरह के उपायों से मध्यम वर्ग नाराज हो सकता है, लेकिन केवल एक साहसिक नेतृत्व ही भारत की सब्सिडी नीति में संरचनात्मक और वैचारिक विकृतियों को दूर कर सकता है।

भारत के विकास में कई महत्वपूर्ण भूमिकाएँ निभाई गईं, उनमें से एक डिजिटल इंडिया थी। आज भारत दुनिया में सबसे तेजी से बढ़ती अर्थव्यवस्था बन रहा है यह बल-गुणक कारक के संयोजन के कारण हुआ है। इनमें सबसे उल्लेखनीय नरेंद्र मोदी की दूरदर्शी नेतृत्वकारी भूमिका है। जब से उन्होंने 2014 में पहली बार कार्यालय में कदम रखा है, उन्होंने भारत को जीवंत कर दिया है। उन्होंने

दुनिया में कहीं भी तुलनीय अवधि की तुलना में अधिक संख्या में परिवर्तनकारी पहल की शुरुआत की। समान रूप से महत्वपूर्ण कारक भारतीय उद्यमियों का योगदान है, विशेष रूप से दूरसंचार, आईटी और डिजिटल स्पेस में। इससे पहले कभी भी भारत ने उद्यमी भावना का ऐसा विस्फोट नहीं देखा था।

भारत मोबाइल ब्रॉडबैंड कनेक्शन में 155वें स्थान से दो साल से भी कम समय में नंबर 1 राष्ट्र बन गया है। अगर उनकी कई परियोजनाओं की बात करें तो न केवल स्वच्छ भारत या कचरा और गंदगी परियोजना, बल्कि अशिक्षा और अविकसित क्षेत्र जहां बेरोजगारों को रोजगार मिला और अनपढ़ को किताबें मिलीं और वे स्कूल जाने में सक्षम हो गए।

प्रधानमंत्री जन धन योजना 28 अगस्त 2014 को शुरू की गई थी। इस पहल की घोषणा तब की गई थी जब मोदी ने 15 अगस्त 2014 को भाषण दिया था। यह एक प्रतिष्ठित वित्तीय समावेशन कार्यक्रम है। योजना के शुभारंभ के पहले दिन 1.5 करोड़ बैंक खाते खोले गए थे और प्रत्येक खाताधारक को 1, 00,000 रुपये का बीमा कवर दिया गया था। सितंबर 2014 तक, 3.02 करोड़ खाते खोले गए और लगभग 1,500 करोड़ रुपये जमा किए गए। इसके अनुसार कोई भी व्यक्ति जीरो बैलेंस के साथ नया बैंक खाता खोल सकता है। कुछ महीनों के अंतराल में, जन धन योजना के तहत 10 करोड़ बैंक खाते खोले गए जो बैंकिंग पदचिह्नों से बाहर थे। जन धन खाता होना औपचारिक अर्थव्यवस्था का हिस्सा होने के बारे में नहीं था, यह गरीबों के लिए सरकारी अधिकारियों द्वारा अपमान किए जाए बिना उनकी पेंशन या कल्याणकारी धन प्राप्त करने का एक तरीका था, जो उनके हक़ का था।

"मेक इन इंडिया" भी एक अभियान था, जो मूल रूप से एक नारा था, जिसे 25 सितंबर 2014 को नरेंद्र मोदी द्वारा गढ़ा गया था, ताकि भारत में निवेश और निर्माण के लिए वैश्विक दुनिया को आकर्षित किया जा सके। इसके बाद यह एक अंतर्राष्ट्रीय विपणन अभियान बन गया।"मेक इन इंडिया" अभियान शुरू किया गया था ताकि भारत में रोजगार के पर्याप्त अवसर हों और अर्थव्यवस्था को बढ़ावा मिले। "मेक इन इंडिया" भारत को एक आत्मनिर्भर देश बनाना चाहता है। "मेक इन इंडिया" अभियान पूरी तरह से केंद्र सरकार के अधीन है, जिसमें सरकार ने 25 प्रमुख क्षेत्रों की पहचान की है, जिनमें वैश्विक नेता बनने की क्षमता है।

मोदी के नेतृत्व में सरकार द्वारा शुरू किए गए इन कार्यक्रमों के अलावा, ध्यान आकर्षित करने वाले कार्यक्रमों में से एक 11 अक्टूबर 2014 को था; जब मोदी ने सांसद आदर्श ग्राम योजना शुरू की। इस पहल के अनुसार, प्रत्येक सांसद (संसद सदस्य) तीन गांवों को विकसित करने की जिम्मेदारी लेगा।

यह विचार है कि भारत के गांवों को पूरी तरह से भौतिक और संस्थागत बुनियादी ढांचे के साथ विकसित किया जाए। इस योजना के लिए कुछ दिशानिर्देश हैं, जिन्हें ग्रामीण विकास विभाग द्वारा तैयार किया गया है।प्रधानमंत्री ने 11 अक्टूबर 2014 को दिशानिर्देश जारी किए और सभी सांसदों से एक आदर्श गांव विकसित करने का अनुरोध किया। उपरोक्त योजनाओं के अलावा, मोदी ने प्रधानमंत्री के रूप में अपने पहले कार्यकाल में कई अन्य योजनाएं शुरू कीं।

मोदी सरकार के दूसरे बजट ने उन लोगों को वित्तीय साधन देने के लिए मुद्रा बैंकिंग का अनावरण किया, जिन्हें अभी तक बैंकिंग संस्थानों द्वारा सेवा नहीं दी गई है। लगभग 16 बिलियन डॉलर के कोष के साथ, मुद्रा बैंक अवसरों की तलाश में अपना जीवन बर्बाद कर रहे लाखों युवाओं को एक बड़ा प्रोत्साहन दे सकता है।

प्रौद्योगिकी और कौशल ऊष्मायन केंद्रों द्वारा पूरक, जो प्रत्येक राज्य के भीतर प्रमुख स्थानों पर आना चाहिए, मुद्रा बैंक को देश भर में उद्यमियों के जन्म के लिए एक इंजन के रूप में उभरना चाहिए।

मुद्रा बैंक और 'स्किल्ड इंडिया 2022' की पहल भारत के लाखों उद्यमियों को जन्म देने में मददगार बन सकती है। भारतीय विशिष्ट पहचान प्राधिकरण (UIAI) की तर्ज पर एक निकाय से शुरुआत क्यों नहीं की गई, जिसने 'आधार' दिया? प्रत्यक्ष और अप्रत्यक्ष सब्सिडी कार्यक्रमों को युक्तिसंगत बनाने से हुई वित्तीय बचत को लाखों युवा नियोक्ता बनाने की कवायद में लगाया जाना चाहिए। हालांकि मेक इन इंडिया अभियान बड़े विदेशी विनिर्माण को आकर्षित करेगा, लघु उद्योगों को सरकार द्वारा निर्देशित नई पीढ़ी के उद्यमियों की रैली बन जाना चाहिए।

आयुष्मान भारत योजना या आयुष्मान भारत - प्रधानमंत्री जन आरोग्य योजना (ABPMJAY) एक ऐसा कार्यक्रम है, जिसका उद्देश्य स्वस्थ, सक्षम और संतुष्ट नए भारत के निर्माण के लिए सेवा प्रदान करना है। इसके दो लक्ष्य हैं, एक, प्राथमिक स्वास्थ्य सेवा प्रदान करने के लिए पूरे देश में स्वास्थ्य और कल्याण के बुनियादी ढांचे का एक नेटवर्क तैयार करना, और दूसरा यह है कि भारत की कम से कम 40 प्रतिशत आबादी को बीमा कवर प्रदान करना है जो मुख्य रूप से माध्यमिक और तृतीयक देखभाल सेवाओं से वंचित हैं।

केंद्र प्रायोजित इस प्रमुख योजना का उद्देश्य सामाजिक-आर्थिक और जाति जनगणना डेटाबेस पर आधारित 10 करोड़ परिवारों (लगभग 50 करोड़ व्यक्ति - देश की आबादी का 40%) को 5 लाख रुपये तक का वार्षिक स्वास्थ्य कवर प्रदान करना है। लाभार्थियों को आयुष्मान भारत परिवार स्वास्थ्य कार्ड प्राप्त होगा।

यह योजना 71 वें दौर के राष्ट्रीय नमूना सर्वेक्षण संगठन (एनएसएसओ) की पृष्ठभूमि में शुरू की गई थी, जिसमें यह पता लगा कि 85.9% ग्रामीण परिवारों और 82% शहरी परिवारों को स्वास्थ्य बीमा / आश्वासन तक पहुंच नहीं थी। 17% से अधिक भारतीय जनसंख्या स्वास्थ्य सेवाओं पर घरेलू बजट का कम से कम 10% खर्च करती है। विशेषताएं - आयुष्मान भारत में दो प्रमुख तत्व शामिल हैं : राष्ट्रीय स्वास्थ्य सुरक्षा योजना - रोगियों को कैशलेस उपचार प्रदान करने के लिए। स्वास्थ्य और कल्याण केंद्र (एचडब्ल्यूसी) - रोगियों को प्राथमिक देखभाल प्रदान करने के लिए। वास्तव में, सरकार मौजूदा सार्वजनिक स्वास्थ्य केंद्रों को वेलनेस सेंटरों में अपग्रेड करेगी। केंद्र और राज्यों के बीच सहज समन्वय सुनिश्चित करने के लिए सरकार ने कई एजेंसियों को शामिल किया है। यह योजना बहुत प्रभावशाली है और गरीब लोगों के प्रति मोदी सरकार की बहुत संवेदनशील सोच का संकेत है। भारत में हर साल कई लोगों की अनुचित उपचार या पैसों की कमी के कारण मृत्यु हो जाती है, इसलिए यह योजना वास्तव में उनको सुरक्षित करने के लिए होगी।

अटल मिशन फॉर रेजुवनेशन एंड अर्बन ट्रांसफॉर्मेशन (AMRUT)- 2015 में, नरेंद्र मोदी ने लगभग 500 शहरों और कस्बों को सुनियोजित शहरी जीवन स्थलों में बदलने के उद्देश्य से AMRUT को लॉन्च किया। इस परियोजना का उद्देश्य पानी की आपूर्ति, सीवेज, शहरी परिवहन, पार्क आदि जैसी बुनियादी नागरिक सुविधाएं प्रदान करना है ताकि जीवन की गुणवत्ता और स्वास्थ्य में पूरी तरह से सुधार हो सके। नरेंद्र मोदी के नेतृत्व वाली कैबिनेट ने पूरी परियोजना के लिए 50,000 करोड़ रुपये की मंजूरी दी।

बेटी बचाओ, बेटी पढाओ योजना- अक्टूबर 2014 में, 'बेटी बचाओ, बेटी पढाओ '(BBBP) योजना को स्वास्थ्य और परिवार कल्याण मंत्रालय, महिला और बाल विकास मंत्रालय और मानव संसाधन विकास मंत्रालय की संयुक्त पहल के रूप में पेश किया गया था। इस योजना का मुख्य उद्देश्य भारत में घटते लिंगानुपात (प्रति लड़के लड़कियों की संख्या) के मुद्दे को संबोधित करना है।

इस योजना को और भी आगे बढ़ाने के लिए, 'बेटी बचाओ, बेटी पढ़ाओ' योजना के हिस्से के रूप में 'सुकन्या समृद्धि योजना' योजना को जोड़ा गया। 'सुकन्या समृद्धि योजना' के लिए वार्षिक जमा राशि 250 रुपये है। जमा राशि को 1,000 रुपये से घटाकर 250 रुपये कर दिया गया है। योजना के शुरू होने के बाद से सकारात्मक परिणाम आने शुरू हो गए हैं। कई राज्यों, विशेषकर राजस्थान में लिंगानुपात में वृद्धि हुई है।वर्तमान में राजस्थान का बाल लिंगानुपात बढ़कर

948: 1000 हो गया है, जबकि राज्य के स्वास्थ्य विभाग के अनुसार 2015-2016 में यह 929: 1000 था।

सुकन्या समृद्धि योजना का प्राथमिक उद्देश्य बालिकाओं के लिए कल्याणकारी कार्यक्रम को बढ़ावा देना और लागू करना है। योजना के अनुसार, माता-पिता या कोई भी कानूनी अभिभावक अपनी बालिका की ओर से बैंक खाता खोल सकता है, जो 10 वर्ष से कम आयु की है। हालांकि, मानदंडों के अनुसार, एक परिवार में केवल दो खाते खोले जा सकते हैं। न्यूनतम निवेश मूल्य रु. 250 है जबकि अधिकतम एक वित्तीय वर्ष में अधिकतम 1, 50,000 है। लड़कियों के 21 वर्ष की आयु तक पहुँचने या 18 वर्ष की आयु के बाद विवाह करने पर धन वापस निकाला जा सकता है। एक अन्य लाभ यह है कि सेक्शन 80 सी के तहत आयकर से छूट प्राप्त है, और अर्जित ब्याज और परिपक्वता राशि भी कर मुक्त है।

प्रधानमंत्री कृषि सिंचाई योजना (पीएमकेएसवाई)- यह योजना 1 जुलाई 2015 को शुरू की गई थी। इस योजना का उद्देश्य खेतों में उचित सिंचाई सुविधा प्रदान करना और बंजर भूमि को खेती योग्य क्षेत्रों में परिवर्तित करना है। इसके अलावा, इसका उद्देश्य पानी की बर्बादी को कम करना और जल-बचत प्रौद्योगिकियों के कार्यान्वयन में तेजी लाना है, जो वास्तव में फसलों के विकास में वृद्धि के लिए महत्वपूर्ण है। इस परियोजना का उद्देश्य किसानों की आय को बढ़ाना था।

प्रधान मंत्री सुरक्षा बीमा योजना (PMSBY) - फरवरी 2015 के बजट में प्रधान मंत्री सुरक्षा बीमा योजना (PMSBY) को पहली बार वित मंत्री अरुण जेटली द्वारा लाया गया था। इस योजना को औपचारिक रूप से 2016 में कोलकाता में नरेंद्र मोदी द्वारा शुरू किया गया था। सरकार ने महसूस किया है कि भारतीय सड़कों पर दुर्घटनाएं अक्सर होती हैं, लेकिन समाज के वंचित वर्ग को उच्च प्रीमियम के कारण दुर्घटना बीमा विकल्प का चयन करना मुश्किल लगता है। इसलिए, इस समस्या को दूर करने और लोगों को बीमा कवरेज प्राप्त करने के लिए प्रोत्साहित करने के लिए यह योजना शुरू की गई थी। वर्तमान में, केवल 20 प्रतिशत भारतीयों के पास किसी भी प्रकार का बीमा है। वैध बैंक खातों के साथ 18 से 70 आयु वर्ग के लोग पीएमएसबीवाई के माध्यम से लाभ प्राप्त कर सकते हैं। इस बीमा योजना के तहत, पीड़ितों के नामांकित व्यक्ति (आकस्मिक मृत्यु या पूर्ण विकलांगता) को 2 लाख रुपये मिलेंगे, जबकि आंशिक विकलांगता के लिए 1 लाख रुपये की राशि उपलब्ध है।

प्रधान मंत्री जीवन ज्योति बीमा योजना (PMJJBY)- यह योजना 2015 में शुरू की गई थी, यह केंद्र सरकार द्वारा समाज के कमजोर वर्ग को समृद्ध करने के लिए उठाया गया एक और अभिनव कदम है। इस योजना का उद्देश्य किसी भी कारण से मृत्यु होने पर सभी बचत बैंक खाताधारकों को 2 लाख रुपये तक का जीवन बीमा कवरेज प्रदान करने के लिए एक अक्षय बीमा योजना प्रदान करना है। यह सुविधा वैध बैंक खातों के साथ 18 से 50 वर्ष की आयु के लोगों के लिए उपलब्ध है। सभी बैंक धारक फॉर्म भर सकते हैं और यह सुविधा प्राप्त कर सकते हैं। इस सेवा के लिए नेट-बैंकिंग भी उपलब्ध है। PMJJBY का वार्षिक प्रीमियम सिर्फ रु. 330 है और एक और उत्साहजनक बात यह है कि जीएसटी (गुड्स एंड सर्विस टैक्स) को भी इस योजना से छूट दी गई है। बीमित व्यक्तियों के आकस्मिक निधन के मामले में, उनके नामित व्यक्ति को रु.2 लाख मिलेंगे। पीएमजेजेबीवाई के तहत, परिवार में अचानक कोई दुर्घटना होने पर गरीब और निम्न आय वर्ग का भविष्य आर्थिक रूप से सुरक्षित है।

वन रैंक वन पेंशन योजना (OROP)- सशस्त्र बलों के कर्मियों की लंबे समय से चली आ रही मांग के जवाब में, OROP योजना की घोषणा जुलाई 2018 में की गई थी, जिसे 1 जुलाई 2014 से पूर्वव्यापी प्रभाव से लागू किया गया था। इसने समान सेवा अवधि के साथ समान रैंक पर सेवानिवृत्त होने वाले सशस्त्र बलों के कर्मियों को पेंशन के एक समान भुगतान की परिकल्पना की, चाहे उनकी सेवानिवृति की तिथि कुछ भी हो। पेंशन की दरों में भविष्य की वृद्धि स्वचालित रूप से पिछले पेंशनभोगियों को दी जानी है, और पेंशन हर 5 साल में फिर से तय की जानी है। हालांकि, स्वैच्छिक सेवानिवृति लेने वालों को इसके दायरे से बाहर रखा गया था, सभी विधवाओं और युद्ध में हुई विधवाओं को इस योजना शामिल किया गया है।

प्रधानमंत्री आवास योजना (PMAY)- यह योजना 1 जून 2015 को नरेंद्र मोदी द्वारा शुरू की गई थी। प्रधानमंत्री आवास योजना का उद्देश्य वर्ष 2022 तक शहरी गरीबों को किफायती आवास उपलब्ध कराना है। PMAY के तहत, भारत में शहरी गरीबों को लाभ पहुंचाने के लिए पर्यावरण के अनुकूल निर्माण विधियों का उपयोग करके घर बनाए जाएंगे। इस योजना का लाभ केवल ऐसे परिवार द्वारा लिया जा सकता है, जिसमें पति, पत्नी, अविवाहित पुत्र या अविवाहित बेटियां शामिल हैं। साथ ही, लाभार्थी परिवार के पास, परिवार के किसी भी सदस्य के नाम पर पक्का घर नहीं होना चाहिए।

36

भ्रष्टाचार के खिलाफ लड़ाई

हम सभी नरेंद्र मोदी को गुजरात के मुख्यमंत्री के रूप में अच्छी तरह से जानते हैं, जहां उन्होंने अपने बारह साल के कार्यकाल में गुजरात को भारत में एक विकसित राज्य बनाया। इसलिए सत्ता में रहते हुए मोदी का मुख्य तौर से ध्यान विकास पर रहता है और वह एक प्रधानमंत्री के रूप में भी ऐसा ही कर रहे हैं। लेकिन भ्रष्टाचार के खिलाफ उनकी लड़ाई भी अच्छी तरह से तैयार और विश्वसनीय है। प्रधानमंत्री मोदी ने भ्रष्टाचार पर लगाम लगाने के लिए कई पहल की हैं, ये इस प्रकार हैं –

विमुद्रीकरण - 8 नवंबर 2016 को, मोदी ने जो सबसे बड़ा बलिदान मांगा था वह विमुद्रीकरण था। जैसे ही 1,000 और 500 रुपये के नोटों को अमान्य कर दिया गया, देश में असंगठित क्षेत्र का एक आभासी बंद देखा गया। विमुद्रीकरण के माध्यम से सरकार छाया अर्थव्यवस्था को कम करना चाहती थी और अवैध गतिविधि और आतंकवाद को वित्तपोषित करने के लिए अवैध और नकली नकदी पर रोक लगाना चाहती थी। विमुद्रीकरण का नुकसान यह था कि सरकार ने बिना किसी पूर्व सूचना के अचानक इसकी घोषणा कर दी, जिसके बाद के हफ्तों में लंबे समय तक नकदी की कमी के कारण अर्थव्यवस्था में महत्वपूर्ण व्यवधान पैदा हो गया, जिससे आर्थिक उत्पादन को खतरा पैदा हो गया। लोगों को अपना पैसा निकालने के लिए कतार में लगना पड़ा। किसी भी अन्य नेता के तहत, सड़कों पर दंगे हो सकते थे। लेकिन लोगों ने इसका पालन किया, और यहां तक कि अपूरणीय क्षति को भी सहन किया – क्योंकि मोदी ने उन्हें बताया कि यह काले धन का मुकाबला करने के बड़े कारण के लिए था।

प्रारंभिक अंतर्राष्ट्रीय प्रतिक्रिया सकारात्मक थी जिसने इसे भ्रष्टाचार पर एक साहसिक कार्यवाई के रूप में देखा। अंतर्राष्ट्रीय मुद्रा कोष (IMF) ने एक बयान जारी किया जिसमें विमुद्रीकरण नीति द्वारा भ्रष्टाचार से लड़ने के मोदी के प्रयासों का समर्थन किया गया।

चीनी राज्य मीडिया ग्लोबल टाइम्स ने इस कदम की प्रशंसा की और कहा कि यह "काले धन और भ्रष्टाचार के खिलाफ भयंकर लड़ाई" है। फिनलैंड के पूर्व प्रधान मंत्री और यूरोपीय आयोग के उपाध्यक्ष यर्की कटैनन ने विमुद्रीकरण के कदम का स्वागत करते हुए कहा कि पारदर्शिता लाने से भारतीय अर्थव्यवस्था मजबूत होगी।

नकद जमाखोरों के लिए विमुद्रीकरण ने प्रतिकूल प्रभाव डाला। हमने देखा है कि कई लोग अपना पैसा नदियों और नालों में फेंक रहे थे। छत्तीसगढ़ में नक्सली गतिविधियां रुक गई थीं और कई नक्सली विमुद्रीकरण के बाद आत्मसमर्पण कर गए थे।

यह आजादी के बाद से आज तक काले धन पर सबसे बड़ा हमला था, और हम जानते हैं कि काला धन भारत में भ्रष्टाचार का प्रमुख स्रोत है। अधिकांश काले धन को भ्रष्ट तरीके से अर्जित किया गया है।

डिजिटलकरण - मोदी सरकार ने विशेष रूप से सरकारी सेवाओं के डिजिटलीकरण पर जोर दिया, क्योंकि यदि लोगों और सरकारी कर्मचारियों के बीच बातचीत कम हो जाएगी, तो रिश्वत लेने की संभावना अपने आप कम हो जाएगी। इसलिए सरकार हर सेवा को ऑनलाइन करने का प्रयास कर रही है।

बेनामी लेनदेन (निषेध) अधिनियम - बेनामी लेनदेन (निषेध) अधिनियम, 1988 भारत की संसद का अधिनियम है जो कुछ प्रकार के वित्तीय लेनदेन को प्रतिबंधित करता है। अधिनियम किसी भी लेनदेन को एक ' बेनामी 'लेनदेन के रूप में परिभाषित करता है जिसमें संपत्ति एक व्यक्ति को दूसरे व्यक्ति द्वारा भुगतान किए गए प्रतिफल के लिए दी जाती है। इस तरह के लेनदेन भारतीय अर्थव्यवस्था की एक विशेषता थी, जो आमतौर पर संपत्ति (अचल संपत्ति) की खरीद से संबंधित होती थी और भारतीय काले धन की समस्या में योगदान करने के लिए देखा जाता था।

संशोधन, 2016 - काले धन पर अंकुश लगाने के प्रयास में, जुलाई 2016 में, मोदी सरकार ने मूल अधिनियम में संशोधन करने का निर्णय लिया। जिसे बाद में भारत की संसद द्वारा "बेनामी लेनदेन (निषेध) संशोधन अधिनियम, 2016" के रूप में पारित किया गया था। इसके बाद, सरकार ने अधिनियम के प्रावधानों को

1 नवंबर 2016 से लागू किया।

अधिनियम "अवैध बेनामी लेनदेन को प्रतिबंधित करता है, और सात साल तक कारावास और अधिनियम के उल्लंघन के लिए जुर्माना प्रदान करता है जो बेनामी संपत्ति के उचित बाजार मूल्य का 25% तक बढ़ सकता है। "प्रवर्तन - 26 जुलाई 2017 को, मोदी सरकार ने राज्यसभा को बताया कि 1 नवंबर 2016 से लागू होने के बाद से, 800 करोड़ रुपये से अधिक की संपत्ति लगाव के अधीन हैं अब तक पहचाने गए 400 से अधिक प्रॉक्सी लेनदेन मामलों में। इसके अलावा, सरकार ने बेनामी अधिनियम के तहत कार्यवाई करने के लिए पूरे भारत में 24 बेनामी निषेध इकाइयों (BPUs) की स्थापना की है।

काला धन (अप्रकटितविदेशी आय और संपत्ति) और अधिरोपणअधिनियम, 2015 - काला धन (अप्रकटितविदेशी आय और संपत्ति) औरअधिरोपण अधिनियम, 2015 भारत की संसद का एक अधिनियम है। इसका उद्देश्य काले धन, या अघोषित विदेशी संपत्ति और आय पर अंकुश लगाना और ऐसी आय पर कर और जुर्माना लगाना है। अधिनियम संसद के दोनों सदनों द्वारा पारित किया गया है। इस अधिनियम को 26 मई 2015 को भारत के राष्ट्रपति की स्वीकृति प्राप्त हुई। यह 1 जुलाई 2015 से लागू हुआ।

प्रकटीकरण अवसर - इस कानून का लक्ष्य विदेशों में रखी गई आय और संपत्ति को वापस देश में लाना है। परिणामस्वरूप, केवल एक भारतीय निवासी को अघोषित संपत्ति घोषित करने का अवसर मिलता है। सरकार एक समय सीमा देती है जब कोई संपत्ति का खुलासा कर सकता है। यदि अघोषित संपत्ति रखने वाले व्यक्ति दी गई समयावधि में संपत्ति की घोषणा करते हैं तो वे अभियोजन के अधीन नहीं होते हैं। निवासी संपत्ति का खुलासा करना चाह रहा है जब उन्होंने समय पर रिटर्न जमा नहीं किया है, या यदि उन्होंने रिटर्न भरा और जमा किया तो उन्होंने कुछ संपत्तियों को शामिल नहीं किया या यहां तक कि जब करदाता ने सभी तथ्यों को प्रदान नहीं किया और इस तरह रिटर्न का मूल्यांकन नहीं किया जा सका।

संगणना - सामान्य आयकर अधिनियम के तहत, करदाता कटौती के अधीन हैं, लेकिन ऐसी अघोषित विदेशी संपत्ति और आय के लिए गणना करते समय ऐसी कोई कटौती लागू नहीं होगी।

37

मोदी- मोदी 2017

जैसे ही लोग विमुद्रीकरण से निपटे , मोदी ने पूरे उत्तर प्रदेश में छह रैलियों को संबोधित किया, जिसमें मुरादाबाद में भी एक शामिल है।

करीब 50 मिनट तक चले अपने भाषण में मोदी ने ग़रीब और ग़रीबी शब्द का दर्जनों बार इस्तेमाल किया होगा। यह अपने राजनीतिक संदेश के लिए विस्तार से व्याख्या करने लायक भाषण है, प्रधानमंत्री ने जिस तरह से अपनी राजनीतिक पूंजी को तैनात किया और कैसे उन्होंने ज़मीन पर खड़े हज़ारों लोगों के दिल के तारों को छू लिया। मोदी ने इस बात पर जोर दिया कि उन्होंने यूपी से चुनाव क्यों लड़ा था: क्योंकि वे गरीबी के खिलाफ लड़ाई लड़ना चाहते थे।

भारत की गरीबी को समाप्त करने का तरीका पहले यूपी की गरीबी को समाप्त करना था। और फिर, अपनी विशिष्ट शैली में, मोदी ने भीड़ को शामिल किया और उनसे पूछा कि क्या वे हाथ उठाकर,सच्चे दिल से, उनके सवालों का जवाब देंगे।

'क्या भ्रष्टाचार ने इस देश को तबाह कर दिया है? क्या इससे लूट मची है? क्या इससे गरीबों को सबसे ज्यादा नुकसान हुआ है? क्या इसने गरीबों के अधिकारों को छीन लिया है? क्या भ्रष्टाचार सभी समस्याओं की जड़ है? 'उन्होंने पूछा।

भीड़ ने ज़ोर से हाँ चिल्लाया।

'अब तुम मुझे बताओ, क्या भ्रष्टाचार रहना चाहिए या जाना चाहिए? जाना चाहिए की नहीं? 'जाना चाहिए, यह जाना चाहिए..' प्रतिक्रिया आई।- फिर मुझे बताओ - क्या यह अपने आप चला जाएगा? क्या यह कहेगा मोदीजी आप आए हैं, मुझे डर लग रहा है, मैं अब चला जाऊंगा? ' 'नहीं, नहीं।'तब हमें भ्रष्टाचार को हराने के लिए छड़ी का इस्तेमाल करना होगा या नहीं? हमें कानून का उपयोग करना होगा या नहीं? क्या हमें भ्रष्टाचारी से निपटना होगा या नहीं? '

हाँ।

'हमें यह काम करना चाहिए या नहीं?'

हाँ।

'यदि कोई ऐसा करता है, तो क्या वह गुनाहगार है, दोषी है? क्या भ्रष्टाचार से लड़ना एक गुनाह है? '

नहीं।

तो फिर, मैं हैरान हूँ। मेरे ही देश में लोग मुझे गुनाहगार कह रहे हैं। क्या यह मेरा गुनाह है कि भ्रष्टाचारियों के दिन बुरे होते जा रहे हैं? क्या यही गुनाह है मेरा कि गरीबों के हक़ के लिए काम कर रहा हूं? '

नहीं।

मोदी ने एक और पंच दिया, 'मैं तुम्हारे लिए एक लड़ाई लड़ रहा हूं। ज्यादा से ज्यादा ये लोग मेरा क्या कर लेंगे भई? नहीं, नहीं बताईए क्या कर लेंगे? ' एक विराम लेने के बाद उन्होंने जवाब दिया, 'अरे हम तो फ़क़ीर आदमी हैं झोला लेकर चल पड़ेंगे जी..'

मोदी! मोदी! के नारों और तालियों से इसका स्वागत किया गया। 'यह फकीरी है जिसने मुझे गरीबों के लिए लड़ने की ताक़त दी है..' लेकिन बात यहीं खत्म नहीं हुई। मोदी ने कहा कि जब उन्होंने गरीबों के लिए जन धन खाते खोलने का अभियान शुरू किया तो लोगों ने उनका मजाक उड़ाया।

लेकिन आज, अमीर पिछले रिश्तों को याद करते हुए, गरीबों के घरों में आ रहे थे, और उनके खातों में दो-तीन लाख जमा करने के लिए कह रहे थे।'क्या आपने कभी अमीरों को आकर गरीबों के चरणों में झुकते देखा है?'

'आज गरीबों के घरों के सामने भ्रष्टों की कतार लग गई है। ' उन्होंने तब गरीबों को खुली छूट दी। 'मैं सभी जन धन खाताधारकों से कह रहा हूं - जिसने भी आपको अपना पैसा दिया है, उसमें से एक रुपया भी नहीं निकालिएगा। तुम देखोगे, वह रोज तुम्हारे घर आएगा; आप कुछ भी नहीं कहना। उन्हें बताइए के आपको धमकाए नहीं अन्यथा आप मोदी को लिखेंगे।

उनसे कहो - मुझे सबूत दो कि तुमने मुझे पैसे दिए। वे फंस गए हैं.. आप पैसे रखिए और मुझे एक रास्ता मिल जाएगा। मैं उन तरीकों के बारे में सोच रहा हूं, जिससे जिन्होंने अवैध रूप से पैसा जमा किया है, वे जेल जाते हैं, और पैसा गरीबों के पास रहता है। ' शरारती हंसी के साथ, उन्होंने कहा कि अमीर दिन भर 'पैसा, पैसा, पैसा' कहते थे। अब, वे केवल मोदी, मोदी, मोदी कहते हैं। '

वह प्रसन्नता व्यक्त करते हैं कि भ्रष्ट अमीर पीड़ित हैं, और वह भीड़ को उनका मजाक उड़ाने के लिए शामिल होने के लिए कहते हैं । वह ईर्ष्या में टैप करते हैं , वह अव्यक्त क्रोध में टैप करते हैं और उनका तात्पर्य है कि अमीरों का नुकसान गरीबों का लाभ होगा। वह वर्तमान दुखों को एक उज्ज्वल और न्यायसंगत भविष्य का वादा करते हुए बेअसर कर देते हैं , जहां कुछ लोग संपत्ति का उचित उपयोग नहीं कर पाएंगे। मोदी ने नवंबर से जनवरी तक अपनी सभी सार्वजनिक रैलियों में ऐसा किया।

38

मोदी लहर

यह भारतीय जनता पार्टी नहीं थी, यह राज्य के नेता नहीं थे, यह उम्मीदवार नहीं थे और यह राष्ट्रीय स्वयंसेवक संघ नहीं था। उत्तर प्रदेश राज्य में केवल एक व्यक्ति ने भाजपा को जिताया- प्रधानमंत्री नरेंद्र मोदी। मुस्लिमों को छोड़कर, यूपी के मतदाताओं के हर समुदाय के सदस्यों ने उन्हें अपना माना और दिल्ली और लखनऊ दोनों के लिए उन पर भरोसा किया। यह भरोसा 2014 में भी दिखाई दिया था। यह आश्चर्यजनक है कि उनके तीन साल के कार्यकाल में नरेंद्र मोदी के खिलाफ कोई सत्ता विरोधी लहर नहीं है। वास्तव में, उनके आकर्षण को शक्तिशाली बनाया है। और ऐसा ही उनके करियर में हमेशा रहा है। मोदी ने 2001 के अंत में मुख्यमंत्री के रूप में गुजरात विधानसभा में प्रवेश किया - और राज्य में कभी चुनाव नहीं हारे। उन्होंने प्रधान मंत्री के रूप में लोकसभा में प्रवेश किया और दिल्ली और बिहार जैसी असफलताओं के बावजूद, एक ऐसा चुनावी रिकॉर्ड है जिससे किसी भी नेता को ईर्ष्या होगी। शालीनता और उसकी संभावनाओं को मिटाने के बजाय, सत्ता की ताकत ने मोदी की लोकप्रियता को लगातार बढ़ाया है। यूपी के कस्बों, गलियों और गांवों में, मोदी का समर्थन करने वाले कई लोग उनके समर्थन के लिए ठोस कारण नहीं दे सकते थे या नहीं देना चाहते थे। यह सिर्फ असाधारण विश्वास था, नियत में विश्वास, एक व्यक्ति के ईमान में विश्वास था। लेकिन उस विश्वास को चलाना एक ध्यान से निर्मित छवि थी, एक नई छवि थी। अगर वह 2002 से हिंदू हृदय सम्राट (हिंदू दिलों के सम्राट) थे, तो मोदी ने 2007 के बाद से, 'गुजरात मॉडल' को ध्यान में रखते हुए 'विकास पुरुष' में खुदको बदल दिया। इन दोनों छवियों के संयोजन से उनकी 2014 की जीत हुई। तब से, एक तीसरा,कम सराहा हुआ बदलाव भी आया है : नरेंद्र मोदी आज एक गरीबों के नेता

हैं, यहां तक कि वे अपने दो अन्य अवतारों के तत्वों को भी बरकरार रखते हैं। और इस छवि के साथ, और इस छवि के साथ, उन्होंने 'सूट-बूट की सरकार' का नेतृत्व करने के आरोप को निर्णायक रूप से ध्वस्त कर दिया है...

टर्निंग पॉइंट - अगर मध्य दिल्ली भारतीय राज्य का शक्ति केंद्र है, तो विंडसर प्लेस का गोल चक्कर उसका तंत्रिका केंद्र है। रायसीना रोड लें, पश्चिम में एवेन्यू, और आप जल्द ही भारत की संसद के सामने होंगे। जनपथ जो चक्कर से जाता है, एक छोर पर प्रतिष्ठित राजपथ, इंडिया गेट और राष्ट्रपति भवन की ओर जाता है; दूसरे छोर पर यह पुराने शहर-केंद्र, कनॉट प्लेस की ओर जाता है। फिरोजशाह रोड आपको कई राजनेताओं के निवास स्थान पर ले जाता है, और यह मंडी हाउस सर्कल पर ख़त्म होता है, जो भारतीय रंगमंच और कला का एक केंद्र है। कुछ ही दूरी पर शास्त्री भवन है, जो प्रमुख मंत्रालयों का घर है।

12 मार्च 2017 की संध्या पर, नरेंद्र मोदी भारतीय जनता पार्टी मुख्यालय की ओर, अशोक रोड पर, सड़क के दोनों ओर समर्थकों का अभिवादन करते हुए चले गए। पिछले महीने में, पांच राज्यों में चुनाव हुए थे। पांच में से चार अब भाजपा के शासन में थे। पिछले दिन, पार्टी ने उत्तर प्रदेश विधानसभा चुनावों में शानदार जीत हासिल की थी, जिसमें तीन-चौथाई सीटें जीती थीं। बीजेपी ने उत्तराखंड में भी जीत हासिल की थी और गोवा और मणिपुर में सरकार बनाएगी। केवल पंजाब में, दो कार्यकालों के बाद, भाजपा और उसके सहयोगी, अकाली दल ने सत्ता खो दी थी।

'मोदी-मोदी' का नारा सड़कों से लेकर पार्टी कार्यालय तक फैला हुआ था, जहां प्रधानमंत्री को जीत के क्षण में नेताओं, कार्यकर्ताओं और राष्ट्र को संबोधित करना था। उन्होंने होली के अवसर पर सभी को बधाई देकर शुरुआत की।

उन्होंने कहा कि चुनाव, केवल सरकार बनाने के लिए एक साधन नहीं थे, बल्कि उन्होंने भारतीय लोकतंत्र में लोगों के विश्वास को गहरा करने में मदद की। और फिर उन्होंने चुनाव से जो सीखा उसे साझा किया। 'मैं पांच राज्यों के परिणामों को देखता हूं - विशेष रूप से उत्तर प्रदेश का, जो अपने आकार के कारण भारत को एक नई दिशा, ताकत और प्रेरणा दे सकता है - एक नए भारत के बीज बोने के रूप में। '

इसे मोदी ने भाजपा के लिए 'स्वर्णिम काल' घोषित किया उन्होंने नेताओं की चार पीढ़ियों, हजारों कार्यकर्ताओं और पार्टी अध्यक्ष अमित शाह और उनकी टीम

की भूमिका को धन्यवाद किया, जिनके काम ने भाजपा को उस स्थिति में ला खड़ा किया, जिस स्थिति में वह आज है। यह वास्तव में भाजपा का स्वर्ण काल है। दस साल से भी कम समय पहले पार्टी को सत्ता बनाने का मौका नहीं मिल रहा था। कई लोगों ने घोषणा की कि दिल्ली में उनके सत्ता में लौटने की बहुत कम संभावना है। पांच साल पहले भी, यह अकल्पनीय लग रहा था कि भाजपा न केवल राष्ट्रीय चुनावों में एकमुश्त बहुमत हासिल करेगी बल्कि भारतीय राज्यों में इसके तेरह मुख्यमंत्री भी होंगे। आज इस बात पर चर्चा हो रही है कि क्या निकट भविष्य में इसे बिल्कुल भी विस्थापित किया जा सकता है। इसने भारतीय लोकतंत्र के परीक्षित अनुष्ठान - चुनाव - के माध्यम से इस प्रभुत्व को प्राप्त किया है और यह सिर्फ शुरुआत हो सकती है। अमित शाह के नेतृत्व में, भाजपा का लक्ष्य न केवल देश भर में अपने पदचिह्न का विस्तार करना है, बल्कि संसद से लेकर पंचायत तक हर स्तर पर चुनाव जीतना है।

39
2019

युद्ध को कभी-कभी वास्तविक लड़ाई लड़ने से बहुत पहले ही जीत लिया जाता है। 2014 की चुनावी लड़ाई असमान के बीच लड़ी गई थी। एक योद्धा था जिसके खिलाफ विरोधियों ने यह सुनिश्चित करने के लिए लड़ाई लड़ी कि वह अपने संगठन के जनरल के रूप में नहीं उभरे। एक बार जब उन्हें सेनापति बना दिया गया, तो उनके विरोधियों ने युद्ध लड़ने से पहले ही अपने हथियार डाल दिए। सेनापति ने बड़ी आसानी से विरोधियों की खंडित और पराजित सेना को कुचल दिया। 2014 के चुनावी युद्ध को दशकों तक नहीं देखे गए पैमाने पर, राजनीतिक विरोधियों के नरसंहार के रूप में दर्ज किया जा सकता है। 2019 की लड़ाई को फिर से चलाने के लिए एक नई स्क्रिप्ट होगी। लड़ाई नई शर्तों पर लड़ी जाएगी। पांसे पलट सकते हैं। 2014 के विजयी जनरल को अपने विरोधियों का सामना करने से पहले एक पहाड़ चढ़ना होगा। उन्होंने हिमालय से भी ऊँचा उम्मीदों का पहाड़ खड़ा कर दिया। पहाड़ पर चढ़ने के उनके हर एक कदम की बारीकी से जांच और समीक्षा की जाएगी। उनकी गलतियों पर व्यंग्य कसे जायेंगे। उनकी ज्यादतियों को बहुत उल्लास के साथ अंकित किया जाएगा। उनके विरोधियों की योजना होगी उस ईमारत को विध्वंस करने की जिसे वह बनाना चाह रहे हैं। उनके विरोधी पुनः एकत्रित होंगे। वे जानते हैं कि 69 प्रतिशत वोट, जो 2014 की लड़ाई के विजयी सेनापति को नहीं गए थे, एकजुट किए जा सकते हैं। उन्हें यह देखना होगा कि उनका 31 फीसदी वोट शेयर, जो कि किसी भी राजनीतिक गठन के लिए बहुमत के 272 से ज्यादा के जादुई आंकड़े तक पहुंचने के लिए सबसे कम था, सीमांत रूप से नहीं बल्कि महत्वपूर्ण रूप से काफी बढ़ जाता है। उनके विरोधी हमेशा खंडित नहीं रह सकते हैं, क्योंकि वे जानते हैं कि यदि वे विभाजित रहेंगे तो उनका नाश

हो जाएगा। 2019 की लड़ाई के लिए कथानक तैयार होने के समय तक उनके पास सीखने के लिए बहुत कुछ है।

मोदी 2014 की लड़ाई के सबसे भयंकर जनरल थे। अपनी अगली लड़ाई में, उन्हें जाँचना होगा कि उनके कितने हथियार जंग खाए और भोथरा गए। उन्हे थकान हो सकती है। वे थक सकते हैं। थकान उनके दर्शकों को प्रभावित कर सकती है। लोग अपने दोहराव से ऊब सकते हैं। उनके विरोधियों की भरपाई हो सकती है। उनके विरोधी पीछे भी हट सकते हैं। मोदी ने साफ स्लेट पर एक परी कथा लिखी है। उन्हें एक फायदा था क्योंकि उनके पूर्ववर्ती ने एक तार-तार विरासत छोड़ी थी।

लाखों लोगों के मन में जो सपने उमड़ते थे, वे हकीकत में उनको तलाश करते थे जब तक वह एक और लड़ाई में जाते। उनके पास अब साफ स्लेट के साथ जाने की विलासिता नहीं होगी। उन्हें यह दिखाना होगा कि गिलास कम से कम आधा भरा है और इसे पूरा भरने के लिए उन्हें एक और यात्रा करनी होगी। समय न केवल उनकी, बल्कि उनके विरोधियों की भी परीक्षा लेगा। आसपास उनके कई विरोधी हैं। उनमें से कुछ प्राकृतिक कार्यप्रणाली से दूर हो जाएंगे। लेकिन उनमें से कई एक और लड़ाई लड़ने के लिए रहेंगे।

राहुल गांधी यकीनन उनके प्रमुख प्रतिद्वंद्वी होंगे। वह खुद को पुनःप्रस्तुत करना चाह रहे हैं। भले ही पेड़ अपने सभी पत्ते झड़ा दे, इसकी जड़ें इतनी ताकतवर होती हैं कि हरा आवरण वापस ले आती हैं। लोगों का मानना था कि कांग्रेस पार्टी को जन्मजात रूप से सत्ता का आशीर्वाद प्राप्त है। भारत में लोगों का कांग्रेस के साथ एक भावनात्मक जुड़ाव है। भारत की वह जनसांख्यिकी बदल गई है, 29 साल से कम उम्र की 50 फीसदी आबादी के साथ, यह ऐसी स्थिति नहीं है जो कांग्रेस को पुनरुद्धार के लिए वैकल्पिक रास्ता तलाशने पर मजबूर करदे। पार्टी की देश भर में संरचना है। और यह किसी भी राजनीतिक दल के लिए काफी ईर्ष्यालु संपत्ति है।

๛

'चुने हुए समर्पण' के लिए अंतिम उलटी गिनती के रूप में भारत वोट डालने की तैयारी कर रहा था, दीवार पर लेखन स्पष्ट था - मोदी प्रधानमंत्री के रूप में वापस आ रहे थे, केवल उनकी विजयी वापसी की सीमा विवाद में थी। विपक्ष के लिए सबसे अच्छी उम्मीद यह थी कि वह किसी भी तरह भाजपा को अपने दम पर बहुमत हासिल करने से रोका जाए और इस तरह प्रधानमंत्री को कम से कम अपनी कुछ शक्तियां देने के लिए मजबूर किया जाए। जब कोई भी लोकतांत्रिक प्रतियोगिता केवल एक पक्ष के जीतने की संभावना के साथ एकतरफा हो और

दूसरा पक्ष केवल विजेता के जीत के अंतर को कम करने की उम्मीद कर रहा हो, तो परिणाम अपेक्षा के अनुसार ही होंगे। डिफ़ॉल्ट रूप से, अधिकांश मतदाताओं ने 2019 की गर्मियों में कोई विकल्प नहीं देखा, क्योंकि उन्हें या तो मोदी को बड़ी जीत या छोटी जीत देने के लिए वोट देना था; किसी भी स्थिति में, वह एक बार फिर प्रधानमंत्री के रूप में उभरेंगे। विपक्ष एक व्यवहार्य विकल्प बनाने के लिए एक वैकल्पिक कथा बनाने में विफल रहा था। विपक्ष के अधिकांश अभियान मोदी को स्पष्ट बहुमत हासिल करने से रोकने के लिए बनाए गए थे। इस तरह के नकारात्मक अभियानों ने शायद ही कभी भारत के लोकतंत्र में काम किया हो - भारतीय चुनावी इतिहास में सबसे प्रसिद्ध विपक्षी अभियानों में से एक 1971 में "इंदिरा हटाओ" (इंदिरा से छुटकारा पाने) की तर्ज़ पर बनाया गया था, जिसने व्यापक रूप से उलटा असर डाला और श्रीमती गांधी को देश भर में बड़े पैमाने पर जनादेश दिया था।

40

महागठबंधन का जन्म

स्वतंत्र भारत के राजनीतिक इतिहास में यह पहली बार हुआ है कि पूरा विपक्ष , अपने अस्तित्व के लिए, एक व्यक्ति के खिलाफ एकजुट होने के लिए उत्सुक था।

डिवाइडेड वी स्टैंड, यूनाइटेड वी फॉल यह कहावत गलत है, लेकिन यह काफी सटीक रूप से वर्णन करती है कि विपक्षी दलों ने कैसे प्रचार किया और अंततः आम चुनावों में प्रदर्शन किया। एक तस्वीर जो वायरल हुई, वह थी जहां सोनिया और राहुल गांधी, मायावती, सीताराम येचुरी, एचडी कुमारस्वामी, तेजस्वी यादव, अखिलेश यादव, शरद पवार और अजीत सिंह ने इतने उल्लासपूर्ण और सौहार्दपूर्ण ढंग से मंच साझा किया कि पूरी मीडिया मई 2019 में नरेंद्र मोदी के प्रचंड रथ को रोकने के लिए नवोदित 'मेगा गठबंधन' प्रशंसा में तालियों की गड़गड़ाहट में झूम उठी। इन नेताओं, जिन्होंने वास्तव में पहले कभी आंख से आंख मिलाकर नहीं देखा था, ने हाथ मिला लिया और कैमरों को इतना ज़बरदस्त क्षण दिया कि राष्ट्रीय गठबंधन की बात वास्तव में वैध लग रही थी। लेकिन मेरी राय में, इन नेताओं का भाई-चारे का यह प्रदर्शन सबसे बड़ी गलती थी।

जब कुछ राजनीतिक दल खुलकर सामने आए कि वे एक साथ चुनाव लड़ेंगे, तो वे अनिवार्य रूप से मतदाताओं से कई अलग-अलग विचारधाराओं की पहचान करने के लिए कह रहे थे। जब हम एनडीए की बात करते हैं, तो इसके दो पक्ष जो वैचारिक पहलुओं के मामले में सबसे करीब आती हैं, वे हैं भाजपा और शिवसेना। फिर भी, कई लोगों ने शिवसेना के उम्मीदवार के लिए मतदान करने में संकोच व्यक्त किया, भले ही उनका वोट अंततः नरेंद्र मोदी को मजबूत करेगा।

यह तथ्य है कि अगर नरेंद्र मोदी नहीं होते तो शिवसेना और जदयू जैसी पार्टियों के लिए सीटें जीतना बहुत मुश्किल होता। जदयू का ही उदाहरण लें। 2014

में, नीतीश कुमार की पार्टी ने 15.80% वोटों के साथ सिर्फ 2 सीटें जीतीं। यह वो दौर था जब जदयू एनडीए का हिस्सा नहीं थी। 2019 में जदयू ने गठबंधन में प्रवेश किया। उसे 17 सीटें चुनाव लड़ने के लिए दी गयी जिसमे से उसने 21.80% के लोकप्रिय वोट शेयर के साथ 16 सीटें जीतीं। दोनों चुनावों में अंतर नरेंद्र मोदी का था। अलग-अलग विचारधाराओं के बावजूद, लोगों ने जदयू को वोट दिया क्योंकि वे नरेंद्र मोदी को प्रधानमंत्री बनाना चाहते थे। जब एक राजनीतिक दल अपने और अपने सहयोगियों के लिए लोगों के समर्थन की उम्मीद करता है, जिनमें से कई अलग-अलग विचारधाराओं से प्रेरित होते हैं, तो उसे एक एकीकृत कारक की आवश्यकता होती है जो पार्टियों के बीच मतभेदों को घटाता है।

नरेंद्र मोदी एनडीए के लिए वह कारक हैं। दर्जनों विपक्षी नेता चाहते थे कि लोग कई विचारधाराओं को अपनाएं। यह भी उनके विकास और उन्नति के लिए नहीं बल्कि सत्ता में राजनेताओं के दावे का समर्थन करने के लिए है। तुच्छ, स्वार्थी, अत्यधिक अपरिपक्व। और सौभाग्य से भारत के भविष्य के लिए लोगों ने इसके पार देखा।

'एक बनाम सब' एक पहलू जो नरेंद्र मोदी के पक्ष में बहुत अधिक गया, वह यह था कि दर्जनों राजनेता बिना किसी उचित कारण के उन्हें निशाना बनाने के लिए सामने आए। खुद को बचाने की चाह में, उन्होंने ग़लत हिसाब लगाया कि वे कैसे एक साथ एक ऐसे शख्स को हांकने के लिए आ रहे हैं, जो विकास, सुशासन और मजबूत निर्णय लेने का चैंपियन बन गया है और जो उनकी नाक में दम करने के लिए वापस आ रहा है। लोगों ने नरेंद्र मोदी को एक दुर्लभ ईमानदार नेता के रूप में देखा, और राजनेताओं को - जिनमें से लगभग सभी अभियुक्त थे या भ्रष्टाचार के दोषी थे - उन्हें गद्दी से हटाने के लिए मिलकर काम करना मतदाताओं द्वारा उत्साहजनक रूप से कभी नहीं देखा जाएगा।

41

हाँ मैं भी चौकीदार हूँ

नकारात्मकता मतदाताओं को आकर्षित नहीं करती है। विपक्षी दलों ने इसे कठिन तरीके से सीखा। भारत जैसा युवा राष्ट्र बहुत बुनियादी सुविधाओं से लेकर आधुनिक बुनियादी ढाँचे तक के विकास का हकदार है और मांग करता है, और ऐसा महत्वाकांक्षी देश एक पराजित राजनीतिक अभियान की सदस्यता नहीं ले सकता है। विपक्ष उस दिन चुनाव हार गया जिस दिन उसने नरेंद्र मोदी को अपने अभियान का केंद्र बिंदु बना दिया, और तो और इसके पास सरकार की योजनाओं के लिए कोई तार्किक आलोचना भी नहीं थी। इसके बजाय, यह बिल्कुल यादृच्छिक और मनगढ़ंत आरोपों के साथ आया। भारत में राजनेताओं पर बहुत काम विश्वास किया जाता है -कुछ गिने-चुनों को छोड़कर- और इस वास्तविकता को जानने के बावजूद कई नेताओं ने लोगों के गले हास्यास्पद झूठी कहानियां उतारने की पूरी कोशिश की, जिनका जमीनी वास्तविकता से कोई संबंध नहीं था। "चौकीदार चोर है" अब राहुल गांधी के इस 'सरल' आविष्कार के बारे में क्या कहें! यदि चुनाव के रुख को बदलने के लिए किसी एक बयान को पुरस्कृत किया जाए- या तो पक्ष में या खिलाफ – तो वह कांग्रेस के राजकुमार का यह बयान होगा। लेकिन पहली बात यह की कांग्रेस ने ऐसा आत्म-विनाशकारी नारा क्यों दिया? नरेंद्र मोदी की छाप एक तपस्वी की है और वे अपने पूरे सार्वजनिक जीवन में एक बेदाग चरित्र रखते हैं। उन्हें एक ऐसे व्यक्ति के रूप में देखा जाता है जो बिना किसी व्यक्तिगत लाभ के देश के लिए काम कर रहा है। यह छवि ही लोगों को उनके प्रति आकर्षित करती है। कई लोग उन्हें अपने परिवार का सदस्य मानते हैं और उन्हें धार्मिक रूप से पूजते हैं। अगर किसी तरह नरेंद्र मोदी के इस व्यक्तित्व को चोट पहुंचाई गई तो यह उनकी राजनीतिक पूंजी को गंभीर नुकसान पहुंचाएगा। कांग्रेस को चुनाव में

वापसी करने का एक मौका यह साबित करने की कोशिश में था कि नरेंद्र मोदी उनसे अलग नहीं थे; वह भी भ्रष्ट हैं। कांग्रेस ने 'चौकीदार चोर है' अभियान के साथ यही करने की कोशिश की।

नरेंद्र मोदी ने चौकीदार के रूपक को अपनाया और देश के राजनीतिक क्षेत्र में एक अभूतपूर्व जन आंदोलन के साथ राहुल गांधी को जवाबी चुनौती दी। भारत के सर्वोच्च कार्यालय में राहुल के भ्रष्टाचार के आरोपों का मजाक उड़ाने के लिए लाखों भारतीयों ने "मैं भी चौकीदार"अभियान को अपना लिया। इस चौकीदार अभियान का पैमाना और गति दोनों ही भारत की राजनीति के तकनीकी व्यवधान की गहराई और राजनीतिक अभियान बनाने के लिए प्रौद्योगिकी का लाभ उठाने की मोदी की क्षमता का प्रमाण देते हैं। पीएम के अपने ट्विटर हैंडल को बदलने के 72 घंटों के भीतर, "चौकीदार" भारत के हजारों-हजारों दूर-दराज के गांवों के के गांवों के संवादी व्याकरण में प्रवेश कर गया था। चुनाव के पहले दो चरणों के बाद, मतदान संख्या ने कांग्रेस पार्टी के अपने कार्यकर्ताओं के मोदी के खिलाफ भ्रष्टाचार के आरोपों के बारे में लगभग 60% द्वारा या तो पूरी तरह से अस्वीकृति या गंभीर गलतफहमी का प्रदर्शन किया। राहुल गांधी दीवार से बात कर रहे थे। वे "राफेल सौदे" पर बार-बार वार करते रहे जिससे वे केवल लोगों की नजर में विश्वसनीयता खो रहे थे, लेकिन उन्होंने कभी भी कोई सुधार नहीं किया। यहां यह ध्यान रखना दिलचस्प है कि उनके बराबर का कोई भी अन्य कांग्रेसी नेता "चौकीदार चोर है" प्रवचन से मोहक नहीं था और न ही राफेल सौदे पर अभियान बनाने के बारे में उत्साहित था, एक भी सांसद प्रतियोगी ने इन दोनों विषयों को अपने अभियानों के आधारशिला के रूप में इस्तेमाल नहीं किया। इसकी तुलना इस तथ्य से करें कि विपक्ष के आरोप को चुनौती के रूप में केंद्र और भाजपा शासित राज्य सरकारों के हर मंत्री, हर सांसद, हर मामूली भाजपा नेता, लाखों साधारण पार्टी कार्यकर्ताओं और करोड़ों औसत मतदाताओं के अलावा लाखों लोग अपने ट्विटर, फेसबुक, और व्हाट्सएप पर नाम के पहले "चौकीदार" छद्म का प्रयोग गर्व से करते थे।

✺

2019 का अभियान, मैं भी चौकीदार नारे और राष्ट्रीय सुरक्षा के आसपास केंद्रित है। यह कहना गलत होगा कि मैं भी चौकीदार एक नारा है, यह कम समय में एक राष्ट्रव्यापी आंदोलन बन गया है। अब आप देख सकते हैं कि कई समर्थक अपने ट्विटर हैंडल के आगे चौकीदार शब्द लगा रहे हैं। प्रबंधन निबंध इस 'मैं भी चौकीदार' आंदोलन पर लिखे जा सकते हैं और लिखे जाने चाहिए। यह बेहद

लोकप्रिय हो गया है। 2019 के आम चुनावों में अपने अभियान के भाषणों में, मोदी दर्शकों के साथ समन्वित बातचीत की श्रृंखला के साथ अभियान की रैलियों को समाप्त कर रहे हैं।

वह उनके भाषण के बाद सभी लोगों से घर घर में है चौकीदार कहने को कहते हैं। इसमें एक काव्यात्मक तत्व है और वह इसका उपयोग हिंदी भाषी क्षेत्र में करते हैं। यह इस प्रकार है:

भ्रष्टचारियों होशियार - घर घर में है चौकीदार, भगोड़ों पर कानून का वार - घर घर में है चौकीदार, बंद होगा काला कारोबार - घर घर में है चौकीदार, देश द्रोहियों पर कड़ा वार - घर घर में है चौकीदार, आतंक पर होगा आखरी बार - घर घर में है चौकीदार, दुश्मन हो जा ख़बरदार - घर घर में है चौकीदार, घुसपैठिए भागे सिमा पार - घर घर में है चौकीदार, टूटेगी जात पात की दिवार - घर घर में है चौकीदार, वंशवाद की होगी हार - घर घर में है चौकीदार, दागदार पर भरी नामदार - घर घर में है चौकीदार.....

इस प्रकार की काव्यात्मक शैली भारत में अनसुनी है और मोदी धीरे-धीरे इसमें महारत हासिल कर रहे हैं। मैंने भी इसे पहले नहीं देखा है, लेकिन यह जनता के साथ बहुत अच्छी तरह से प्रतिध्वनित होता दिख रहा है। मोदी अक्सर दर्शकों से अग्रणी और स्पष्ट सवाल करते हैं। उदाहरण के लिए वह सर्जिकल स्ट्राइक की बात करते जो उनकी सरकार ने सीमा पार की। वह पूरी तरह से जानते हैं कि यह लोगों के साथ प्रतिध्वनित होता है। इसके बारे में बात करने के बाद, वह दर्शकों से एक सवाल पूछते कि क्या उन्होंने जो किया वह सही था या नहीं?

हालांकि यह एक सरल अभियान रणनीति है, यह चालाकी भरी है। अधिकांश दर्शक प्रश्न का उत्तर हां में देते हैं। इस तरह, मोदी दर्शकों को सहयोजित करने का प्रयास करते हैं जैसे कि वे भी सरकार में निर्णय लेने वाले हैं।

42

परिवर्तन का बिन्दू

बालाकोट स्ट्राइक आम चुनावों में विपक्ष के अच्छा प्रदर्शन करने की संभावनाओं के ताबूत में आखिरी कील थी। प्रधानमंत्री मोदी द्वारा मौलिक रूप से साहसिक कदम ने उनके पक्ष में एक स्पष्ट भावना पैदा की, जिसे उन्हें मिली भारी बहुमत के रूप में देखा जा सकता था। विपक्षी नेताओं ने, बिना किसी अपवाद के, पहले तो हमलों की प्रामाणिकता पर सवाल उठाया और और फिर मारे गए आतंकवादियों की संख्या ने भाजपा के पक्ष में रुख मोड़ दिया। यह भारतीय वायु सेना के कार्यों और दावों पर संदेह पैदा करने के रूप में सामने आया। लेकिन इससे भी महत्वपूर्ण बात यह है कि इस घटना से पता चला कि विपक्ष कैसे बौद्धिक रूप से दिवालिया हो गया था। इसने दशकों तक राजनीति में रहने के बावजूद इन नेताओं की राजनीतिक समझ की भारी कमी को उजागर किया।

जब तक खबरें आने लगीं कि बालाकोट में हवाई हमलों में लगभग 300 आतंकवादी मारे जा चुके हैं, विपक्ष अपनी अगली हास्यास्पद बयानबाजी के साथ तैयार था: 'सरकार कैसे जानती है कि 300 आतंकवादी मारे गए?' '300 नहीं बल्कि 200 आतंकवादी मारे गए होते तो कौन सा राजनीतिक उद्देश्य पूरा होता?या फिर कहे की सिर्फ 150?

जैसे-जैसे चैनलों ने सनसनीखेज खबरें चलाना शुरू किया, एक खास पार्टी का समर्थन करने वाले दल ने हमलों पर सवाल उठाने वाले मीम्स बनाना शुरू कर दिया और बहस के लिए एक झूठा भाषण तैयार किया। 'बुद्धिजीवियों' की यह मंडली यह महसूस करने में विफल रही कि जब तक उन्होंने अपनी कहानी तैयार की, तब तक व्हाट्सएप संदेशों में हड़तालों की सफलता के बारे में खबरें आ चुकी थीं। सोशल मीडिया इसी तरह के ट्वीट्स और पोस्टों से भरा हुआ था, और लोग

यह मानने लगे थे कि वास्तव में 300-आतंकवादियों को निष्प्रभावी कर दिया गया है। सबसे महत्वपूर्ण पहलू यह था कि यह खबर ग्रामीण इलाकों में जंगल की आग की तरह फैल गई, और यह हमारे गांव ही हैं जो सेना में सैनिकों को भेजते हैं।

इसके परिणामस्वरूप बहुसंख्यक मतदाताओं के बीच प्रधान मंत्री मोदी के लिए एक अभूतपूर्व सकारात्मक भावना पैदा हुई। एक और बात जो भाजपा के पक्ष में गई, वह यह थी कि जो संदेश और पोस्ट वायरल किए जा रहे थे, वे भाजपा के आईटी सेल की रचना नहीं थे, बल्कि नागरिकों के खुद के मन से लिखे गए और दूसरों को आगे भेजे गए थे। इसका मतलब यह था कि समाचारों के प्रसार की गति अविश्वसनीय थी क्योंकि आम भारतीयों ने इस घटना के प्रचार में सक्रिय भूमिका निभाई थी। दूसरी ओर, कांग्रेस द्वारा बनाए गए मीम और संभाषण जनता की भागीदारी की कमी के कारण कठोर, प्रतिबंधित और संकीर्ण चैनलों के माध्यम से चले गए। यह वस्तुतः एक प्रतियोगिता नहीं थी। इससे पहले कि कथनात्मक घटना को कुछ घटिया और झूठ में तब्दील किया जा सके, आम भारतीय अपने विश्वास में दृढ़ थे कि भारतीय वायु सेना ने पाकिस्तान के अंदर एक बड़ी आतंकवादी दल पर बमबारी की थी जिसमें सैकड़ों आतंकवादी मारे गए थे। जनता के लिए, मारे गए आतंकवादियों की संख्या से अधिक महत्वपूर्ण तथ्य यह था कि सरकार ने पाकिस्तानी सीमा के अंदर वायु सेना के उपयोग की अनुमति देने की हिम्मत की थी ताकि इसकी हुकूमत को एक ठोस, दीर्घकालिक सबक सिखा सके। यह काफी आश्चर्यजनक था कि विपक्ष ने इसे अभिज्ञानित नहीं किया।

26/11 से तुलना करने के लिए हवाई हमले की प्रामाणिकता पर सवाल उठाकर और इसके महत्व को कम करके, कांग्रेस ने राजनीतिक आत्महत्या कर ली क्योंकि इसने भाजपा को 26/11 के बाद कांग्रेस की निष्क्रियता को ऊपर उठाने का मौका दिया। जब 2008 में सोनिया गांधी की अगुवाई वाली कांग्रेस शासन कर रही थी, तो भारतीय वायु सेना ने सरकार से कहा कि वह जवाबी कार्रवाई में हवाई हमले कर सकती है, लेकिन सरकार ने ठीक से जवाब तक नहीं दिया। इसने केवल उन दिनों को व्यर्थ बीत जाने दिया ताकि अंततः क्रोध कम हो जाए और प्रतिशोध की मांग विलुप्त हो जाए। एक बार जब कांग्रेस ने बालाकोट हमलों के खिलाफ आवाज उठानी शुरू की, प्रधानमंत्री मोदी ने बहुत ही सूक्ष्मता और सही ढंग से लोगों को पाकिस्तानी आतंकवाद के जवाब में भिन्नता की याद दिला दी, किस पार्टी ने अपने शासन में क्या किया। देश के दिल में हुए सबसे जघन्य आतंकी हमले के बाद कांग्रेस चुप रही, जबकि नरेंद्र मोदी के नेतृत्व वाली भाजपा ने अपनी कड़ी

प्रतिक्रिया से पाकिस्तान को चौंका दिया।

෧෨

मोदी है तो मुमकीन है

पाकिस्तान से भारत में विंग कमांडर अभिनंदन वर्धमान की वापसी। यह कहानी सभी भारतीयों को अच्छी तरह से ज्ञात है क्योंकि भारत और पाकिस्तान सचमुच एक और युद्ध के द्वार पर थे। बालाकोट हवाई हमले के बाद, पाकिस्तान ने अपनी वायु सेना के साथ सीमा पर गोलीबारी की और भारतीय वायु सेना ने जवाब दिया। इस प्रक्रिया में, विंग कमांडर वर्धमान का मिग बाइसन विमान ध्वस्त हो गया और उन्होंने पाकिस्तानी क्षेत्र में पैराशूट से उतरकर अपना जीवन रक्षण किया।

उनके साथ पहले स्थानीय लोगों ने मार पीट की और फिर उन्हें अधिकारियों के हवाले कर दिया। उनके खून से सने चेहरे की तस्वीरें पाकिस्तानी टीवी द्वारा प्रसारित की गईं और जल्द ही तस्वीरें दोनों देशों के सोशल मीडिया प्लेटफॉर्म पर वायरल हो गईं। यह कैसे हुआ कि विंग कमांडर को पाकिस्तान द्वारा दो दिनों के भीतर सही सलामत भारत वापस भेज दिया गया? हम सभी जानते हैं कि पाकिस्तान में एक वैध लोकतांत्रिक रूप से चुनी हुई सरकार है, लेकिन इसमें आईएसआई और सेना जैसे बहुत प्रभावशाली गैर- राजकीय अभिनेता भी हैं। विंग कमांडर की वापसी जैसे किसी भी बड़े फैसले में गैर- राजकीय अभिनेताओं के अनुमोदन की मुहर लगी होनी चाहिए जो भारत के साथ अविश्वास के खराब रिश्ते को देखते हुए बहुत असंभव होता। सरकार के भीतरी हलकों से पता चलता है कि पाकिस्तान पर कई अंतरराष्ट्रीय शक्तियों द्वारा जबरदस्त कूटनीतिक दबाव डाला गया था, जिनके साथ मोदी सरकार ने पैरवी की थी और इसके साथ ही भारत सरकार द्वारा दी गयी खुली चेतावनी भी थी कि अगर विंग कमांडर के साथ कुछ भी हुआ, तो इसका परिणाम होगा रातों रात पाकिस्तान पर पूर्ण चौतरफा हमला। मैं नई दिल्ली में मनमोहन सिंह को ऐसी ही स्थिति के मामलों के नियंत्रण के बारे में सोचता हूं तो कांप जाता हूँ। मोदी है तो मुमकिन है नारे का एक और ठोस उदाहरण यह भी है की संयुक्त राष्ट्र सुरक्षा परिषद ने आखिरकार मौलाना मसूद अजहर को वैश्विक आतंकवादी के रूप में नामित किया। 1 मई 2019 को संयुक्त राष्ट्र में भारतीय दूत सैयद अकबरुद्दीन ने इसकी घोषणा की। पदनाम केवल इसलिए रुका हुआ था क्योंकि चीन पिछले कई वर्षों से तकनीकी का हवाला दे

रहा था। इस बीच, चीन की आपत्ति के कारण, अजहर पुलवामा आतंकवादी हमलों का मास्टरमाइंड होने के बावजूद बच निकला, जिसमें 40 से अधिक सीआरपीएफ जवानों ने अपने प्राण गवाए। मोदी सरकार इस प्रस्ताव को पारित करने के लिए कूटनीतिक और काफी आक्रामक तरीके से आगे बढ़ रही थी। यह एक आसान कार्य नहीं था और मोदी सरकार के राजनयिक असंभव को प्राप्त करने के लिए पूरी तरह यश के पात्र थे। मोदी सरकार ने अपने मामले का समर्थन करने के लिए शीर्ष चीनी नेतृत्व को विस्तृत प्रस्तुतियां और सबूतों के छोटे से छोटे टुकड़ों को दिया है। पूर्व में, चीन ने अरोपित को वैश्विक आतंकवादी घोषित करने के प्रयासों को कम से कम 4 बार अवरुद्ध कर दिया था। यूएनएससी प्रतिबंध प्रक्रिया काफी श्रमसाध्य है और किसी को आतंकवादी घोषित करने में महीनों और साल लग सकते हैं।

43

वाराणसी रोड शो

बनारस में मोदी और भाजपा द्वारा किया गया 2019 का रोड शो निश्चित रूप से हमारे समय के के सबसे बड़े चुनावी उत्सव सह तमाशे के रूप में होगा। लोग अपने बेटे या गंगा मैया के लाल को देखने के लिए रिकॉर्ड संख्या में उपस्थित हुए। मोदी ने पिछले 5 वर्षों में 15 से अधिक बार वाराणसी का दौरा किया है और शहर तेजी से बदल रहा है। हवाई अड्डे से आधुनिक राजमार्ग, मंडुवाडीह रेलवे स्टेशन का सौंदर्यीकरण, सड़कों का चौड़ीकरण, स्ट्रीट लाइट में सुधार, घाटों की सफाई, विश्वनाथ कॉरिडोर सहित अन्य ने शहरवासियों की कल्पना को साकार किया है। सड़कों पर जबरदस्त उत्साह था। 40 डिग्री की गर्मी में भीड़ बहुत पहले से इकट्ठा होने लगी थी और इसमें सभी उम्र के लोग शामिल थे, कई ने मनोहर वस्त्र पहन रखे थे। मुस्लिम शहनाईवादियों सहित संगीतकारों के बैंड थे जो मोदी के शाम 4.30 बजे के करीब पहुंचने तक गैलरी में संगीत प्रस्तुत करते रहे। रोड शो लंका गेट पर या बनारस हिन्दू विश्वविद्यालय के बाहर महामना की प्रतिमा से शुरू हुआ और शहर से होकर गंगा आरती के लिए दशाश्वमेध घाट पर समाप्त हुआ। मीडिया का सनसनीखेज दिन था और सभी समाचार चैनलों ने अन्य समाचारों को ब्लैक आउट कर दिया। कुछ चैनलों ने शो में उपस्थित लोगों की संख्या डाल दी जो 6 लाख से अधिक निकली। दिन के दौरान लोगों के साथ अनेक साक्षात्कार(इंटरव्यू) किए गए और जैसा एक व्यक्ति ने एक चाय की दुकान में कहा था की, "पूरा बनारस मोदीमय है अभी",यानी,बनारस का पूरा शहर अभी मोदी के प्यार में है, वह स्पष्ट दिख रहा था। सबसे बड़ी बात यह थी कि मोदी का स्वागत कुछ वैसा ही था जैसा राजाओं और सम्राटों (प्राचीन काल में) को दिया जाता था, जो एक लंबी

लड़ाई के बाद अपने गृह नगर लौटते थे। ऊपर से फूलों की पंखुड़ियों की बौछार, हर हर मोदी के नारे लगाते हुए इस अवसर के लिए कपड़े पहने उन्मादी भीड़, गली-नुक्कड़ पर संगीतकारों के समूह जैसे-जैसे मोदी रथ गुज़र रहा था ढोल पीट रहे थे, और लाखों लोग उस वाहन के आगे आगे चल रहे थे जिसमें मोदी यात्रा कर रहे थे। शहर भगदड़ से बच गया। दिन के दौरान, मीडिया प्रियंका गांधी पर ताना मार रही थी और मोदी पर निशाना साधने के लिए उकसा रही थी। यह खबर एक हफ्ते तक चली और शाम होते-होते यह दम तोड़ गई जब कांग्रेस पार्टी ने डर के मारे पाँव पीछे ले लिए, मोदी के प्रति प्रतिक्रिया को देखकर। अजय राय को एक बार फिर प्रतीकात्मक लड़ाई लड़ने के लिए घोषणा की गई। टीवी पत्रकारों के कई सवालों के जवाब देने के लिए लोगों द्वारा अपनाई जाने वाली काव्यात्मक शैली देखने में मजेदार थी। ऐसा क्यों हो रहा था? इसका जवाब पाने के लिए हमें यह देखना होगा कि मोदी ने पिछले 5 वर्षों में बनारस के लिए क्या किया है। उन्होंने जो कुछ किया है वह विशाल आध्यात्मिक महत्व के साथ एक महान ऐतिहासिक शहर की नींव रखना है, उन्होंने लोगों को आगे का रास्ता दिखाया है। और लोगों ने बदले में जवाब दिया। मोदी की दीवानगी इतनी अधिक थी, मैंने कम से कम 3 अलग-अलग लोगों को टीवी सवालों के दौरान यह कहते हुए सुना कि मोदी को भारत और बनारस में जीवन भर के लिए पीएम और सांसद बनाया जाना चाहिए। फिर से यह एक बहुत उच्च क्रम की योग्यता के आधार पर यहां कार्य पर सकारात्मक लोकतंत्र की शक्ति थी। मोदी ने पिछले 5 वर्षों में बनारस पर प्रभावी ढंग से काम किया है, उन्होंने शहर को उस नरक से बाहर निकाला है, जिसमें इसे पहले धकेल दिया गया था, जिन नागरिकों ने बड़े नागरिक मुद्दों के बावजूद अपने बनारसी अंदाज़ को बनाए रखा।

44

केदारनाथ मंदिर

मई 2019 में मोदी ने केदारनाथ मंदिर का दौरा किया। स्लेटीरंगकीपारंपरिक पहाड़ी पोशाक में तैयार, नरेंद्र मोदी ने मंदाकिनी नदी के पास 11,755 फीट की ऊंचाई पर स्थित केदारनाथ मंदिर में लगभग 30 मिनट तक पूजा-अर्चना की। तत्पश्चात, प्रधानमंत्री ध्यान लगाने के लिए तीर्थ के पास एक गुफा के अंदर गए। भगवा शॉल में लिपटे, उन्होंने पवित्र गुफा के अंदर ध्यान लगाया। गुफा केदारनाथ मंदिर से लगभग एक किलोमीटर ऊपर है। उन्होंने लगभग 17 घंटे पवित्र गुफा के अंदर बिताए। गुफा से बाहर निकलने के बाद, मोदी ने कहा कि वह कई अवसरों पर मंदिर के दर्शन करने के लिए भाग्यशाली रहे हैं, यह कहते हुए कि उनका केदारनाथ के साथ एक विशेष संबंध है। उन्होंने संवाददाताओं से कहा कि उन्होंने प्रार्थना करते समय कुछ नहीं मांगा क्योंकि यह उनका स्वभाव नहीं है। "भगवान ने हमें देने की क्षमता दी है न की मांगने की"। उन्होंने कहा कि ईश्वर न केवल भारत को बल्कि संपूर्ण मानव जाति को सुख, समृद्धि और कल्याण का आशीर्वाद दें। केदारनाथ की गुफा में मोदी के ध्यान लगाने से प्रतीत होता है कि लोगों ने उनके नक्शेकदम पर चलने की प्रवृत्ति शुरू कर दी है। बुकिंग ऑनलाइन सेट की गई है, जहां लोग स्लॉट बुक करने के लिए ऑनलाइन लगभग 1500 रुपये का भुगतान कर सकते हैं, गुप्तकाशी या केदारनाथ में चिकित्सा परीक्षण करा सकते हैं और प्रधानमंत्री की तरह 24 घंटे गुफा में ध्यान करने के लिए अकेले रह सकते हैं। देहरादून में गढ़वाल मंडल विकास निगम (जीएमवीएन) के महाप्रबंधक बीएल राणा ने कहा, "प्रतिक्रिया अभूतपूर्व है।" "हमारे पास देश भर से बहुत सारी बुकिंग और पूछताछ हुई हैं। सभी बुकिंग ऑनलाइन ली जा रही हैं। एक दूसरी गुफा अब निर्माणाधीन है क्योंकि मांग अधिक है", उन्होंने कहा।

45
जीत

भारत के अधिकांश हिस्सों में व्यापक भगवा लहरों पर सवार होकर, भाजपा के नेतृत्व वाली एनडीए सरकार भारतीय राजनीतिक इतिहास में सत्ता में लौटने वाली एकमात्र गैर-कांग्रेसी सरकार बन गई। जवाहरलाल नेहरू और इंदिरा गांधी के बाद, नरेंद्र मोदी भारत के तीसरे प्रधानमंत्री भी बने जिन्होंने लोकसभा में पूर्ण बहुमत के साथ दूसरे कार्यकाल के लिए सत्ता बरकरार रखी।

लगभग 50 प्रतिशत वोट शेयर के साथ उत्तर, पूर्व और पश्चिम भारत में प्रचंड जीत की अपनी लगभग असंभव उपलब्धि को दोहराते हुए, एनडीए ने कुल 542 लोकसभा सीटों में से 350 सीटों के भव्य आंकड़े को प्राप्त करने के लिए 336 के अपने पिछले आंकड़े को पार कर लिया। खुद बीजेपी ने देश भर में 303 सीटें जीतकर तिहरा शतक बनाया।

बीजेपी ने पश्चिम बंगाल में शानदार बढ़त बनाई और उत्तर प्रदेश में बीएसपी-एसपी महागठबंधन के खतरों को नाकाम करने में कामयाब रही। भगवा लहर न केवल हिंदी हृदयभूमि और गुजरात में चली, बल्कि पश्चिम बंगाल, ओडिशा, महाराष्ट्र और कर्नाटक में भी फैल गई। केवल केरल, तमिलनाडु और आंध्र प्रदेश अछूते दिखाई दिए। तेलंगाना में भी भाजपा ने राज्य की 17 सीटों में से 9 सीटों पर जीत हासिल करने वाली शक्तिशाली तेलंगाना राष्ट्र समिति के खिलाफ चार सीटें जीतकर कई लोगों को चौंका दिया।

मध्य प्रदेश, छत्तीसगढ़, राजस्थान, गुजरात और हरियाणा सहित कई राज्यों में 50 प्रतिशत से अधिक वोट शेयर के रूप में भाजपा ने इस बार अपना प्रदर्शन बेहतर किया है, यह भारतीय चुनावी इतिहास में एक सांख्यिकीय आश्चर्य से कम नहीं है।

☙

नई दिल्ली में भाजपा मुख्यालय के बाहर पार्टी कार्यकर्ताओं के लिए एक जोरदार भाषण में, प्रधान मंत्री नरेंद्र मोदी ने विनम्र लहज़ा दिखाया। "मैं भारत के 130 करोड़ लोगों को नमन करता हूं।"

"अगर कोई विजयी हुआ है, तो यह भारत है," उन्होंने कहा। "अगर कोई विजयी हुआ है, तो वह लोकतंत्र है। अगर कोई विजयी हुआ है, तो वह मतदाता है।"

एक लोकलुभावन स्वर में प्रहार करते हुए और युद्ध में लगे पौराणिक हिंदू हस्तियों को उकेरते हुए, मोदी ने चुनावों को आम भारतीयों के द्वारा आम भारतीयों के लिए एक जीत के रूप में कहा, बजाए उनके जो गरीब और दलितों को नकार देते हैं। लड़ाई के अंत में, उन्होंने कहा की, "भारत के उज्ज्वल भविष्य की गारंटी है।"

"कुछ कह रहे हैं, 'मोदी, मोदी, मोदी!" उन्होंने कहा। "यह मोदी की जीत नहीं है। यह इस देश के ईमानदार नागरिक की उम्मीदों की जीत है।"

"यह उस माँ की जीत है, जो शौचालय के लिए तरस रही थी," उन्होंने कहा। "यह जीत उन किसानों की है जो दूसरों का पेट भरने के लिए पसीना बहाते हैं। यह 40 करोड़ असंगठित मजदूरों की जीत है।"

☙

30 मई 2019

सादगी परम विशेषज्ञता है - प्रधान मंत्री नरेंद्र मोदी ने गुरुवार को अपने शपथ ग्रहण समारोह में इसे सही ढंग से प्रदर्शित किया, एक सफेद कड़कीले कुर्ता-पाजामे के साथ एक साधारण फीका स्लेटी जैकेट पहन कर।

"मैं, (लोगों ने राष्ट्रपति भवन में 'मोदी-मोदी'के नारे लगाने शुरू कर दिए)

नरेंद्र दामोदरदास मोदी ईश्वर की शपथ लेता हूँ की मैं विधिद्वारा स्थापित भारत के संविधान के प्रति सच्ची श्रद्धा और निष्ठा रखूँगा, मैं भारत की प्रभुता और अखंडता अक्षुण्ण रखूँगा, मैं संघ के प्रधानमंत्री के रूप में अपने कर्तव्यों का श्रद्धापूर्वक और शुद्ध अंतः करण से निर्वहन करूँगा, तथा मैं भय या पक्षपात, अनुराग या द्वेष के बिना सभी प्रकार के लोगों के प्रति संविधान और विधि के अनुसार न्याय करूँगा"।

गोपनीयता की शपथ

"मैं नरेंद्र दामोदरदास मोदी ईश्वर की शपथ लेता हूँ की जो विषय संघ के प्रधानमंत्री के रूप में मेरे विचार के लिए लाया जायेगा अथवा मुझे ज्ञात होगा उसे किसी व्यक्ति या व्यक्तियों को तब के सिवाय जबकि प्रधानमंत्री के रूप में अपने कर्तव्यों के सम्यक निर्वहन के लिए ऐसा करना अपेक्षित हो, मैं प्रतयक्ष अथवा अप्रत्यक्ष रूप से संसूचित या प्रकट नहीं करूँगा"।

46
वायनाड क्यों, राहुल ?

यदि किसी राजनीतिक निर्णय के प्रभाव का सही आकलन करने का एक तरीका होता, तो राहुल गांधी का वायनाड से चुनाव लड़ने के चुनाव पूर्व-चुनाव कदम के नकारात्मक प्रभाव के संदर्भ में वहीं होता। एक ऐसी चौंकाने वाली खबर जिसने सबसे ज्यादा सुर्खियां बटोरी थीं, वह थी राहुल गांधी का दूसरी सीट से चुनाव लड़ना। ऐसा करके, राहुल ने सुनिश्चित कर दिया था कि वह अमेठी हार जायेंगे। अंततः स्मृति ईरानी ने लगभग 55,000 वोटों के अंतर से जीत हासिल की। अमेठी हमेशा कठिन था, राहुल गांधी के जीत के अंतर को देखते हुए जो 2009 से 2014 तक 3.70 लाख से 1.07 लाख वोटों से सिकुड़ गया था। 2014 में नरेंद्र मोदी की जीत के बाद से, स्मृति ईरानी अमेठी में विकास की पहल करने, स्थानीय लोगों के साथ बातचीत करने और मुश्किल समय में उनका समर्थन करने में बेहद सक्रिय थीं। कांग्रेस ने अनिष्ट के संकेत को देख लिया और राहुल को वायनाड भेजकर बचाने का फैसला किया। इस मामले की विडंबना यह है कि उनकी दूसरी सीट का चयन ही शायद उनकी हार का कारण बना। लगभग पाँच दशक के कांग्रेस के शासन के बावजूद गाँधी परिवार के वंशज का चुनाव लड़ने के लिए एक और सीट चुनने के फैसले ने अमेठी के लोगों के मन में एक पराजयवादी संदेश भेजा। वायनाड का चयन करने के निर्णय से यह भी पता चला कि कांग्रेस का नेतृत्व न तो गंभीर, लोगों के लिए राजनीति में रुचि रखता था और न ही उसे जमीनी वास्तविकता की कोई समझ थी। पार्टी प्रगतिशील राजनीति पर ध्यान देने की बजाय परिवार को बचाने में ही लगी रही।

पराजित होने पर अपने आप को राजनीतिक रूप से पुनर्जीवित करने की संभावना हमेशा बनी रहती है, लेकिन एक बार जब आप एक भगोड़े के रूप में

दिखाई देते हैं तो वापस लौटने का सवाल ही नहीं रहता। यदि कांग्रेस, परिवार के राजनीतिक अस्तित्व को सुनिश्चित करने के बारे में नहीं रहती और उसकी राजनीतिक चतुराई उसके अहंकार से अधिक होती, तो राहुल गांधी अमेठी में अपने अभियान को न केवल वैध वादों के साथ तेज करते, बल्कि वे जो कुछ नहीं कर पाए थे उसके लिए माफी भी मांगते। भारतीय सरल, क्षमाशील लोग हैं। यह 2015 के दिल्ली चुनावों में शानदार ढंग से प्रदर्शित किया गया था जब अरविंद केजरीवाल वाराणसी में अपनी बुलंद महत्वाकांक्षाओं के चकनाचूर होने के बाद दिल्ली लौट आए। वह लोगों द्वारा मुख्यमंत्री चुने जाने के बावजूद दिल्ली छोड़ने के लिए कई जनसभाओं में माफी मांगने के लिए वापस लौट आए, और जनता ने उन्हें 70 सीटों में से 67 सीटें देकर पछतावे को एक वास्तविक संकेत के रूप में स्वीकार किया। अगर राहुल गांधी ने हर बार कैमरे के सामने आने पर प्रधानमंत्री मोदी को झूठा और हास्यास्पद तरीके से निशाना बनाने के बजाय अमेठी में अपने काम पर ध्यान केंद्रित किया होता, तो मुझे विश्वास है कि वे अमेठी को सबसे कम अंतर से बरकरार रख सकते थे, स्मृति ईरानी की 55,120 मतों से जीत कोई दुर्गम नहीं थी। यदि उन्होंने ऐसा किया होता और फिर भी हार जाते तो यह एक सम्मानजनक हार होती। एक कांटे की टक्कर जिसका नतीजा अंत तक नहीं लगाया जा सकता। उन्हें सीट के लिए लड़ने और किसी सुरक्षित सीट की और नहीं भागने के लिए सराहना मिलती। लेकिन यह कुछ ऐसा नहीं था जो गांधी परिवार को अपनी योजनाओं के रूप में अनुकूल लगा क्यूंकि उनका सर्वोच्च उद्देश्य कांग्रेस पर नियंत्रण बनाए रखना है। राहुल को पार्टी के अध्यक्ष के रूप में अपने शासन की वैधता सुनिश्चित करने के लिए कहीं से जीतना था। अमेठी से वायनाड के लिए उनकी छलांग से एक संदेश गया कि उन्होंने अपने पुश्तैनी निर्वाचन क्षेत्र और इसके लोगों को छोड़ दिया है, जो मतदान के दिन भी निर्वाचन क्षेत्र का दौरा नहीं करने पर सुस्पष्ट रूप से प्रदर्शित था।

47

मोदी और अल्पसंख्यक

मोदी के खिलाफ सबसे आम आरोपों में से एक यह है कि वह अल्पसंख्यक विरोधी हैं विशेष रूप से कहें तो यह की वे मुस्लिम विरोधी हैं। जिस समय मोदी गुजरात के मुख्यमंत्री थे, उस दौरान वे "मियाँ मुशर्रफ" जैसे वाक्यांशों से कांग्रेस के अल्पसंख्यक समर्थक अभियान को ताना मारा करते थे। भारत में दो प्रमुख अल्पसंख्यक मुस्लिम और ईसाई हैं। इसके अलावा, हमारे पास विभिन्न राज्यों के भीतर सिख, जैन, पारसी और अन्य भाषाई अल्पसंख्यक हैं दो मुख्य अल्पसंख्यक स्पष्ट रूप से असमंजस की स्थिति में हैं, वे नहीं जानते कि मोदी को क्या मानना है वे मेरी राय में मोटे तौर पर यह समझने में विफल रहे हैं कि मोदी का मतलब क्या है वह भारत को किस दिशा में ले जा रहे हैं। मोदी को अल्पसंख्यक शब्द से ही दिक्कत है। मोदी के दिमाग में यह शब्द मौजूद नहीं है। मोदी के मानसिक शब्दकोष में, वह शब्द गायब है और हमें उनकी विचार प्रक्रिया से सहमत होना होगा। यदि कोई मोदी के भाषणों को सुनता है, तो वो यह पाएगा की मोदी अधिकतर "मेरे 130 करोड़ देशवासियों" वाक्यांश का उपयोग करते हैं। यह वाक्यांश एक वास्तविक 'गेम-चेंजर' है और भारत के अल्पसंख्यकों द्वारा अभी तक सूक्ष्मता से समझा नहीं गया है। भारत का बहुसंख्यक समुदाय यानी हिंदू, अन्य समुदाय जैसे जैन, सिख और कई अन्य भाषाई अल्पसंख्यक या समुदाय जो हिंदी समझते हैं, इस वाक्यांश को समझ चुके हैं। वाक्यांश के उपयोग को समझना एक सन्देश है जिसे मैं नीचे समझाता हूं। वाक्यांश की शुरुआत ही काफी गहरी है। इसकी शुरुआत 'मेरे' से होती है, यहां मोदी की निपुणता इशारा कर रही है कि 130 करोड़ नागरिक उनके अपने हैं। इस वाक्यांश का उपयोग करके, मोदी इस विशाल आबादी वाले, अत्यंत विविध राष्ट्र के लिए पहला प्रस्ताव बना

रहे हैं, वह उनके पास यह कहते हुए पहुंच रहे हैं कि 'मैं आपको अपने परिवार का हिस्सा मानता हूं और मैं चाहता हूं कि आप मुझे अपने परिवार का हिस्सा मानें'। इसके अलावा, संदेश 'मैं आप सभी को एक साथ अपना परिवार मान रहा हूं'। यहां कोई बहिष्करण नहीं है, किसी को भी बाहर नहीं रखा गया है। यह उतना ही धर्मनिरपेक्ष है जितना हो सकता है। यह सुंदर पदावली भी है और इसकी बहुत ही सरलता, लेकिन फिर भी सर्वोच्च गहराई के लिए इसकी प्रशंसा की जा सकती है। जब वह '130 करोड़ देशवासी' कहते हैं, तो यहां एक दूसरी अपारदर्शिता है। वह उन्हें एक सामूहिक एकजुट समूह में भारतीयों के रूप में संबोधित कर रहे हैं और वह इससे आगे नहीं जाते हैं। इस वाक्यांश का बार-बार उपयोग करके, मोदी एक गोंद फैला रहे हैं जिसमें वह चाहते हैं कि भारत के नागरिक प्रवेश करें और प्रतिनिधि बनें।

यह भारतीयता का गोंद है। और फिर पूरे वाक्यांश का बार-बार उपयोग करके, मोदी एक राष्ट्रीय चेतना का प्रसार कर रहे हैं। वह भारत को खुद को एक राष्ट्र के रूप में सोचने के लिए कह रहे हैं। भारत या 'हिंदुस्तान' (बोलचाल की भाषा में) एक दूसरे के साथ युद्ध में अक्सर पड़े सैकड़ों स्वतंत्र राज्यों का देश था, लेकिन हिंदू संस्कृति के एक गोंद को बनाए रखा और इसके साथ आने वाली संस्कृतियाँ मिश्रित थीं; मुगलों से शुरू हुई इस्लामिक संस्कृति और ब्रिटिश और पुर्तगालियों के आगमन के साथ ईसाई संस्कृति।

अंग्रेजों ने फूट डालने और शासन करने की पूरी कोशिश की और वे सफल हुए। जाति प्रथा का बोलबाला था और इसने हिंदुओं को अलग-अलग समूहों में विभाजित कर दिया, जिनमें से प्रत्येक अपने अस्तित्व के लिए लड़ रहा था। स्वतंत्र भारत में राजनीतिक दलों ने जाति व्यवस्था का लाभ उठाया और अपना वोट-बैंक बनाया। यह बिना मेहनत के मिलने वाला फल था और इससे कई दल बहुत सारे चुनाव जीतने में भी कामयाब रहे। लेकिन राजनीतिक जीत से परे, उन्होंने अपनी जातियों के उत्थान के लिए बहुत कम काम किया। इसके कई उदाहरण हैं। मायावती के नेतृत्व वाली बसपा 2007 में दलितों, मुसलमानों और ब्राह्मण वोटों के एक वर्ग के भरोसे उत्तर प्रदेश में सत्ता में आई थी। हालांकि उनके शासन में यूपी में कानून-व्यवस्था की स्थिति में सुधार हुआ, लेकिन उन्हें लखनऊ में हाथी की मूर्तियों के निर्माण के लिए ही जाना जाता है। इन राजनीतिक दलों ने यह भी महसूस किया कि उन्हें इन जातियों को उनकी गरीबी या तड़प की मौजूदा स्थिति में बनाए रखना है और चुनावी लाभ प्राप्त करते रहना है।

एक और प्रमुख उदाहरण लालू प्रसाद यादव का है जिन्होंने 15 वर्षों तक बिहार पर शासन किया और विकास के मोर्चे पर बहुत कम काम किया। लालू यादवों, मुस्लिम और कुछ पिछड़ी जाति के समर्थन के आधार पर चुनाव जीते। उनकी राजनीतिक सफलता उस गरिमा पर बनी थी जो उन्होंने निचली जातियों को एक गहरी जाति-ग्रस्त समाज में प्रदान की थी। आइए सबसे बड़े अल्पसंख्यक यानी मुसलमानों की स्थिति की जांच करें। भारत के मुसलमान हालांकि कुल मिलाकर शांतिपूर्ण हैं, लेकिन अन्य पार्टियों ने उनका कोई अंत नहीं किया है, वह भी बड़े पैमाने पर शब्दों और बयानबाजी से। डॉ मनमोहन सिंह, 2004 से 2014 तक के यूपीए प्रधान मंत्री ने कहा कि मुसलमानों को हमारे संसाधनों पर पहला अधिकार होना चाहिए। यह एक निंदनीय विचार था। लेकिन मीडिया में किसी ने भी इस पर उनकी आलोचना नहीं की। यह कथन मेरी राय में घोर असंवैधानिक था।।(मजाक के लिए - शायद मनमोहन को यह कहना चाहिए था कि भारत में संसाधनों पर पहला अधिकार सोनिया गांधी का होना चाहिए)। हालांकि, मोदी और भाजपा ने 2014 में 'सबका साथ सबका विकास' का नारा दिया और यह जनता को बहुत अच्छी तरह से रास भी आया। इसलिए 'सबका साथ, सबका विकास' सिर्फ वोट पाने का नारा नहीं है, बल्कि बदलाव का एक बड़ा साधन है। यह पूरी तरह से धर्मनिरपेक्ष भी है।

क्या मोदी खुले तौर पर कह सकते थे कि 'हमारे संसाधनों पर हिंदुओं का पहला अधिकार है?'वे ऐसा कह सकते थे लेकिन उन्होंने ऐसा कभी नहीं कहा और न कहेंगे। उनके लिए, यह धर्मनिरपेक्ष नहीं है। यह 'सबका साथ सबका विकास' के उनके सिद्धांत के खिलाफ जाता है। समाज के बड़े वर्गों ने अब इस नारे का अर्थ समझ लिया है, वे यह समझने लगे हैं कि समाज के सभी वर्गों को प्रगति के पथ पर एक साथ आगे बढ़ना उचित है। यही है भारत पर मोदी का प्रभाव। सबका साथ सबका विकास एक कार्यनीतिक समाधान नहीं है, यह रणनीतिक है, यह नागरिकों के मन में एक राष्ट्रीय चेतना का निर्माण करता है और मजबूत करता है, खासकर जो लोग इसे समझ चुके हैं। हालाँकि मुसलमानों के बड़े वर्ग ने अभी तक इसे नहीं समझा है और वे मोदी के बारे में अपने कृत्रिम भय के साथ रहते हैं। जबकि ईसाई अल्पसंख्यक काफी हद तक किसी भी मन के टकराव से बाहर हैं, मुसलमान अभी भी इस उलझन में हैं कि सरकार से क्या उम्मीद की जाए। एक तरफ, हमारे पास ममता बनर्जी या केसीआर (तेलंगाना राष्ट्र समिति के के चंद्रशेखर राव) हैं, जो मुसलमानों को बढ़ावा देने के बारे में बहुत खुले हैं, दूसरी तरफ हमारे पास मोदी हैं जो किसी को बढ़ावा नहीं देते हैं, अकेले मुसलमानों को छोड़ भी दें तो। ऐसा नहीं

है कि किसी विशिष्ट समुदाय पर एक अलग पैकेज या लक्षित योजना खराब है, लेकिन इसे उचित संदेश के साथ बेचा जाना चाहिए। एक बार जब यह उम्मीद बन जाती है कि यह आजीवन हकदारी है, तो इसी तरह की अन्य उम्मीदें बढ़ती हैं।

दुनिया के किसी भी मुस्लिम देश की तुलना में भारतीय मुसलमानों के पास प्रगति के लिए सबसे बड़े अवसर हैं, लेकिन जब तक उनमें से कई मदरसों और इमामों के प्रभाव में सीमित हैं, तब तक बहुत अधिक परिवर्तन नहीं हो सकता है। दुर्भाग्य से भारत में, इमामों का प्रभाव मुसलमानों को मुख्यधारा से जोड़ने के खिलाफ काम कर रहा है। मुसलमान बस्तियों में रहते हैं और हिंदू अक्सर मुसलमानों को किराए पर मकान देने से कतराते हैं। यदि मुसलमानों को प्रगति करना है तो उन्हें पहले "मैं मुस्लिम हूँ" मानसिकता को त्यागना होगा। एक हिंदू या एक सिख पहले एक भारतीय है और उसके बाद ही एक हिंदू या सिख है। यहां तक कि ईसाई भी ऐसा महसूस करते हैं, लेकिन मुसलमान विशेष रूप से अधिक रूढ़िवादी मुसलमान दूसरे देश में एक मुस्लिम के साथ अधिक संबंध और पहचान बनाने में सक्षम हो सकते हैं एक अलग धर्म के भारतीय के बजाये। यह अस्वाभाविक नहीं है क्योंकि मुस्लिमों में सार्वभौमिक रूप से सामान्य धार्मिक प्रथाएं होती हैं जो प्रकृति में अधिक निर्धारित हैं और इसलिए वे अन्य मुसलमानों के साथ आसानी से लगाव पाते हैं। लेकिन मुसलमानों को इस बारे में आत्म-जागरूक होना चाहिए जो वे नहीं हैं। एक मुसलमान को खुदसे यह पूछने की जरूरत है कि क्या उसे अपने लिए विशेष पात्रता की जरूरत है या वह जिस इलाके में रहता है उसके लिए बेहतर सेवाओं, सुविधाओं और बुनियादी ढांचे की जरूरत है। मुझे अक्सर आश्चर्य होता है कि भारत में एक मुसलमान के लिए राष्ट्रवादी सोच क्या है। पाकिस्तान जैसे देश में, एक पाकिस्तानी होने पर गर्व है और शायद इंडोनेशियाई मुस्लिम या बांग्लादेशी मुस्लिम के साथ भी ऐसा ही है, लेकिन जो सवाल पूछने लायक है, वह यह है कि - 'क्या भारत में मुसलमान एक देश के रूप में भारत पर गर्व करते हैं?' क्या भाजपा और मोदी से पहले भी, उन्हें हमारे राष्ट्र पर गर्व था? भारत उन कुछ गैर-पश्चिमी देशों में से एक है जहाँ मुसलमान अल्पसंख्यक हैं। मैं गैर-पश्चिमी का उपयोग करता हूं क्योंकि पश्चिम ने केवल पिछले दो दशकों में मुसलमानों को प्रवास करने की अनुमति दी है, लेकिन मुसलमान बाबर के समय से भारत में हैं। मुसलमानों के पास भारत में बहुत सारे आइकन हैं, जिन पर उन्हें गर्व हो सकता है। हमारे शीर्ष तीन हिंदी फिल्म सितारे मुसलमान हैं यानी आमिर खान, शाहरुख खान और सलमान खान। बॉलीवुड ने मुसलिम पुरुषों और महिलाओं दोनों को बहुत सारे अवसर प्रदान किए हैं। ऐसा

नहीं है कि मोदी के सत्ता में आने के बाद मुसलमानों की स्थिति बहुत खराब हो गई है, और न ही बीजेपी के पहले इसमें बहुत सुधार हुआ है। इस प्रकार मुसलमानों के बीच एक बड़ा पहचान का संकट है जिसे अलग तरीके से संबोधित करने की आवश्यकता है। यह एक बहुत ही जटिल प्रश्न है और सबसे खराब समाधान यह है कि उन्हें वोट बैंक की राजनीति के रूप में इस्तेमाल किया जाए और उन्हें उनके हाल पर छोड़ दिया जाए।

समाजवादी पार्टी, राष्ट्रीय जनता दल, टीएमसी और कुछ अन्य पार्टियों ने मुसलमानों को उनके जीवन में वास्तविक बदलाव लाए बिना वोट बैंक के रूप में इस्तेमाल किया है। मुस्लिमों को शायद राज्य सरकार के उपहारों की जरूरत नहीं है, लेकिन बेहतर शिक्षा, एक बस्ती में रहने के बजाय मुख्यधारा की और बढ़ने की अधिक ज़रूरत है। लेकिन मुस्लिम मानसिकता में धीरे-धीरे बदलाव आ रहा है। मुसलमानों से बीजेपी का वोट शेयर आम तौर पर बढ़ा है। अब यह बदलाव का अच्छा मापदंड नहीं है। और यह होना भी नहीं चाहिए। लेकिन जब वे अपने मताधिकार का प्रयोग करते हैं, तो मैं भारत के लिए मुसलमानों में उस गौरव को देखने में विफल रहता हूं, जो अन्य सभी समुदाय सामान्य रूप से कर रहे हैं।

2014 की गौरव लहर और 2019 की सबसे बड़ी गौरव लहर, मुसलमानों के अलावा सभी समुदाय मोदी के लिए बड़े पैमाने पर मतदान कर रहे हैं। और राष्ट्र निर्माण में गर्व के साथ। वाम-उदारवादी बुद्धिजीवियों के शेखी बघारने और प्रधानमंत्रियों सहित राजनेताओं के अमानवीय बयानों से मुसलमान और भी भ्रमित हैं। मनमोहन सिंह की ओर वापस जाएँ तो, पूर्व प्रधान मंत्री ने दिसंबर 2006 में कहा था, "हमें यह सुनिश्चित करने के लिए नवीन योजनाएँ बनानी होंगी कि अल्पसंख्यक, विशेष रूप से मुस्लिम अल्पसंख्यक, विकास के लाभों को समान रूप से साझा करने के लिए सशक्त हों। संसाधनों पर इनका पहला दावा होना चाहिए।" मनमोहन 2004 से 2014 तक भारत के लिए पीएम थे, लेकिन उनकी सरकार ने मुसलमानों या अन्य अल्पसंख्यकों की भलाई के लिए कौन सी अभिनव योजनाएँ बनाईं। उन्होंने बेशक कई घोटालों की उपेक्षा की। इस प्रकार के नासमझ कथन से मुसलमानों को हकदारी की उम्मीदें बनी रहती हैं, और समुदाय अक्सर यह महसूस करने में असफल हो जाता है कि ये सिर्फ ढोंग है। एक हद से परे, मुस्लिम समुदाय के कई नेताओं का मोहभंग होना शुरू हो गया है, उन्होंने अपनी पार्टियां बनाना शुरू कर दिया है और केवल मुस्लिम राजनीति को आगे बढ़ा रहे हैं। हालांकि यह एक बुरा विचार नहीं है, पर इस बात के सबूत हैं कि ये नेता अक्सर आपे से बाहर हो जाते हैं और हिंदुओं को कोसने लगते हैं या हिंदुओं

के अलगाववाद में लिप्त हो जाते हैं। पश्चिम बंगाल में मुस्लिम बहुल रायगंज निर्वाचन क्षेत्र में हालिया चुनाव को ही देख लीजिए जहाँ हिंदुओं को कई बूथों पर मतदान करने से रोका गया। असदुद्दीन ओवैसी एक फ्रंटलाइन नेता हैं जिनकी एआईएमआईएम(AIMIM) पार्टी मुस्लिम बाहुल्य क्षेत्रों में अच्छा प्रदर्शन कर रही है। लेकिन उनके भाई अकबरुद्दीन ओवैसी ने अपने कुछ भाषणों में हिंदुओं को खुलेआम धमकी दी है। लेकिन क्या मुस्लिम वोट पाने के लिए मुस्लिम पार्टी बनाना सही समाधान है? क्या विकास केवल मस्जिदों और मदरसों को विकसित करना ही है? भाजपा नेताओं का साक्षात्कार करने वाले टीवी पत्रकार अक्सर चिल्लाते हुए पाए जाते हैं – 'भाजपा मुसलमानों को टिकट क्यों नहीं देती?' इस प्रकार के प्रश्न मुसलमानों को और भ्रमित करते हैं, यह उनकी असुरक्षा की भावना को मजबूत करती है और उनके आइडेंटिटी कॉम्प्लेक्स को बढ़ाते हैं। प्रश्न का उत्तर काफी सरल है। टिकट जीतने की योग्यता के आधार पर दिए जाते हैं न कि किसी धार्मिक कोटा तंत्र के आधार पर। टिकट प्रमुख हस्तियों को दिए जाते हैं, जो छात्र नेता, वकील के रूप में सामने आते हैं या जो सामाजिक कार्य करते हैं। कुछ बड़े फिल्मी सितारों या कुछ खेल हस्तियों के अलावा, यह दुर्भाग्यपूर्ण है कि मुस्लिम समुदाय के पास कुछ प्रमुख हस्तियों के रूप में दिखाने के लिए बहुत कम है। हां, कुछ नेता हैं, लेकिन उनमें से ज्यादातर इमाम हैं। क्या भाजपा से धर्मनिरपेक्षता को बनाए रखने के लिए कुछ इमामों को टिकट देने की उम्मीद है? शशि थरूर मोदी के बारे में अपनी किताब -द पेराडॉक्सिकल प्राइम मिनिस्टर में निम्नलिखित लिखते हैं: -"भारत को अपनी सबसे बड़ी अल्पसंख्यक आबादी की रक्षा करनी चाहिए, उन्हें राजनीतिक रूप से सशक्त बनाना चाहिए और उन्हें राज्य द्वारा प्रदान किए जाने वाले अवसरों का पूरा लाभ उठाने में सक्षम बनाना चाहिए।" पुस्तक 2018 में विमोचित की गई थी। कांग्रेस के इस नेता के इस कथन को देखें और इसकी तुलना 2006 के मनमोहन सिंह के कथन से करें, जो कि 12 वर्षों के अंतराल के बाद। यह वही बात है, बस 12 साल बाद। यह बहुत कुछ वैसा लगता है जैसा राजीव गांधी एक राजनेता के रूप में कहा करते थे, "हमे ये करना है, हमे वो करना है"।

वे ऐसा हर बार कहते थे पर उसके समर्थन के लिए कार्यवाई करने में विफल रहते थे। मुझे यकीन है कि अगर हम अगले पचास वर्षों के लिए भारत को कांग्रेस और अन्य धर्मनिरपेक्ष दलों के हाथों में छोड़ देते हैं, तो मुसलमान वहीं होंगे जहां वे हैं और हमें ऐसे बयान मिलते रहेंगे, केवल शब्द कोई वास्तविक समाधान नहीं। इसकी तुलना मोदी की प्रधानमंत्री मुद्रा योजना से करें, जो छोटे और मध्यम

उद्यमियों को बिना बैंक गारंटी के ऋण मुहैया कराती है ताकि उनका व्यवसाय शुरू हो सके या उसका विस्तार हो सके। 15 करोड़ से ज्यादा लोन बांटे जा चुके हैं। मुझे यकीन है कि इससे बहुत सारे मुसलमानों को भी फायदा हुआ होगा, यह जमीन पर वास्तविक कार्यवाई है, न कि केवल दिखावा। शशि थरूर अपनी किताब में फिर से निम्नलिखित लिखते हैं- "सरकार को सचेत रूप से अल्पसंख्यकों और विशेष रूप से मुसलमानों को आश्वस्त करने के नियमित संकेत भेजने की आवश्यकता है क्योंकि उनकी अरक्षितता विशेष रूप से भारत के विभाजन की परिस्थितियों के कारण है।" इस बयान को इसकी मूर्खता के लिए निंदित और उपहासित किया जाना चाहिए। क्या कांग्रेस ने अपने साठ साल में ऐसा ही नहीं किया है जब वह देश पर शासन कर रही थी? और सरकार को कब तक ये संकेत भेजते रहने की जरूरत है? मुस्लिम समुदाय भारत में कई स्थानों पर उनके प्रतिबंधित शिक्षा वातावरण का एक बंधक है। उनकी समस्या यह है कि वे खुद को पहले मुसलमान और फिर भारतीय के रूप में पहचानते हैं। सरकार उनके घरों, उनके मदरसों में नहीं जा सकती उन्हें कॉलेजों और स्कूलों में जाने के लिए घसीट सकती है, उन्हें ऐसा खुद करना होगा। क्या भारत सरकार अन्य धार्मिक अल्पसंख्यकों को आश्वासन के संकेत भेजती है? नहीं, क्यों कि इन समुदायों ने खुद को भारत की मुख्यधारा में शामिल कर लिया है। सिख बहुत अच्छे किसान हैं, अच्छे उद्यमी हैं और वे बहुत सारे व्यवसाय चलाते हैं। मुझे इस मौके पर एक तमिल फिल्म याद आती है जिसका शीर्षक 'अभियुम नानुम' (जिसका अर्थ है मैं और अभि) जहां तमिलनाडु निवासी की बेटी (अभि) दिल्ली में अपने कॉलेज से ऊटी वापस आती है और उस लड़के का परिचय देती है जिसे वह प्यार करती है जो एक सिख रहता है। इससे उसके पिता के मन में भारी उथल-पुथल मच जाती है और वह खीजने लगता है। पिता का एक घनिष्ठ मित्र उनसे कहता है कि यदि आप उत्तर भारत/दिल्ली जाकर एक ऐसे भिखारी की तलाश करते हैं जो सिख है, तो आप खाली हाथ वापस लौटोगे, सिख समुदाय में कोई भिखारी नहीं है, वे भीख माँगने के बजाय स्वरोजगार करना पसंद करते हैं। अन्य समुदायों को देखें, जैसे पारसी या ईसाई, वे सुनिश्चित करते हैं कि वे अच्छी तरह से शिक्षित हों। मोदी मुसलमानों के लिए जो साफ़ साफ़ कहते है, उसके संदर्भ में, मैं फिर से 2014 में रजत शर्मा की प्रसिद्ध आप की अदालत के प्रकरण पर वापस आता हूं जिसमें मोदी थे। रजत ने मोदी से पूछा कि क्या वह मुस्लिम विरोधी हैं, और उनके रुख को भांपने की कोशिश कर रहे थे। मोदी ने मज़ेदार जवाब दिया। उन्होंने कहा कि वह मुसलमानों को एक हाथ में पवित्र कुरान लिए हुए देखना चाहते हैं, लेकिन दूसरे

हाथ में कंप्यूटर भी होना चाहिए। जम्मू-कश्मीर के मुसलमान भी धारा 370 जैसे मुद्दों पर पूरी तरह से भ्रमित और जबरदस्ती मत परिवर्तित किए गए हैं। मोदी ने हाल ही में कहा है कि कुछ अमीर परिवारों को अनुच्छेद 370 पर फिरौती के लिए जम्मू-कश्मीर के नागरिकों को पकड़ना पड़ता है। यह ऐसा है जैसे समुदाय भारत के साथ एकीकृत नहीं होना चाहता हो। एक तरह से मोदी ऐसे लोगों को मौके पर ही खड़ा कर रहे हैं। योगी एसएसएसवी स्लोगन के रास्ते से नहीं हट सकते। एक बार जब वह एसएसएसवी मानसिकता के साथ आगे बढ़ते हैं, तो वह एक खुले मुस्लिम विरोधी नहीं हो सकते। हाल के दिनों में उन्होंने जो एकमात्र टिप्पणी की है, वह मायावती के खुले मुस्लिम वोट मांगने वाले इशारे के जवाब में है, उन्होंने कहा: "उनके पास अली है तो हमारे पास बजरंगबली है"। लेकिन मेरी राय में, योगी ने जीविकोपार्जन के मुद्दों के साथ-साथ यूपी में कानून व्यवस्था पर ध्यान केंद्रित किया है। इसलिए मोदी न केवल सच्ची और वास्तविक धर्मनिरपेक्षता को व्यक्त कर रहे हैं, वे इसे कार्यों में दिखा रहे हैं। मोदी सरकार ने 9 करोड़ शौचालय बनाए हैं, 7 करोड़ मुफ्त गैस कनेक्शन दिए हैं, 18000 दूरदराज के गांवों को राष्ट्रीय बिजली ग्रिड से जोड़ा है और ग्रामीण उद्यमियों को 15 करोड़ से अधिक मुद्रा लोन दिए हैं। सरकार ने रिकॉर्ड गति से सड़कों और एक्सप्रेसवे का निर्माण किया है और इन सभी से मुस्लिम समुदायों को भी फायदा हुआ होगा। अब समय आ गया है कि भारत के अल्पसंख्यक सबका साथ, सबका विकास के चश्मे से खुद को देखने लगें।

48

तीन तलाक भारत में गैरकानूनी

भारत में पहली बार संसद ने मुस्लिम महिलाओं के साथ न्याय किया है, जो सदियों से तीन तलाक के खतरे में जी रही हैं। एक मुस्लिम व्यक्ति को अपनी पत्नी को तलाक, तलाक, तलाक का तीन बार मौखिक रूप से या तार, फोन, ईमेल, एसएमएस या पत्र द्वारा तलाक देने का असामान्य अधिकार प्राप्त था और शादी वहीं समाप्त हो जाती थी। मुस्लिम व्यक्ति के पास एक सर्द रात में अपनी पत्नी को, उसके छोटे बच्चों के साथ बाहर फेंकने का असामान्य अधिकार प्राप्त था। वह उसके रहने-खाने, रखरखाव के लिए भुगतान करने के लिए बाध्य नहीं था। शादी में 50 साल एक साथ रहने के बाद भी तलाक के लिए यह तरीका अपनाया जा सकता था।

इस अमानवीय प्रथा का सबसे अपमानजनक, भयानक और घृणित हिस्सा हलाला था। यदि दंपति बाद में अपने मतभेदों को दूर करना चाहते थे और फिर से एक साथ रहना चाहते थे, तो वे ऐसा नहीं कर सकते थे। उन्हें हलाला के एक घुमावदार रास्ते से गुजरना पड़ता था, जिसका मतलब था कि पत्नी को एक रात के लिए दूसरे व्यक्ति से शादी करनी पड़ती थी, शादी पूर्ण करनी रहती थी और अपने पिछले पति से दोबारा शादी करने से पहले उसे तलाक देना होता था! इसका मतलब एक मुल्ला जी को नियुक्त करना, जो एक बड़ी फीस के लिए हलाला सुविधा प्रदान करता था। वह महिला को एक रात के लिए पति खोजने में भी मदद करता था या अच्छी राशि मिलने पर खुद को भी पेश करता था।

ऐसे दुर्भाग्यपूर्ण पीड़ितों की पीड़ा की कल्पना ही की जा सकती है। हर विवाहित महिला तत्काल तलाक या तीन तालक के डर में रहती थी और इसके कभी खत्म होने की कोई उम्मीद नहीं थी। अगस्त 2017 में तीन तालक के कुछ याचिकाकर्ता-पीड़ितों के मामले में भारत के सर्वोच्च न्यायालय ने उनके दर्द को समझकर उनकी मदद की। सुप्रीम कोर्ट ने तीन तलाक को असंवैधानिक करार दिया। अदालत ने इसे विनियमित करने के लिए एक उपयुक्त कानून लाने के लिए इसे सरकार पर छोड़ दिया।

साल 2017 ने भारत की मुस्लिम महिलाओं को बेहतरीन तोहफा दिया है। एक प्रबुद्ध प्रधान मंत्री, नरेंद्र मोदी के नेतृत्व वाली भारत सरकार ने रूढ़िवादी लॉबी और राजनीतिक हितों के सभी प्रतिरोधों को पार करते हुए, लोकसभा में आवश्यक कानून लाने का साहस दिखाया है। यह ऐतिहासिक कानून लोक सभा द्वारा 28 दिसंबर 2017 को प्रचंड बहुमत से पारित किया गया था। पीड़ित मुस्लिम महिलाओं के लिए इससे बेहतर कोई उपहार नहीं हो सकता है, जो भारत के संविधान के लागू किए जाने के बाद दशकों से इस तरह के कानूनी संरक्षण की मांग कर रही थीं। लोकसभा द्वारा पारित मुस्लिम महिला (विवाह अधिकार संरक्षण) कानून 2017 को मंजूरी के लिए राज्यसभा को भेजा गया था। आश्चर्यजनक रूप से कांग्रेस पार्टी ने भी लोकसभा में बिल का समर्थन किया और ममता बनर्जी की तृणमूल कांग्रेस ने चुप रहना चुना। बाद में राज्यसभा में कांग्रेस की भूमिका का उद्देश्य कानून के पारित होने को टालना था। यह किसी अन्य कारण से नहीं बल्कि स्पष्ट समझ के कारण था कि जागृत मुस्लिम महिलाएं राजनीतिक लाभ के लिए किसी भी राजनीतिक दल को कानून को तोड़ने की अनुमति नहीं देगी। कुछ तत्व मायने नहीं रखते, क्योंकि वे निंदा करने की अभिव्यक्ति के विशेषज्ञ हैं।

लोकसभा में कानून के पारित होने से यह स्पष्ट हो जाता है कि भारत में महिलाएं अब अपने अधिकारों को अनुचित पुरुष प्रभुत्व द्वारा आसानी से रौंदने नहीं देंगी। यह उनके लोकतांत्रिक अधिकारों की शक्ति थी जिसने उनके लिए लड़ाई जीती। यह उनकी पहचान पाने का दृढ़ संकल्प था कि भारत की मुस्लिम महिलाओं ने मुल्लाओं, राजनेताओं और निजी कानून अधिवक्ताओं की सामूहिक ताकत के खिलाफ लड़ाई जीती। नए कानून के तहत विवाहित मुस्लिम महिलाओं और उनके अधिकार के बीच में कुछ भी नहीं आ सकता है। यह केवल सभी प्रकार के रूढ़िवादी-धार्मिकों के साथ-साथ राजनीतिक (जैसे साम्यवादी) के लिए समझदारी होगी - अपने प्रतिरोध को त्यागने, परिवर्तन को अपनाने और भारत की मुस्लिम महिलाओं की राय का सम्मान करने के लिए। अब पीछे नहीं हटा

जाएगा। वे अब हलाला नहीं कर पाएंगे। तत्काल आधुनिकीकरण, लोकतंत्रीकरण और अनुकूलन करना उनके हित में है।

"एक पुरातन और मध्यकालीन प्रथा आखिरकार इतिहास के कूड़ेदान में सिमट कर रह गई है! संसद ने तीन तलाक को समाप्त कर दिया और मुस्लिम महिलाओं के साथ की गई एक ऐतिहासिक गलती को सुधारा। यह लैंगिक न्याय की जीत है और इससे समाज में और समानता आएगी। भारत आज खुश है!" प्रधानमंत्री ने कहा।

यह उन मुस्लिम महिलाओं के उल्लेखनीय साहस को सलाम करने का अवसर है, जिन्होंने सिर्फ तीन तलाक की प्रथा के कारण बड़े जुर्म सहे हैं, उन्होंने कहा, इस प्रथा के उन्मूलन से महिला सशक्तिकरण में योगदान होगा और महिलाओं को हमारे समाज में वह सम्मान मिलेगा जिसकी वे हकदार हैं।

49

राष्ट्र की सफाई

भारत दुनिया का सातवां सबसे बड़ा देश और सबसे अधिक आबादी वाला लोकतंत्र है। भारत में अद्वितीय स्थलाकृतिक विशेषताएं हैं; मध्य भारत के मैदानी इलाके, उत्तर पूर्व के वर्षावन, बर्फीले ठंडे हिमालयी क्षेत्र और पश्चिम में शुष्क बंजर रेगिस्तान, व अन्य। भारत की सांस्कृतिक, भाषाई और धार्मिक विविधता इसके भूगोल की तरह ही विविध है। भारतीय संस्कृति अलग-अलग जगहों पर अलग-अलग है और देश भर में फैली कई अलग-अलग संस्कृतियों का मिलन है।

भारत सबके लिए अपना दिल खुला रखता है। भारतीय भारत को अपनी मां कहते हैं और भारतीय अपनी मातृभूमि से प्यार करते हैं लेकिन भारत में जब लोग भारत को मां कहते हैं तो वे इसे ऐसा मानते हैं जैसे कोई भी चीज हमारी मां को नाराज नहीं कर सकती। भारत पृथ्वी और भूमि को देवता मानता है। गंगा नदी का पानी दुनिया के सबसे गंदे पानी में से एक है, फिर भी लोग स्नान करते हैं, गंगा नदी का पानी पीते हैं और मानते हैं कि यह उनके पापों से उन्हें शुद्ध व मुक्त करता है। लोग मानते हैं कि गंगा हमारी मां है और सबसे पवित्र है, वह कभी भी दूषित नहीं हो सकती है वह आत्म शुद्ध है।

2014 में अपने चुनाव के बाद से नरेंद्र मोदी ने भारत को स्वच्छ बनाने की पहल की, जहां किसी भी अन्य सरकार ने कभी भी इस अति आवश्यक कार्य की जिम्मेदारी नहीं ली है। मिशन अत्यधिक प्रभावी हो रहा है, और भारत के कई नागरिक भारत की सफाई में अपना हाथ बँटा रहे हैं। 2015 में 'नमामि गंगे' नामक एक परियोजना एक सफाई पहल शुरू की गई जिसके बारे में सरकार बहुत गंभीर है। यह सबसे बड़ी पहल थी, इसके लिए 20,000 करोड़ आवंटित किए गए थे। नरेंद्र मोदी ने कहा, "माँ गंगा की सेवा करना मेरी नियति है" जब वे मई 2014 में चुने

गए थे।

सीपीसीबी (केंद्रीय प्रदूषण नियंत्रण बोर्ड) की रिपोर्ट के अनुसार गंगा नदी का पानी सीधे पीने के लिए अनुपयुक्त है, यह नदी में कोलीफॉर्म बैक्टीरिया के उच्च स्तर को दर्शाता है। कई स्थानों पर स्थापित 86 लाइव अनुश्रवण स्टेशनों में से केवल 18 स्थान नहाने के लिए स्वच्छ पाए गए हैं और केवल सात क्षेत्र का पानी पीने के लिए उपयुक्त है। जिन 78 निगरानी स्टेशनों में नदी का पानी पीने और नहाने के लिए अनुपयुक्त पाया गया, उनमें भुसौला में गोमती नदी, बिहार, कानपुर, वाराणसी में गोला घाट, रायबरेली में दलमऊ, संगम इलाहाबाद में, गाजीपुर, बक्सर, पटना, भागलपुर, हावड़ा, पश्चिम बंगाल में शिवपुर और अन्य शामिल हैं।

पर्यावरण मंत्रालय, जो भी जल संसाधन मंत्रालय के साथ नदी की सफाई में शामिल है, ने कहा कि औद्योगिक प्रदूषण की जांच की गई है क्योंकि औद्योगिक इकाइयां अब नदी में निर्वहन नहीं कर रही हैं। नमामि गंगे जल संसाधन मंत्रालय द्वारा शुरू किया गया एक बहुत ही महत्वाकांक्षी कार्यक्रम है और इसे लागू किया जा रहा है। गंगा नदी के तट पर, 1100 से अधिक औद्योगिक इकाइयाँ हैं जो अपना कचरा नदी में बहाती हैं। आज एक भी उद्योग काला कचरा नदी में नहीं बहा रहा है। यही वह स्तर है जिस तक इस सफाई अभियान ने इसे उठाया है।

सीवेज (गन्दा पानी/मल जल) एक और बड़ा मुद्दा है। इस पर काम चल भी रहा है और इसमें थोड़ा समय लगेगा लेकिन हर रोज पानी की गुणवत्ता पर नजर रखी जाती है। प्रयासों की सराहना की जा सकती है लेकिन सार्वजनिक भागीदारी और कीटनाशकों के उपयोग के बाद उत्पन्न कृषि कचरे के प्रबंधन सहित कुछ अन्य उपायों की भी आवश्यकता है।

मोदी के चुनाव से पहले हर 30 से 50 मीटर की दूरी पर कूड़ेदान बनाए और लगाए गए ताकि लोग आसानी से उसमें कूड़ा और दैनिक कचरा फेंक सकें। लोग गैर-जिम्मेदार थे और कम से कम इसका इस्तेमाल करने में सहयोग नहीं कर रहे थे। मोदी की सफाई की पहल के बाद से अब एक बड़ा बदलाव आया है, कचरा कम से कम जगह मिलता है, लोग अब उपलब्ध कूड़ेदान का उपयोग कर रहे हैं।

सरकार ने जो पहल की है वह उल्लेखनीय है, मोदी के नेता बनने के बाद से न केवल सरकार ने अपना विचार बदला है बल्कि देश के नागरिक अधिक जिम्मेदार हो गए हैं। राष्ट्र के लिए उनका सच्चा प्यार और भक्ति ही है जिसने उन्हें 2019 में हुए लोकसभा चुनाव में एक बार फिर से प्रधान मंत्री बनाया।

पूर्व में, मोदी द्वारा कई पहल की गईं थीं, जहां स्वच्छ भारत को सबसे अधिक प्राथमिकता दी गई थी। जनता की आँखें खोलने और उन्हें इस बात से अवगत कराने के लिए कई कार्यवाई और विज्ञापन किए गए कि कचरा हमारे पर्यावरण को कैसे प्रदूषित कर सकता है और यह कितना खतरनाक हो सकता है। भारत में मोदी की सफाई परियोजना ने पूरे देश के विकास में जबरदस्त भूमिका निभाई है। आजादी के बाद से, कई पहल शुरू की गई हैं लेकिन उनमें से कोई भी वास्तविकता में नहीं आई है। मोदी,एक सच्चे नेता, ने इसे हकीकत बना दिया है। सच्चा नेतृत्व और राष्ट्र के लिए प्यार न केवल युवाओं को बल्कि देश भर की सभी पीढ़ियों को प्रोत्साहित करता है।

मोदी द्वारा शुरू की गई प्रमुख परियोजनाओं में से एक शौचालय बनाना है। ग्रामीण क्षेत्रों में कुछ ही शौचालय बने थे जिन्हें लोगों ने अपने घरों और कुछ सार्वजनिक स्थानों पर खुद बनाया था। यह भारत में प्रदूषण का एक प्रमुख कारण था जिसे गंभीरता से ठीक करने की आवश्यकता थी। लोगों के पास खुले में शौच के अलावा कोई विकल्प नहीं बचा था। 60 करोड़ से अधिक लोग खुले में शौच कर रहे थे। यह कई बीमारियों, और यहां तक कि मौत का कारण बना। यह पर्यावरण के लिए बहुत हानिकारक है और स्वच्छता की जरूरत थी।

ऐसा नहीं है कि भारत सरकार के पास पहल करने के लिए पर्याप्त धन नहीं था। सच तो यह है कि किसी ने ऐसा करने की कोशिश नहीं की। सभी को बदलाव की जरूरत थी लेकिन कोई भी उदाहरण स्थापित नहीं करना चाहता था या बदलाव की पहल नहीं करना चाहता था। यह फिर से मोदी थे जो आगे आए और भारत को एक स्वच्छ वातावरण में बदल दिया। यह मोदी ही थे जिन्होंने आगे आकर पूरे भारत के लिए शौचालय कार्यक्रम को हकीकत में बदलने की पेशकश की और ठीक ऐसा ही हुआ।

नरेंद्र मोदी ने महात्मा गांधी की जयंती के अवसर पर कहा कि 2019 तक भारत, हमारे गांव, हमारे शहर, हमारे राज्य, हमारी गलियां, हमारे अस्पताल, हमारे मंदिर, हमारे स्कूल, हमारी कॉलोनियां, हर हिस्सा साफ़ सुथरा होगा, कहीं भी कूड़ा कचरा नहीं मिलेगा।

राष्ट्र ने कहा कि यह एक असंभव सपना था, चुनौतियां बहुत अधिक थीं। समस्या का पैमाना इतना बड़ा था कि अगर भारत ने इस समस्या का समाधान नहीं किया तो वह सभी के लिए एस डी जी (सतत विकास लक्ष्य) पानी और स्वच्छता हासिल नहीं कर पाएगा। मिशन और उसके लक्ष्यों को प्राप्त करने के लिए तात्कालिकता की भावना महत्वपूर्ण थी।

स्वच्छ भारत अभियान नामक एक कार्यक्रम के तहत मुख्य रूप से ग्रामीण क्षेत्रों में 111 करोड़ शौचालय बनाए गए थे। इस मिशन की लागत 1 ट्रिलियन रुपये से अधिक थी जो $14 बिलियन अमेरिकी डॉलर के बराबर है। इसलिए, यह दुनिया की सबसे बड़ी शौचालय निर्माण परियोजना थी। स्वच्छ भारत मिशन ने पूरे देश में वास्तविक गति का कारण दिया है।

यह अभियान 2 अक्टूबर 2014 को महात्मा गांधी की 145वीं वर्षगांठ के अवसर पर शुरू किया गया था, जिन्होंने भी स्वच्छता का प्रचार किया था। गांधी के बाद मोदी दूसरे ऐसे व्यक्ति हैं जिन्होंने स्वच्छता का मुद्दा उठाया और इसे हकीकत में बदला और हर कोई जागरूक हो गया है। मोदी सरकार का कहना है कि 90% भारतीयों के पास अब स्वच्छ शौचालय हैं। प्रधानमंत्री असली सुपर हीरो हैं और असंभव को संभव कर दिखाने का एक जीवंत उदाहरण हैं।

2019 में 2 अक्टूबर के अवसर पर फिर से एक और नया अभियान शुरू किया गया है जहाँ प्लास्टिक के उपयोग पर प्रतिबंध लगा दिया गया है क्योंकि प्लास्टिक पर्यावरण और वातावरण के लिए बहुत खतरनाक है। प्लास्टिक को नष्ट होने में सैकड़ों साल लग जाते हैं।

भारत के निवासी प्रतिदिन बहुत सारे प्लास्टिक का उपयोग करते हैं। प्लास्टिक प्रदूषण पृथ्वी के पर्यावरण में प्लास्टिक की वस्तुओं और कणों का संचय है जो वन्यजीवों के आवास और मनुष्यों पर प्रतिकूल प्रभाव डालता है। प्रदूषक के रूप में कार्य करने वाले प्लास्टिक को आकार के आधार पर सूक्ष्म या स्थूल मलबे में वर्गीकृत किया जाता है।

हालांकि, प्लास्टिक प्रदूषण भूमि, जलमार्ग और महासागरों को प्रभावित कर सकता है। 1950 में, दुनिया की 250 करोड़ की आबादी ने 15 लाख टन प्लास्टिक का उत्पादन किया, जहां 2016 में एक सर्वेक्षण के अनुसार, 700 करोड़ से अधिक लोगों की वैश्विक आबादी ने 32 करोड़ टन से अधिक प्लास्टिक का उत्पादन किया। हर दिन लगभग 80 लाख प्लास्टिक प्रदूषण के टुकड़े हमारे महासागरों में प्रवेश करते हैं।

अब आज भारत में कई प्लास्टिक उत्पादों पर प्रतिबंध लगा दिया गया है और जो कोई भी उनका उपयोग करता है उस पर भारी जुर्माना लगाया जाता है। "गाड़ी वाला आया घर से कचरा निकाल" भारत सरकार द्वारा बनाया गया एक गीत है। यह गाना कुछ नगर पालिकाओं द्वारा सुबह के समय बजाया जाता है जो बहुत मनोरंजक है और लोग अपने घरों से रोज़ाना कचरा बाहर निकालते हैं। भारतीय अब इस गीत पर नृत्य कर रहे हैं।

उचित रखरखाव के साथ सड़कें हर दिन साफ होती जा रही हैं। "अपने देश को साफ करना क्या देश के सफाईकर्मियों की ही जिम्मेदारी है? क्या हमारे देश का हर 130 करोड़ नागरिक समान रूप से जिम्मेदार नहीं है?" मोदी ने कहा।

भारत को पहले से कहीं अधिक स्वच्छ बनाने में लाखों लोगों की सोच बदल गई है और लाखों हाथ एक साथ आ गए हैं, भारत के लोग अब भारत को एक स्वच्छ राष्ट्र बनाने के लिए और अधिक उत्साहित हैं।

मोदी ने प्रेरणास्रोत के रूप में बहुत महत्वपूर्ण भूमिका निभाई है। मोदी भारत और दुनिया भर के नागरिकों के लिए प्रेरक और प्रेरणादायक हैं क्योंकि जहाँ चाह है वहाँ राह है। राष्ट्र का भविष्य उन लोगों के हाथों में है जो अपनी मातृभूमि को साफ करने और उसे सम्मान देने में अपना सौभाग्य मानते हैं।

50

स्टैच्यू ऑफ यूनिटी

जब विवाद और मोदी की बात आती है, तो इस बारे में कहने के लिए बहुत कुछ है। भारत ने दुनिया की सबसे ऊंची प्रतिमा का अनावरण किया, जिसमें देश के स्वतंत्रता नेताओं में से एक को आतिशबाजी, लड़ाकू जेट और हेलीकॉप्टरों द्वारा बरसाए गई गुलाब की पंखुड़ियों की विशेषता वाले एक भव्य समारोह में दर्शाया गया था। आलोचकों की एक बड़ी प्रतिक्रिया थी, उदारवादी (लिबरल) मूर्ति के सख्त विरोध में थे।

सरदार वल्लभभाई पटेल की 182 मीटर की मूर्ति, जिसे स्टैच्यू ऑफ यूनिटी के रूप में जाना जाता है लेकिन आलोचक कह रहे थे कि पटेल के लिए उनकी(मोदी) श्रद्धा भारत के पहले प्रधान मंत्री और मुख्य विपक्षी कांग्रेस पार्टी के प्रतीक जवाहरलाल नेहरू की ऐतिहासिक भूमिका को दरकिनार करने का एक प्रयास है।

सरदार पटेल को लौह पुरुष कहा जाता है क्योंकि उन्होंने स्वतंत्र भारत को एकजुट किया और देश की एकता के लिए अथक प्रयास किए। अपनी लोहे जैसी पक्की इच्छाशक्ति और साहस के लिए, उन्होंने लौह पुरुष (आयरन मैन) की उपाधि अर्जित की। अगर सरदार पटेल देश को नियति न देते तो भारत का इतिहास कुछ और होता। जहां तक नेहरू की बात है, ऐसा प्रतीत होता है कि अधिकांश भारतीय उनके लिए अधिक सम्मान नहीं रखते हैं और उन्हें भारत के अब तक के सबसे खराब प्रधान मंत्री के रूप में जाना जाता है।

मोदी ने कहा कि न्यूयॉर्क के स्टैच्यू ऑफ लिबर्टी से दोगुने आकार की प्रतिमा भारत के अस्तित्व पर सवाल उठाने वालों के लिए एक जवाब है। उन्होंने कहा कि प्रतिमा की ऊंचाई युवाओं को यह याद दिलाने के लिए है कि देश का भविष्य इतना बड़ा होगा और यह हमारी इंजीनियरिंग और तकनीकी कौशल का प्रतीक है।

जिन उदारवादियों ने मूर्ति का घोर विरोध किया, वे झगड़ा और शिकायत कर रहे थे कि गरीबों के लिए भोजन और घरों, महिलाओं की सुरक्षा, शिक्षा प्रणाली में सुधार या यहां तक कि खेल सुविधाओं पर पैसा खर्च किया जाना चाहिए।

जब पर्यटक पेरिस आते हैं तो मुख्य आकर्षण एफिल टॉवर होता है। क्या आप जानते हैं कि एफिल टावर से कितनी कमाई होती है? क्या आप जानते हैं कि न्यूयॉर्क में स्टैच्यू ऑफ लिबर्टी ने कितना राजस्व उत्पन्न किया? उदारवादी एक स्मरणार्थक स्मारक को कोसने पर तुले हुए थे। एफिल टॉवर मस्त है, स्टैच्यू ऑफ लिबर्टी कमाल है, लेकिन स्टैच्यू ऑफ यूनिटी जगह की बर्बादी है?

अजीब तरह से उदारवादियों के पास अपने ही लोगों और दुनिया भर की नजर में सरदार प्रतिमा के बारे में कहने के लिए नकारात्मक बातों के अलावा कुछ नहीं था। इस तरह वे अपने देश का समर्थन कर रहे थे? वे अपने देश भारत के बारे में दुनिया को यही संदेश दे रहे थे।

कई नौकरियां पैदा हुईं, कई मजदूरों को उनकी कारीगरी को बढ़ाने के लिए संसाधन दिए गए। उत्पन्न धन के संदर्भ में, इसके अनावरण के बाद से, प्रतिमा द्वारा अर्जित संचयी राजस्व नवंबर 2018 से 29 जुलाई, 2019 की अवधि के लिए ₹52,86,58,705 है।

आरटीआई ने माल और सेवा कर (जीएसटी) सहित ₹6,00,15,331 का मासिक औसत आंकड़ा प्रदान किया है। इसके अतिरिक्त, आरटीआई ने यह भी खुलासा किया कि स्टैच्यू ऑफ यूनिटी पार्किंग राजस्व के माध्यम से औसतन ₹10 लाख उत्पन्न करती है। इसमें कोई शक नहीं कि स्टैच्यू ऑफ यूनिटी हिट है। मूर्ति के अद्भुत प्रचार और प्रयासों ने काम किया है। उदारवादियों को यह स्वीकार करना चाहिए। स्वतंत्रता के 70 वर्षों के बाद कृपापूर्वक हमें एक ऐसा प्रधान मंत्री मिला, जो अपनी आध्यात्मिकता को सबके आगे खुले तौर पर रखता है और पवित्र मंदिरों में जाने से नहीं कतराता है, बल्कि इसे गर्व से दिखाता है।

जैसे मोदी हिंदू गढ़ वाराणसी से चुनाव लड़ने से नहीं कतराए, और कैसे वे ट्रिपल तालक के खिलाफ प्रहारक कानून बनाने से नहीं हिचकिचाए, इस तरह राजनीतिक सत्यता को कचरे में फेंक दिया। हमारे पास पूर्व में प्रधान मंत्री रहे हैं जिन्होंने खुले तौर पर अपने वोट बैंक का समर्थन करते हुए दावा किया कि मुसलमानों का राष्ट्रीय संसाधनों पर पहला अधिकार है, रोहिंग्या बस्तियों और यहां तक कि पड़ोसी बांग्लादेश से अवैध अप्रवास का समर्थन किया, जबकि साथ ही हिंदुओं की जरूरतों और चाहतों को ठंडे बस्ते में डाल दिया।

अब हमें आखिरकार एक नेता मिला, नरेंद्र मोदी, जो खुले तौर पर भगवे का समर्थन करने की हिम्मत रखते हैं और इस तरह ममता बनर्जी और राहुल गांधी जैसे अपने कट्टर विपक्षी नेताओं को भारत के बहुसंख्यक समुदाय की भावनाओं का सम्मान करने के लिए मजबूर कर दिया।

51
कोविड-19

'महामारी' शब्द का प्रयोग एक ऐसे वायरस का वर्णन करने के लिए किया जाता है जो विभिन्न देशों में रोकथाम के द्वारा इसे रोके जाने से भी ज्यादा तेजी से फैलता है। डब्लिऊ एच ओ के महानिदेशक ने 11 मार्च, 2020 को कोविड-19 के प्रकोप को महामारी घोषित किया। उनकी टिप्पणी ऐसे समय में आई है जब यूरोपीय देशों, विशेष रूप से इटली में, कोविड-19 मामलों में भारी वृद्धि देखी गई, साथ ही मौतों की संख्या में भी भारी उछाल आया। इसके बाद, इटली के प्रधान मंत्री ने इटली के 6 करोड़ निवासियों के लिए देश भर में लॉकडाउन लगा दिया; फ्रांस और स्पेन ने भी ऐसा ही किया और अपने नागरिकों के लिए लॉकडाउन की घोषणा की। निश्चित रूप से, 'लॉकडाउन' शब्द एक तकनीकी शब्द नहीं है और इसका उपयोग सार्वजनिक-स्वास्थ्य अधिकारियों द्वारा अनिवार्य भौगोलिक संगरोध से लेकर गैर-अनिवार्य घर पर रहने और घटनाओं और समारोहों पर प्रतिबंध लगाने की सिफारिशों के लिए किया जा सकता है। कोरोना वायरस की वर्तमान स्थिति के संदर्भ में, इसका उपयोग सरकारों द्वारा नागरिकों को घरों के भीतर ही सेल्फ आइसोलेशन में रहने के लिए कहने के बारे में किया जा रहा है। क्योंकि यह माना जा रहा है कि कार्यवाई का सबसे नैतिक और उचित तरीका सामाजिक दूरी और जितना संभव हो सेल्फ आइसोलेशन है। वास्तव में लॉकडाउन और सामाजिक दुरी का उद्देश्य पुनरुत्पत्ति संख्या या माध्यमिक मामलों की औसत संख्या, जो हर मामला उत्पन्न करता है, को 1 से नीचे ले जाना है।

दक्षिण कोरिया में एक वैकल्पिक कोरोनावायरस पद्धति देखी गई है जहां अधिकारियों ने एक बहुत ही आक्रामक और विस्तृत परीक्षण कार्यक्रम लागू किया; किसी भी व्यक्ति का परीक्षण करना जो एक पुष्ट मामले के संपर्क में था, क्रेडिट

कार्ड गतिविधि, निगरानी कैमरा फुटेज और मोबाइल फोन ट्रैकिंग के माध्यम से उन लोगों का पता लगाना जो संभावित रूप से वायरस के संपर्क में आए हों। हालांकि, आक्रामक परीक्षण की यह प्रथा किसी क्षेत्र के भूगोल से बाधित नहीं है और इसलिए सबसे व्यावहारिक है और शायद इसीलिए भारत के लिए कोरोनावायरस के फैलने की गति को धीमा करने के लिए एक प्रभावी तरीका एक तरह का लॉकडाउन लागू करना है- जैसा कि हाल ही में भारत सरकार द्वारा घोषित किया गया है।

भारत फैलाव को उचित रूप से कम रखने में सफल रहा है। अन्य देशों की तुलना में, और हमारे बड़े आकार के बावजूद, मरीज़ कम है, और यूरोप भर में देखी मृत्यु की संख्या की तुलना में, अपेक्षाकृत कम है। भारत को यह पता होने का फायदा है कि दूसरे देशों में क्या काम किया और किन गलतियों ने वहां के हालात खराब कर दिए। नतीजतन, भारतीय कोरोना वायरस प्रतिक्रिया एक व्यवस्थित पहुँच है हमारे अद्वितीय महामारी विज्ञान, जनसांख्यिकीय, सामाजिक-आर्थिक और सांस्कृतिक संदर्भ में। सरकार ने भारत में वायरस के प्रवेश और प्रसार को रोकने के लिए यात्रा, वीजा पर क्रमिक प्रतिबंध और हवाई अड्डों और बंदरगाहों पर सख्त स्क्रीनिंग के साथ कई उपाय किए हैं। हमने अपने प्रयोगशाला तंत्र को मजबूत किया है और राज्य और केंद्र दोनों स्तरों पर सरकारों ने देश भर में भारी संसाधनों को कुशल जनशक्ति, बुनियादी ढांचे और क्वारंटाइन सुविधाओं के तौर पर तैनात किया है।

प्रकोप के खिलाफ देश की तैयारियों पर प्रकाश डालते हुए, प्रधान मंत्री नरेंद्र मोदी ने 19 मार्च को साथी देशवासियों को एक वीडियो संदेश दिया और घोषणा की कि रविवार 22 मार्च को सुबह 7 बजे से रात 9 बजे तक पूरे देश में "जनता कर्फ्यू" लागू रहेगा, कोरोना वायरस के सामुदायिक प्रसार को रोकने और नागरिकों से स्वेच्छा से भाग लेने और पूरे दिन घर के अंदर रहने का आग्रह किया। उन्होंने एक और अनुरोध किया: कि नागरिक अपनी खिड़कियों पर या अपनी बालकनियों में खड़े हों और स्वास्थ्य सेवा और स्वच्छता कर्मचारियों, एयरलाइन और रेल कर्मचारियों, पुलिस और डिलीवरीमैन जैसे आवश्यक सेवाओं के कर्मियों के प्रति आभार व्यक्त करने के लिए तालियाँ,थालियाँ और घंटियाँ व शंख बजाएं।

"इस महामारी से लड़ने के लिए दो महत्वपूर्ण बातों का पालन करने की आवश्यकता है - संकल्प और संयम," उन्होंने एक टीवी पर प्रसारित संबोधन में कहा।

जनता के बीच बढ़ती दहशत के समय में, पीएम का भाषण न केवल आश्वस्त करने वाला था, बल्कि सार्वजनिक मनोबल को मापकर इस तरह से बढ़ाने की मांग की गई थी कि प्रत्येक भारतीय कोविड-19 महामारी के खिलाफ देश की लड़ाई में सक्रिय हिस्सा बन जाए।

प्रधान मंत्री के संबोधन ने लोगों को संकल्प और संयम के दोहरे मंत्र दिए, अमल में लाने और यह सुनिश्चित करने के लिए कि देश सुरक्षित है, जीवन बचा है, और अर्थव्यवस्था सुरक्षित है। लोग अपनी भागीदारी का वचन दे रहे हैं; सोशल मीडिया गुंजायमान है और राज्यों द्वारा सोशल डिस्टेंसिंग पर नए कदम उठाए जा रहे हैं।

अब से कुछ ही मिनटों में #जनताकफर्यू शुरू हो जाएगा। आइए हम सभी इस कर्फ्यू का हिस्सा बनें, जो कोविड-19 खतरे के खिलाफ लड़ाई में जबरदस्त ताकत जोड़ेगा। हम अभी जो कदम उठाएंगे, वे आने वाले समय में मदद करेंगे। घर के अंदर रहें और स्वस्थ रहें। #इंडियाफाइट्सकोरोना - 22 मार्च 2020 को मोदी जी का ट्वीट।

प्रशंसा और आभार व्यक्त करने के लिए, प्रतिक्रिया जबरदस्त थी, जीवन के सभी क्षेत्रों के लोग बाहर आ रहे थे और अपने बर्तनों को बजा रहे थे। ऐसे समय में जब चीजें काफी नीरस लग रही थीं, यह जनता में जोश भरने का एक अच्छा तरीका था। दुर्भाग्य से, ऐसे लोग भी थे जिनके अति उत्साह ने उनकी समझदारी को हर लिया; उन्होंने लगभग ऐसे जुलूस निकाले जैसे कि यह कोविड -19 के खिलाफ एक विजय मार्च था, और इस प्रकार उन्होंने सोशल डिस्टेंसिंग के नियमों की अनदेखी की।

जनता कर्फ्यू के लिए पीएम की अपील का तिहरा असर:

• इसने यह प्रदर्शित किया कि हमारा पूरा राष्ट्र एक आपदा को टालने के लिए स्वेच्छा से उठ खड़ा हो सकता है, हमारे सामूहिक संकल्प, इच्छा शक्ति और अनुशासन धारण किए इस साक्ष्य के तौर पे।

• अगर हम तीसरे चरण के पूर्ण विकसित परिदृश्य का अनुभव करते हैं तो यह हमें अगले चरणों के लिए तैयार करता है।

भारत में सोशल डिस्टेंसिंग को बढ़ावा देने के लिए उठाए गए कदम:

• यात्रा को रोकने के लिए रेलवे की रियायतें निलंबित।

• घर से काम, सरकारी कर्मचारियों के लिए अलग-अलग समय और एक दिन छोड़कर हाजिरी।

• राज्यों का आवश्यक सेवाओं को छोड़कर, काम के घंटों को विनियमित करना।

• उद्योग जगत में भीड़ को रोकने के लिए अलग-अलग समय के राज्यों के उपाय।

• विद्यालय, जिम आदि बंद होने चाहिए, कोई खेल आयोजन या धार्मिक सभा नहीं होंगी।

कोविड-19 के प्रकोप के खिलाफ प्रधानमंत्री के प्रमुख प्रस्ताव:

• कोविड-19 आर्थिक कार्यदल जिसकी अध्यक्षता वित्त मंत्री करेंगी। यह अर्थव्यवस्था को बढ़ावा देने और निर्णयों को लागू करने को सुनिश्चित करने के लिए उपाय करेगी।

• आपके लिए काम करने वालों के वेतन में कटौती न करें।

• 10 साल से कम उम्र के बच्चों और 60 साल से अधिक उम्र वालों को घर पर रहना चाहिए।

• घबराहट में खरीदारी से बचें, भारत के पास पर्याप्त आपूर्ति है।

• अस्पतालों में नियमित स्वास्थ्य जांच से बचें और वैकल्पिक सर्जरी स्थगित करें।

• अफवाहों से दूर रहें।

अपने दूसरे संबोधन के लिए, प्रधान मंत्री ने देश भर में 21 दिनों का लॉक डाउन लगाया। शायद 22 मार्च एक पूर्वाभ्यास की तरह लग रहा था, ताकि लोगों को इसमें आसानी हो।

यह संबोधन इसकी समस्याओं के बिना नहीं था। पहले वाले की तरह, संबोधन की घोषणा और वास्तविक संबोधन के बीच लगभग 24 घंटे थे। इससे बहुत सारे अनुमान लगने शुरू हो गए और विभिन्न सोशल मीडिया प्लेटफॉर्म पर अफवाह फैलाने वालों ने पुरे ज़ोर शोर से काम करना शुरू कर दिया। लॉकडाउन के प्रभाव की अस्पष्टता ने लोगों को सोशल डिस्टेंसिंग के सभी नियमों की अनदेखी करने के लिए घोषणा के बाद दुकानों पर इकट्ठा होने और थोक में घबराहट में खरीदारी करने के लिए मजबूर किया। एक संक्षिप्त भाषण की आवश्यकता थी, शायद दृश्य सहायक उपकरणों के साथ, स्पष्ट रूप से यह समझाने के लिए कि लॉकडाउन के दौरान क्या चालू रहेगा और क्या नहीं।

मोदी के तीसरे संबोधन के लिए 12 घंटे पहले घोषणा की गई थी। एक बार फिर, अफवाह फैलाने वालों ने अनुमान लगाना शुरू कर दिया कि यह आपातकाल या पूर्ण बंद की घोषणा हो सकती है।

प्रधान मंत्री के तीसरे संबोधन का मूल यह था, जिसमें लोगों से 6 अप्रैल को रात 9 बजे नौ मिनट के लिए अपनी लाइट बंद करने और दीया जलाने का आग्रह किया गया था। मुझे इसे एक क्रूर व्यावहारिक मजाक के रूप में मानना होगा - राष्ट्र के लिए एक संबोधन और घोषणा की आशंकाओं को केवल लोगों से टोकनवाद के एक और इशारे में भाग लेने का आग्रह करने के लिए।

ऐसा लगता था कि मोदी, जो लोगों के दिलों को छूने वाले काव्यात्मक प्रतीकवाद के काफी उस्ताद हैं, इस बार बहुत आगे निकल गए हैं, खासकर जब पूरे देश में गहरी चिंता और भय है।

लेकिन जब 6 अप्रैल को घड़ी में 9 बज गए, तो मेरे शुरुआती संदेह के बावजूद, माहौल ज़बरदस्त था। आरती गाई गई, शंख बजाए गए और देशभक्ति के जयकारे लगाए गए। दीयों का पूरे क्षेत्र जो कि अंधेरे में था, को रोशन करने वाला नज़ारा शानदार से कम नहीं था। एक बार फिर, 22 मार्च को दिखाई गई सराहना की तरह, इसने उस मूड को ऊपर उठाने में काम किया जब चीजें उदास और नीरस लग रही थीं।

शहरों और कस्बों के अंधेरे में डूबने और फिर दीयों से रोशन होने के कई वीडियो सोशल मीडिया पर छा गए। आलोचकों का कहना है कि बर्तन बजाने की तरह ही इस अवसर पर पटाखें फोड़ना अनजाने में हो गया। कि यह श्रद्धांजलि का एक उदास क्षण होने के बजाय, यह कुछ लोगों का बेशर्मी का प्रदर्शन बन गया। उनका कहना सही हो सकता है, लेकिन यह एक दिन में 1,440 मिनट में से केवल नौ मिनट थे। निश्चय ही हम कुछ अतिउत्साह को झेल सकते हैं।

लेकिन इस तरह के संकट में, मोदी प्रशंसा के इन प्रतीकात्मक इशारों को ज़ारी रखने का जोखिम नहीं उठा सकते। जैसे-जैसे संकट गहराता जा रहा है, यह असंवेदनशील लग सकता है। इसके अलावा, अथक प्रदर्शन नवीनता को खराब कर सकता है।

मोदी को अपनी अगली घोषणाओं के लिए जमीनी स्तर पर ठोस बदलाव की बात करनी होगी। जैसे पूरे देश में अधिक और किफायती परीक्षण केंद्र, उन सभी के लिए सुरक्षित परिवहन जो अपने गांवों में वापस जाना चाहते हैं, चिकित्सा कर्मियों के लिए सुरक्षात्मक उपकरण, सरकार द्वारा छोटे व्यवसायों की सहायता करने की योजना के बारे में विवरण जो आर्थिक निष्क्रियता से प्रभावित हुए हैं, उन लोगों की मदद करने के लिए कदम जिन्होंने महामारी के बाद अचानक आय न होने का अनुभव किया है।

52

मोदी ने कोविड -19 लड़ाई का नेतृत्व किया

भारत ने आने वाले अंतरराष्ट्रीय यात्रियों की स्क्रीनिंग जल्दी शुरू कर दी। जिन यात्रियों के संक्रमित होने का संदेह था, उन्हें मानेसर स्थित गृह मंत्रालय की एक सुविधा में रखा गया था। पीएम ने भारत को महामारी से लड़ने के लिए तैयार करने की अपनी योजनाओं को लागू करना शुरू कर दिया। पीएम मोदी, दुनिया से जुड़े रहे, विभिन्न नेताओं से बात की, और अनुभवों को साझा किया, एक-दूसरे से सीखते रहे और जो उन्हें भारतीय संदर्भ के लिए उपयोगी और उपयुक्त लगा, उसे लागू किया।

पीएम मोदी ने लॉकडाउन के असर को पहचाना। इसलिए उन्होंने गरीबों की सुरक्षा के लिए 1.7 लाख करोड़ रुपये के बड़े पैकेज की घोषणा की। भारत में दुनिया का सबसे बड़ा खाद्य सुरक्षा कार्यक्रम है, जिसके तहत 80 करोड़ लोगों को 2/3 रुपये प्रति किलो की दर से पांच किलो गेहूं/चावल दिया जाता है। अप्रैल, मई और जून के लिए, पीएम ने प्रति व्यक्ति 15 किलो चावल/गेहूं और तीन किलो दाल मुफ्त देने का फैसला किया। इसने सभी कमजोर भारतीय परिवारों के लिए बुनियादी राशन की कमी को दूर किया।

कम आय वर्ग की लगभग 20 करोड़ महिलाओं को उनके जन धन खातों में तीन महीने के लिए प्रति माह 500 रुपये की प्रत्यक्ष लाभ अंतरण योजना के माध्यम से सहायता प्रदान की गई थी। इसके अलावा, पीएम-किसान योजना के तहत, 8.4 करोड़ किसानों को 2,000 रुपये दिए गए; उज्ज्वला एलपीजी योजना के 80 लाख लाभार्थियों को तीन सिलेंडर मुफ्त दिए गए। मोदी ने भविष्य निधि से

निकासी की सुविधा की पेशकश की और करीब दस लाख श्रमिकों ने लगभग 36 करोड़ रुपये निकाले हैं।

मोदी ने छोटे कारोबारियों और कामगारों को यह वादा कर मदद की कि मालिक और कामगार का भविष्य निधि योगदान तीन महीने के लिए सरकार द्वारा जमा किया जाएगा। भारतीय रिज़र्व बैंक ने भी रेपो दरों में विभिन्न उपायों के माध्यम से 4 लाख करोड़ रुपये की चल निधि जारी की है। मध्यम वर्ग को ईएमआई और अन्य अनिवार्य रकम जमा करने को स्थगित करने की सुविधा दी गई थी। केंद्र ने कोविड -19 के समर्पित उपचार के लिए 15,000 करोड़ रुपये दिए और राज्य आपदा राहत कोष (एसडीआरएफ) के रूप में 11,000 करोड़ रुपये जारी किए। निर्माण श्रमिकों की मदद के लिए 31,000 करोड़ रुपये भी जारी किए गए और सभी राज्यों को इसे जल्द से जल्द वितरित करने के लिए कहा गया।

मोदी ने तेजी से आवाजाही, अधिक बुवाई, और किसानों को जल्द से जल्द पैसे का भुगतान करके खेत से लेकर बाजार तक कृषि गतिविधियों का पूर्ण पैमाने पर संचालन सुनिश्चित किया। इसने सुनिश्चित किया कि कृषि अर्थव्यवस्था सामान्य रूप से काम करना शुरू कर दे।

एक राष्ट्रीय लॉकडाउन एक बड़ा फैसला है। यह तब तक सफल नहीं हो सकता जब तक लोग स्वेच्छा से भाग नहीं लेते। पीएम ने लोगों के साथ निरंतर बातचीत बनाए रखी, जिससे गरीब से गरीब व्यक्ति को भी विश्वास हो गया कि पीएम उनके लिए काम कर रहे हैं और उनकी परवाह करते हैं। यही कारण है कि मोदी उन्हें लंबे लॉकडाउन, गतिविधियों के निलंबन और परिणामी कठिनाई के लिए मनोवैज्ञानिक रूप से तैयार कर सके। जनता कर्फ्यू और स्वास्थ्य कार्यकर्ताओं और अग्रिम पंक्ति के कार्यकर्ताओं की सराहना करने के उनके कदम ने लोगों को कोविड -19 से लड़ने और उनमें अनुशासन पैदा करने के लिए प्रेरित करने में मदद की।

मोदी ने सुरक्षित रहने के लिए चार सरल उपाय बताए- मास्क लगाएं, नियमित रूप से हाथ धोएं, सामाजिक दूरी बनाए रखें और घर पर रहें। इसका नागरिकों ने काफी हद तक पालन किया है।

यह सब दिखाता है कि पीएम मोदी ने योजना बनाई, विस्तार से योजना बनाई, सावधानीपूर्वक लागू किया, प्रभावी ढंग से वार्तालाप किया और दुनिया को चक्र में रखा। इसलिए, भारत कई अन्य उन्नत अर्थव्यवस्थाओं की तुलना में कोरोना वायरस संकट को बेहतर ढंग से प्रबंधित करने में सफल रहा है।

53

राम जन्मभूमि

मोदी राम मंदिर मुद्दे का एक संवैधानिक समाधान चाहते थे, जिसे उनकी सरकार ने अंततः सुगम बनाने में मदद की, जब सुप्रीम कोर्ट ने 8 नवंबर को अपना सर्वसम्मत फैसला सुनाया। प्रधान न्यायाधीश रंजन गोगोई की अगुवाई वाली शीर्ष अदालत की पीठ ने विवादित 2.77 एकड़ जमीन राम जन्मभूमि न्यास को मंदिर निर्माण के लिए सौंपने के पक्ष में फैसला सुनाया। मामले में मुस्लिम अपीलकर्ताओं को एक मस्जिद के लिए अयोध्या में कहीं और पांच एकड़ के भूखंड के साथ मुआवजा दिया गया।

दशकों के कानूनी युद्ध और भीड़ की हिंसा के बाद, हिंदू राष्ट्रवादियों ने अब उस भूमि को प्रभावी ढंग से पुनः प्राप्त कर लिया है जहां उनका मानना है कि भगवान राम का जन्म हुआ था। हालांकि, इस समय की राज्य-प्रायोजित जलूस ने अपनी बड़ी जीत की घोषणा की: भारत का एक धर्मनिरपेक्ष-राष्ट्रवादी गणराज्य से एक नृजातीय-राष्ट्रवादी राज्य में परिवर्तन।

संघ परिवार के भीतर, मोदी के कई प्रतिद्वंद्वी थे जिन्होंने उन्हें "अति-महत्वाकांक्षी और कुटिल" के रूप में देखा। लेकिन अनुच्छेद 370 के निरस्त होने और राम मंदिर के फैसले के बाद, मोदी न केवल लोगों के बीच बल्कि संघ परिवार में भी बादशाह हैं। उन्होंने संघ को वह हासिल करने में मदद की है जिसे कभी असंभव सपना माना जाता था।

❧

पूरा देश रोमांचित और भावुक है, और करोड़ों लोगों को विश्वास नहीं हो रहा होगा कि वे अपने जीवनकाल में इस दिन को देख रहे हैं।

भगवा दुपट्टा, चांदी के मुकुट जैसे सफ़ेद बाल और लॉकडाउन में बढ़ी लंबी दाढ़ी में पुजारी-राजा की तरह लग रहे प्रधानमंत्री ने अयोध्या की प्राचीन राजधानी में एक पवित्र अनुष्ठान किया। इस प्रकार नरेंद्र मोदी ने उस स्थान पर एक नए हिंदू मंदिर की स्थापना की, जहां सैकड़ों वर्षों से एक मस्जिद खड़ी थी।

अनुष्ठान के बाद पीएम मोदी का भाषण:

सियावर रामचंद्र की जय!

सियावर रामचंद्र की जय!

जय सियाराम! जय सियाराम! जय सियाराम!

आज यह जयघोष सिर्फ सियाराम की नगरी में ही नहीं सुनाई दे रहा बल्कि इसकी गूँज पूरे विश्व भर में है। सभी देशवासियों को और विश्व भर में फैले करोड़ों-करोड़ों भारत भक्तों को, राम भक्तों को आज के इस पवित्र अवसर पर कोटि कोटि बधाई।

मंच पर विराजमान उत्तर प्रदेश के ऊर्जावान, यशस्वी, लोकप्रिय मुख्यमंत्री श्रीमान योगी आदित्यनाथ जी, यू पी की राज्यपाल बहन आनंदीबेन पटेल जी, परमपूज्य नृत्य गोपालदास जी महाराज और हम सभी के श्रद्धेय आदरणीय मोहन राव भागवत जी। और यहाँ पर हिन्दुस्तान के कोने कोने से आए हुए सभी संत परम्परा के महान तपस्वीजन, देश के सभी नागरिकों।

यह मेरा सौभाग्य है की श्री रामजन्मभूमि तीर्थ क्षेत्र ट्रस्ट ने मुझे आमंत्रित किया, इस ऐतिहासिक पल का साक्षी बनने का अवसर दिया। मैं इसके लिए हृदयपूर्वक श्री रामजन्मभूमि तीर्थ क्षेत्र ट्रस्ट का आभार व्यक्त करता हूँ। और, आना बड़ा स्वाभाविक भी था क्यूंकि "राम काजु कीन्हें बिनु मोहि कहाँ विश्राम।"

भारत आज भगवान् भास्कर के सानिध्य में, सरयू के किनारे एक स्वर्णिम अध्याय रच रहा है। कन्याकुमारी से क्षीर भवानी तक, कोटेश्वर से कामाख्या तक, जगन्नाथ से केदारनाथ तक, सोमनाथ से काशी विश्वनाथ तक, सम्मेद शिखर से श्रवण बेलगोला तक, बोधगया से सारनाथ तक, अमृतसर साहेब से पटना साहिब तक, अण्डमान से अजमेर तक, लक्षद्वीप से लेह तक, आज पूरा भारत राम मय है।

पूरा देश रोमांचित है, हर मन दीप मय है। आज पूरा भारत भावुक है। सदियों का इंतज़ार आज समाप्त हो रहा है। करोड़ों लोगों को आज यह विश्वास ही नहीं हो रहा होगा कि वे अपने जीते जी इस पावन दिन को देख रहें हैं।

महानुभावों, बरसों से टाट और टेन्ट के नीचे रहे हमारे राम लला के लिए अब एक भव्य मंदिर का निर्माण होगा। टूटना और फिर उठ खड़ा होना, सदियों से चल

रहे इस व्यतिक्रम से राम जन्मभूमि आज मुक्त हुई है।

मेरे साथ एक बार फिर बोलिए "जय सियाराम! जय सियाराम।" साथियों, हमारे स्वतंत्रता आंदोलन के समय कई कई पीढ़ियों ने अपना सब कुछ समर्पित कर दिया। गुलामी के कार्यथन में कोई ऐसा समय नहीं था जब आज़ादी के लिए आंदोलन न चला हो। देश का कोई भूभाग ऐसा नहीं था जहाँ आज़ादी के लिए बलिदान न दिया गया हो। 15 अगस्त का दिन उस अथा तप का, लाखों बलिदानों का प्रतीक है। स्वतंत्रता की उस उत्तण्ड इच्छा, उस भावना का प्रतीक है।

ठीक उसी तरह, राम मंदिर के लिए कई कई सदियों तक, कई कई पीढ़ियों ने अखंड, अविरत, एकनिष्ठ प्रयास किया है। आज का यह दिन उसी तप, त्याग और संकल्प का प्रतीक है। राम मंदिर के लिए चले आंदोलन में अर्पण भी था, तरपान भी था। संघर्ष भी था, संकल्प भी था। जिनके त्याग, बलिदान और संघर्ष से आज यह स्वप्न साकार हो रहा है, जिनकी तपस्या राम मंदिर में नींव की तरह जुड़ी हुई है, मैं उन सब लोगों को 130 करोड़ देशवासियों की तरफ से सर झुका करके नमन करता हूँ। उनका वंदन करता हूँ। सम्पूर्ण सृष्टि की शक्तियां, राम जन्मभूमि के पवित्र आंदोलन से जुड़ा हर व्यक्तित्व, जो जहाँ है इस आयोजन को देख रहा है। वो भाव विभोर है, सभी को आशीर्वाद दे रहा है।

साथियों,

राम हमारे मन में गढ़े हुए हैं, हमारे भीतर घुल-मिल गए हैं। कोई काम करना हो तो प्रेरणा के लिए हम भगवान राम की ओर ही देखते हैं। आप भगवान राम की अद्भुत शक्ति देखिए इमारतें नष्ट हो गईं। क्या कुछ नहीं हुआ, अस्तित्व मिटाने का हर कोई प्रयास हुआ , बहुत हुआ.... लेकिन राम आज भी हमारे मन में बसे हुए हैं। हमारी संस्कृति के आधार हैं। श्री राम भारत की मर्यादा हैं, श्री राम मर्यादा पुरुषोत्तम हैं। इसी आलोकमय अयोध्या में राम जन्भूमि पर श्री राम के इस भव्य, दिव्य मंदिर का आज भूमिपूजन हुआ है। यहाँ आने से पहले मैंने हनुमान गढ़ी का दर्शन किया, राम के सब काम हनुमान ही तो करते हैं। राम के आदर्शों की कलयुग में रक्षा करने की ज़िम्मेदारी भी हनुमान जी की ही है। हनुमान जी के आशीर्वाद से श्री राम मंदिर भूमिपूजन का यह आयोजन शुरू हुआ है।

साथियों,

श्रीराम का मंदिर हमारी संस्कृति का आधुनिक प्रतीक बनेगा और मैं जानबूझ कर के "आधुनिक" शब्द का प्रयोग कर रहा हूँ। हमारी शास्वत आस्था का प्रतीक बनेगा, हमारी राष्ट्रीय भावना का प्रतीक बनेगा और यह मंदिर करोड़ों करोड़ लोगों की सामूहिक संकल्प शक्ति का भी प्रतीक बनेगा। यह मंदिर आने वाली पीढ़ियों

को आस्था, श्रद्धा और संकल्प की प्रेरणा देता रहेगा।

इस मंदिर के बनने के बाद अयोध्या की सिर्फ भव्यता ही नहीं बढ़ेगी, इस क्षेत्र का पूरा अर्थतंत्र ही बदल जायेगा। यहाँ हर क्षेत्र में नए अवसर बनेंगे, हर क्षेत्र में अवसर बढ़ेंगे। सोचिए पूरी दुनिया से लोग यहाँ आएंगे। पूरी दुनिया प्रभु राम और माता जानकी के दर्शन करने आएगी। कितना कुछ बदल जाएगा।

साथियों,

राम मंदिर के निर्माण की प्रक्रिया राष्ट्र को जोड़ने का उपक्रम है। यह महोत्सव है- विश्वास को विद्यमान से जोड़ने का। नर को नारायण से जोड़ने का, लोक को आस्था से जोड़ने का, वर्तमान को अतीत से जोड़ने का और स्व को संस्कार से जोड़ने का। आज के यह ऐतिहासिक पल युगों युगों तक, दिग दिगंत तक भारत की कीर्ति पताका फेरते रहेंगे। आज का यह दिन करोड़ों राम भक्तों की सत्यता का प्रतीक है।

आज का यह दिन सत्य, अहिंसा, आस्था और बलिदान को न्यायप्रिय एक अनुपम भेंट है। कोरोना से बनी स्थितियों के कारण भूमिपूजन का यह कार्यक्रम अनेक मर्यादाओं के बीच हो रहा है। श्रीराम के काम में मर्यादा का जैसा उदाहरण प्रस्तुत करना चाहिए देश ने वैसा ही उदाहरण प्रस्तुत किया है।

इसी मर्यादा का अनुभव हमने तब भी किया था जब माननीय सर्वोच्च न्यायालय ने अपना ऐतिहासिक फैसला सुनाया था। हमने तब भी देखा था की कैसे सभी देशवासियों ने शान्ति के साथ, सभी की भावनाओं का ध्यान रखते हुए व्यवहार किया था। आज भी हम हर तरफ वही मर्यादा देख रहे हैं।

साथियों,

इस मंदिर के साथ सिर्फ नया इतिहास ही नहीं रचा जा रहा है बल्कि इतिहास खुदको दोहरा भी रहा है। जिस तरह गिलहरी से लेकर वानर और केवट से लेकर वनवासी बंधुओं को भगवान राम की विजय का माध्यम बनने का सौभाग्य मिला, जिस तरह छोटे छोटे ग्वालों ने भगवान श्रीकृष्ण के द्वारा गोवर्धन पर्वत उठाने में बड़ी भूमिका निभाई, जिस तरह मावळे छत्रपति वीर शिवाजी के स्वराज स्थापना के निमित्त बने,जिस तरह गरीब- पिछड़े विदेशी आक्रांताओं के साथ लड़ाई में महाराज सुहेलदेव के संबल बने, जिस तरह दलितों, पिछड़ों, आदिवासियों, समाज के हर वर्ग ने आज़ादी की लड़ाई में गांधीजी को सहयोग दिया, उसी तरह आज देश भर के लोगों के सहयोग से राम मंदिर निर्माण का यह पुण्य काम आरम्भ हुआ है।

हम जानते हैं जैसे पत्थरों पर श्रीराम लिखकर रामसेतु बनाया गया वैसे ही घर-घर से, गाँव-गाँव से श्रद्धापूर्वक पूजी शिलाएं यहाँ ऊर्जा का स्रोत बन गई हैं।

देशभर के धामों और मंदिरों से लाई गई मिट्टी और नदियों का पवित्र जल वहां के लोगों की, वहां की संस्कृति और वहां की भावनाएं आज यहाँ की एक अमोघ शक्ति बन गई है। वाकई! वाकई ये 'न भूतो न भविष्यति है।' भारत की आस्था, भारत के लोगों की सामूहिकता और इस सामूहिकता की अमोघ शक्ति ही पूरी दुनिया के लिए अध्ययन का विषय है, शोध का विषय है।

साथियों,

श्रीरामचंद्र को तेज में सूर्य के समान, क्षमा में पृथ्वी के तुल्य, बुद्धि में बृहस्पति के सदृश्य और यश में इंद्र के समान माना गया है। श्रीराम का चरित्र सबसे अधिक जिस केंद्र बिंदु पर घूमता है वह है सत्य पर अडिग रहना। इसलिए ही श्रीराम सम्पूर्ण हैं। इसलिए ही वो हज़ारों वर्षों से भारत के लिए प्रकाश स्तंभ बने हुए हैं। श्रीराम ने सामाजिक समरसता को अपने शासन की आधारशिला बनाया था। उन्होंने गुरु वशिष्ठ से ज्ञान, केवट से प्रेम, शबरी से मातृत्व, हनुमानजी व वनवासी बंधुओं से सहयोग और प्रजा से विश्वास प्राप्त किया।

यहाँ तक की एक गिलहरी की महत्ता को भी उन्होंने सहर्ष स्वीकार किया। उनका अद्भुत व्यक्तित्व, उनकी वीरता, उनकी उदारता, उनकी सत्यनिष्ठा, उनकी निर्भीकता, उनका धैर्य, उनकी दृढ़ता, उनकी दार्शनिक दृष्टि युगों-युगों तक प्रेरित करते रहेंगे। राम, प्रजा से एक समान प्रेम करते हैं लेकिन गरीबों और दीन-दुखियों पर उनकी विशेष कृपा रहती है। इसलिए तो माता सीता, राम जी के लिए कहती हैं-

'दीन दयाल बिरिदु संभारी'। यानि जो दीन है, जो दुखी हैं, उनकी बिगड़ी बनाने वाले श्रीराम हैं।

साथियों,

जीवन का ऐसा कोई पहलू नहीं है, जहां हमारे राम प्रेरणा न देते हों। भारत की ऐसी कोई भावना नहीं है जिसमें प्रभु राम झलकते न हों। भारत की आस्था में राम हैं, भारत के आदर्शों में राम हैं! भारत की दिव्यता में राम हैं, भारत के दर्शन में राम हैं! हजारों साल पहले वाल्मीकि रामायण में जो राम प्राचीन भारत का प्रदर्शन कर रहे थे, जो राम मध्ययुग में तुलसी, कबीर और नानक के जरिए भारत को बल दे रहे थे, वही राम आज़ादी की लड़ाई के समय बापू के भजनों में अहिंसा और सत्याग्रह की शक्ति बनकर मौजूद थे! तुलसी के राम सगुण राम हैं, तो नानक और कबीर के राम निर्गुण राम हैं!

भगवान बुद्ध भी राम से जुड़े हैं, तो सदियों से ये अयोध्या नगरी जैन धर्म की आस्था का केंद्र भी रही है। राम की यही सर्वव्यापकता भारत की विविधता

में एकता का जीवंत चरित्र है! तमिल में कंब रामायण तो तेलगू में रघुनाथ और रंगनाथ रामायण हैं। उड़िया में रूइपाद-कातेइपदी रामायण तो कन्नड़ में कुमुदेन्दु रामायण है। आप कश्मीर जाएंगे तो आपको रामावतार चरित मिलेगा, मलयालम में रामचरितम् मिलेगी। बांग्ला में कृत्तिवास रामायण है तो गुरु गोबिन्द सिंह ने तो खुद गोबिन्द रामायण लिखी है। अलग अलग रामायणों में, अलग अलग जगहों पर राम भिन्न-भिन्न रूपों में मिलेंगे, लेकिन राम सब जगह हैं, राम सबके हैं। इसीलिए, राम भारत की 'अनेकता में एकता' के सूत्र हैं।

साथियों,

दुनिया में कितने ही देश राम के नाम का वंदन करते हैं, वहां के नागरिक, खुद को श्रीराम से जुड़ा हुआ मानते हैं। विश्व की सर्वाधिक मुस्लिम जनसंख्या जिस देश में है, वो है इंडोनेशिया। वहां हमारे देश की ही तरह 'काकाविन' रामायण, स्वर्णद्वीप रामायण, योगेश्वर रामायण जैसी कई अनूठी रामायणें हैं। राम आज भी वहां पूजनीय हैं। कंबोडिया में 'रमकेर' रामायण है, लाओ में 'फ्रा लाक फ्रा लाम' रामायण है, मलेशिया में 'हिकायत सेरी राम' तो थाईलैंड में 'रामाकेन' है! आपको ईरान और चीन में भी राम के प्रसंग तथा राम कथाओं का विवरण मिलेगा।

श्रीलंका में रामायण की कथा जानकी हरण के नाम सुनाई जाती है, और नेपाल का तो राम से आत्मीय संबंध, माता जानकी से जुड़ा है। ऐसे ही दुनिया के और न जाने कितने देश हैं, कितने छोर हैं, जहां की आस्था में या अतीत में, राम किसी न किसी रूप में रचे बसे हैं! आज भी भारत के बाहर दर्जनों ऐसे देश हैं जहां, वहां की भाषा में रामकथा, आज भी प्रचलित है। मुझे विश्वास है कि आज इन देशों में भी करोड़ों लोगों को राम मंदिर के निर्माण का काम शुरू होने से बहुत सुखद अनुभूति हो रही होगी। आखिर राम सबके हैं, राम सब में हैं।

साथियों,

मुझे विश्वास है कि श्रीराम के नाम की तरह ही अयोध्या में बनने वाला ये भव्य राममंदिर भारतीय संस्कृति की समृद्ध विरासत का द्योतक होगा। मुझे विश्वास है कि यहां निर्मित होने वाला राममंदिर अनंतकाल तक पूरी मानवता को प्रेरणा देगा। इसलिए हमें ये भी सुनिश्चित करना है कि भगवान श्रीराम का संदेश, राममंदिर का संदेश, हमारी हजारों सालों की परंपरा का संदेश, कैसे पूरे विश्व तक निरंतर पहुंचे। कैसे हमारे ज्ञान, हमारी जीवन-दृष्टि से विश्व परिचित हो, ये हमारी, हमारी वर्तमान और हमारी भावी पीढ़ियों की ज़िम्मेदारी है। इसी को समझते हुए, आज देश में भगवान राम के चरण जहां जहां पड़े, वहाँ राम सर्किट का निर्माण किया जा रहा है!

अयोध्या तो भगवान राम की अपनी नगरी है! अयोध्या की महिमा तो खुद प्रभु श्रीराम ने कही है- "जन्मभूमि मम पुरी सुहावनि", यहां राम कह रहे हैं- मेरी जन्मभूमि अयोध्या अलौकिक शोभा की नगरी है। मुझे खुशी है कि आज प्रभु राम की जन्मभूमि की भव्यता, दिव्यता बढ़ाने के लिए कई ऐतिहासिक काम हो रहे हैं!

साथियों,

हमारे यहां शास्त्रों में कहा गया है-"न्राम सदृशो राजा, प्रथिव्याम् नीतिवान् अभूत"॥ यानि कि, पूरी पृथ्वी पर श्रीराम के जैसा नीतिवान शासक कभी हुआ ही नहीं!

श्रीराम की शिक्षा है-"नहिं दरिद्र कोउ दुखी न दीना"॥ कोई भी दुखी न हो, गरीब न हो।

श्रीराम का सामाजिक संदेश है- "प्रहृष्ट नर नारीकः समाज उत्सव शोभितः"॥ नर-नारी सभी समान रूप से सुखी हों। कोई भेदभाव नहीं।

श्रीराम का निर्देश है- "कच्चित् ते दयितः सर्व, कृषि गोरक्ष जीविनः"। किसान, पशुपालक सभी हमेशा खुश रहें। श्रीराम का आदेश है-"कश्चिद्वृद्धान्चबालान्च, वैद्यान् मुख्यान् राघव। त्रिभिः एतैः वुभूषसे"॥ बुजुर्गों की, बच्चों की, चिकित्सकों की सदैव रक्षा होनी चाहिए। यह कोरोना ने हमें बराबर सिखा दिया है।

श्रीराम का आह्वान है- "जौं सभीत आवा सर नाई। रखिहउ ताहि प्रान की नाई"॥ जो शरण में आए, उसकी रक्षा करना सभी का कर्तव्य है।

श्रीराम जी का यह संदेश है, श्रीराम जी का भी कमिटमेंट है - "जननी जन्मभूमिश्च स्वर्गादपि गरीयसी"॥ अपनी मातृभूमि स्वर्ग से भी बढ़कर होती है।

और भाइयों और बहनों, ये भी श्रीराम की ही नीति है, और वो क्या है - "भय बिनु होइ न प्रीति"॥ इसलिए हमारा देश जितना ताकतवर होगा, उतनी ही प्रीति और शांति भी बनी रहेगी।

राम की यही नीति और राम की यही रीति सदियों से भारत का मार्गदर्शन करती रही है। राष्ट्रपिता महात्मा गांधी ने, इन्हीं सूत्रों, इन्हीं मंत्रों के आलोक में, रामराज्य का सपना देखा था। राम का जीवन, उनका चरित्र ही गांधीजी के रामराज्य का रास्ता है।

साथियों,

स्वयं प्रभु श्रीराम ने कहा है- देशकाल अवसर अनुहारी। बोले बचन बिनीत बिचारी॥ अर्थात, राम समय, स्थान और परिस्थितियों के हिसाब से बोलते हैं, सोचते हैं, करते हैं। राम हमें समय के साथ बढ़ना सिखाते हैं, समय के साथ चलना सिखाते हैं। राम परिवर्तन के पक्षधर हैं, राम आधुनिकता के पक्षधर हैं। उनकी

इन्हीं प्रेरणाओं के साथ, श्रीराम के आदर्शों के साथ भारत आज आगे बढ़ रहा है!

साथियों,

प्रभु श्रीराम ने हमें कर्तव्यपालन की सीख दी है, अपने कर्तव्यों को कैसे निभाएं इसकी सीख दी है! उन्होंने हमें विरोध से निकलकर, बोध और शोध का मार्ग दिखाया है! हमें आपसी प्रेम और भाईचारे के जोड़ से राममंदिर की इन शिलाओं को जोड़ना है। हमें ध्यान रखना है, जब जब मानवता ने राम को माना है विकास हुआ है, जब जब हम भटके हैं विनाश के रास्ते खुले हैं! हमें सभी की भावनाओं का ध्यान रखना है। हमें सबके साथ से, सबके विश्वास से, सबका विकास करना है। अपने परिश्रम, अपनी संकल्पशक्ति से एक आत्मविश्वासी और आत्मनिर्भर भारत का निर्माण करना है।

साथियों,

तमिल रामायण में श्रीराम कहते हैं- "कालम् ताय, ईण्ड इनुम इरुति पोलाम्"॥ भाव ये कि, अब देरी नहीं करनी है, अब हमें आगे बढ़ना है!

आज भारत के लिए भी, हम सबके लिए भी, भगवान राम का यही संदेश है! मुझे विश्वास है, हम सब आगे बढ़ेंगे, देश आगे बढ़ेगा! भगवान राम का ये मंदिर युगों-युगों तक मानवता को प्रेरणा देता रहेगा, मार्गदर्शन करता रहेगा! वैसे कोरोना की वजह से जिस तरह के हालात हैं, प्रभु राम का मर्यादा का मार्ग आज और अधिक आवश्यक है।

वर्तमान की मर्यादा है, दो गज की दूरी- मास्क है जरूरी। मर्यादाओं का पालन करते हुए सभी देशवासियों को प्रभु राम, माता जानकी स्वस्थ रखें, सुखी रखें, यही प्रार्थना है। सभी देशवासियों पर माता सीता और श्रीराम का आशीर्वाद बना रहे।

इन्हीं शुभकामनाओं के साथ, सभी देशवासियों को एक बार फिर कोटि कोटि बधाईयाँ! मेरे साथ पुरे भक्ति भाव से बोलिए...

बोलो

सियापति रामचंद्र की जय!!!

⚬

अयोध्या में श्री राम जन्मभूमि मंदिर के भूमि पूजन में.

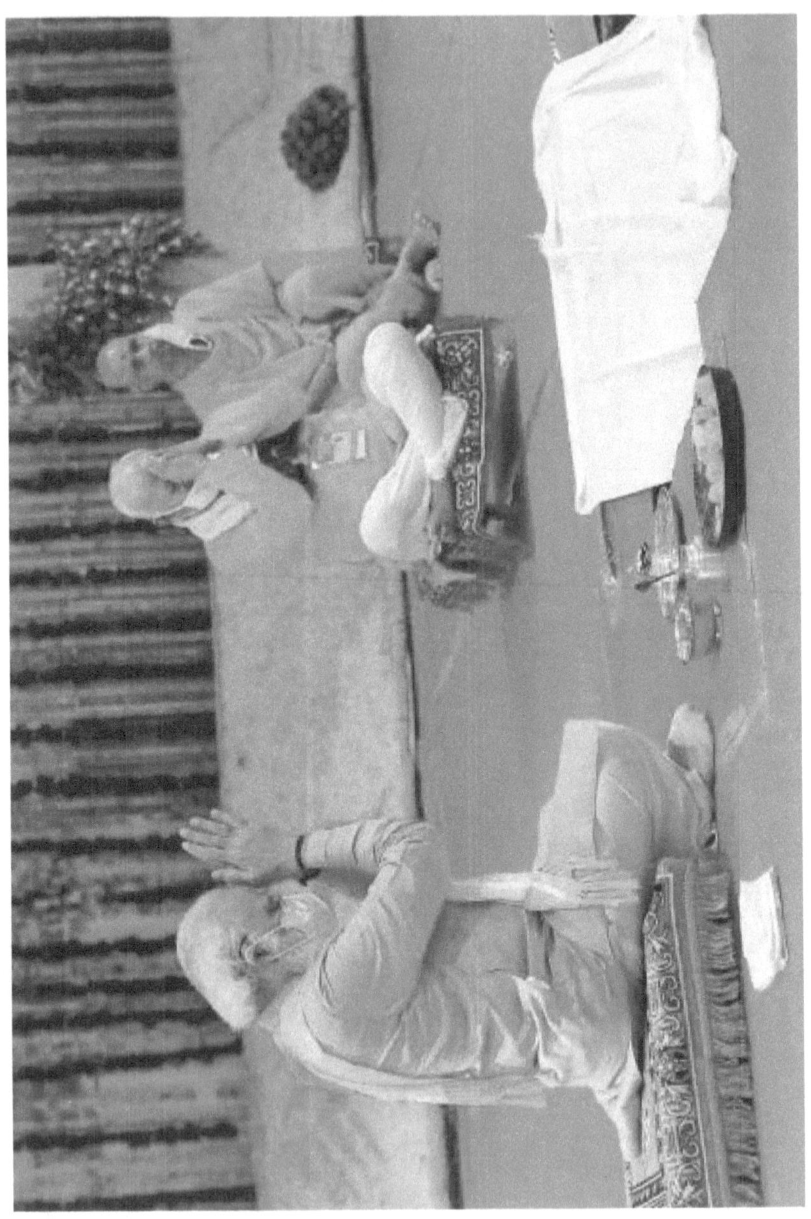

श्री राम जन्मभूमि मंदिर भूमि पूजन

प्रधानमंत्री उम्मीदवार 2014

शपथ समारोह 2014

भारत के प्रधान मंत्री के रूप में पदभार ग्रहण करने के बाद अपने कार्यालय में नरेंद्र मोदी

15 मई 2016 पीएम मोदी की मां पहली बार 7 लोक कल्याण मार्ग पर उनसे मिलने गईं

11 नवंबर 2015 पीएम मोदी ने जवानों के साथ दिवाली मनाई।

4 जुलाई 2017 प्रधानमंत्री मोदी की इजरायल यात्रा - ऐसा करने वाले पहले भारतीय पीएम बने

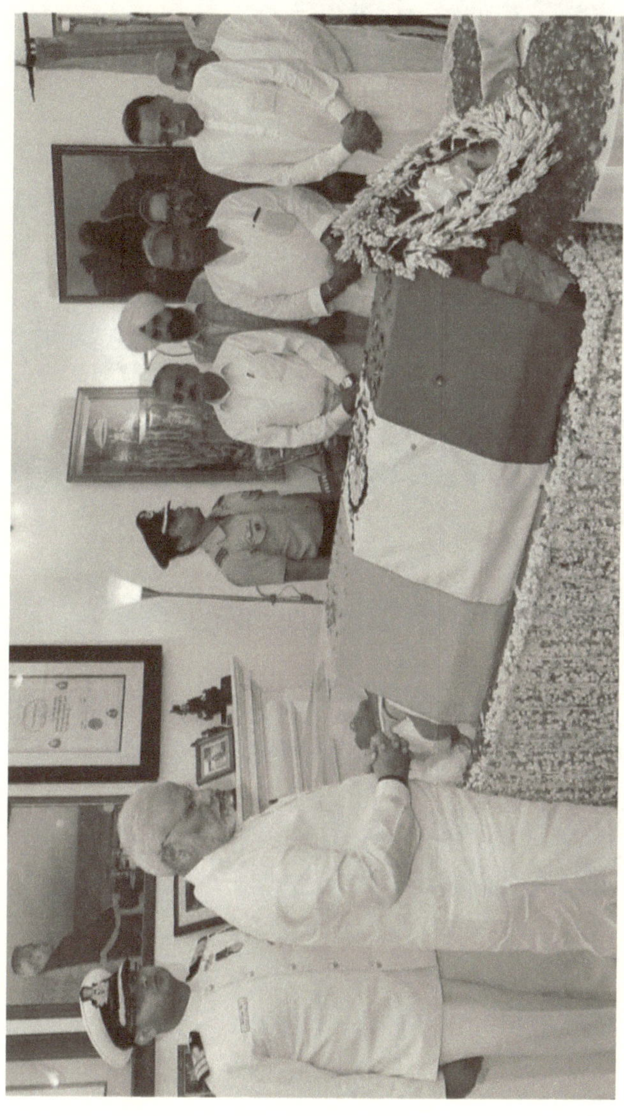

16 अगस्त 2018 प्रधानमंत्री मोदी ने अटल बिहारी वाजपेयी को श्रद्धांजलि दी

31 अक्टूबर 2018 पीएम मोदी ने किया स्टैच्यू ऑफ यूनिटी का उद्घाटन

29 जनवरी 2019 छात्रों के साथ परीक्षा पे चर्चा

15 फरवरी 2019 नरेंद्र मोदी ने पुलवामा आतंकी हमले के शहीदों को नमन किया।

शपथ समारोह 2019

राजस्थान के लोंगेवाला में सैनिक और सुरक्षा बल के साथ प्रधानमंत्री मोदी

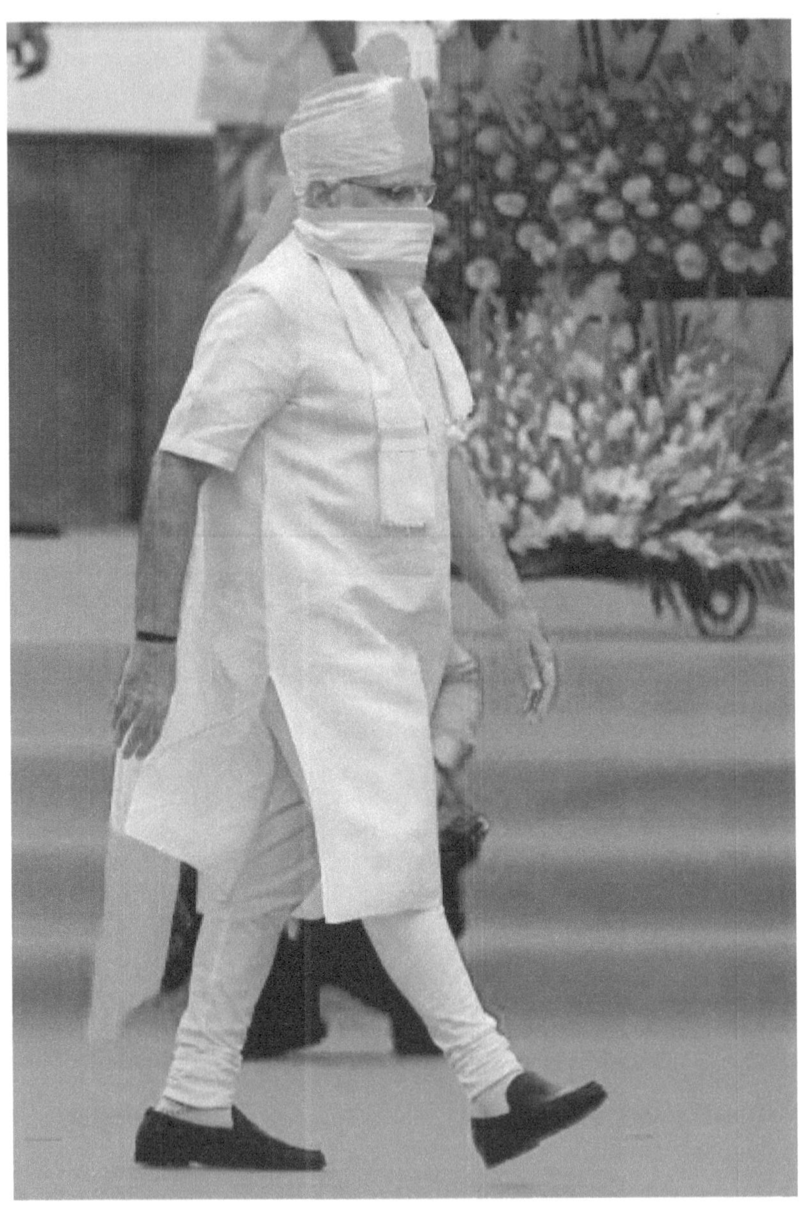

स्वतंत्रता दिवस 2020

हिमाचल प्रदेश में अटल सुरंग।

भारत ने दी महान सरदार पटेल को श्रद्धांजलि!

प्रधानमंत्री मोदी ने नए संसद भवन की आधारशिला रखी।

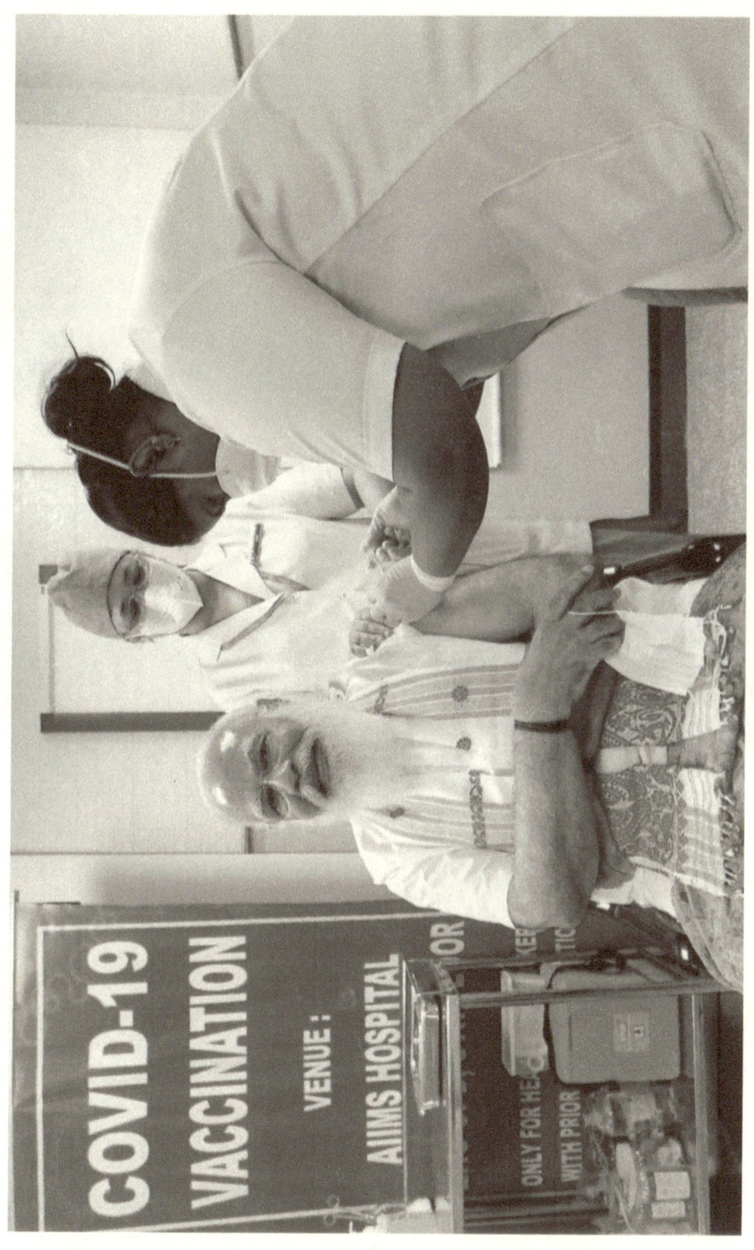

मोदी जी ने एम्स में कोरोना महामारी के टीके की पहली खुराक ली।

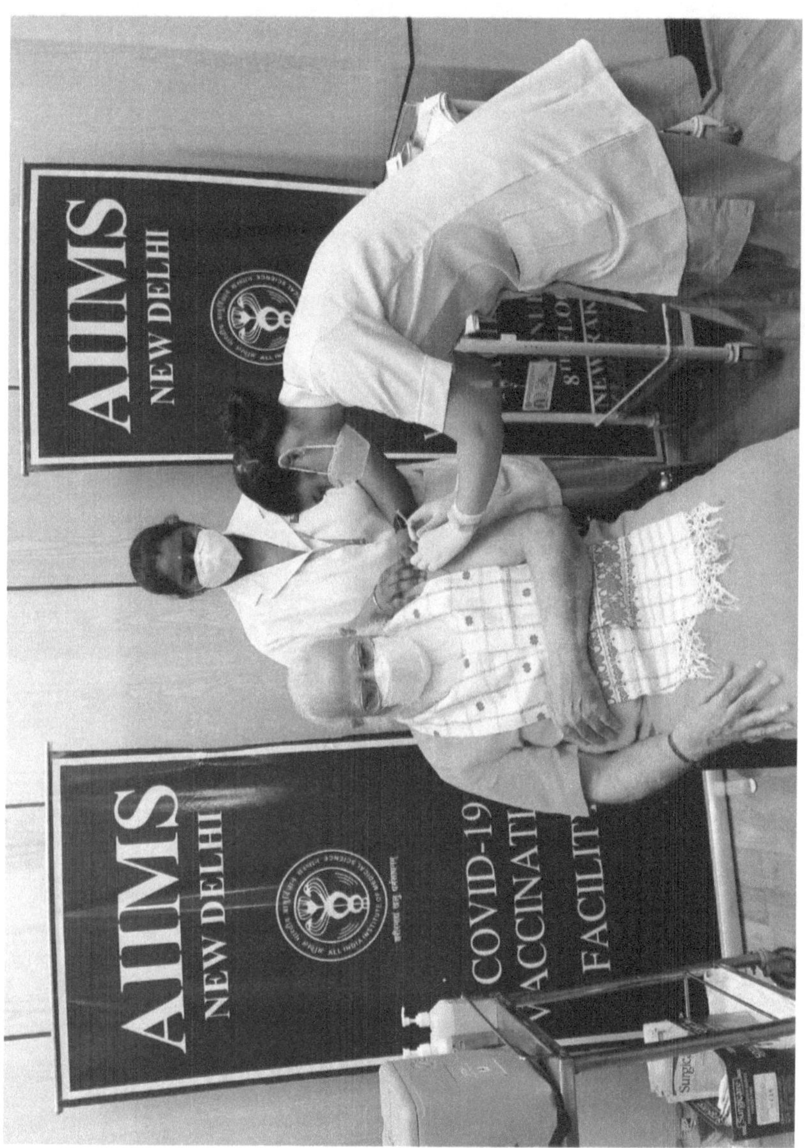

मोदी जी ने एम्स में कोरोना महामारी के टीके की दूसरी खुराक ली।

लेखक के बारे में

विषम केवल एक किताब ही नहीं बल्कि उन लाखों भारतीयों के लिए एक प्रेरणा है, जो अपने जीवन में कुछ बड़ा करना चाहते हैं। 'इससे कोई फर्क नहीं पड़ता कि आप कहां से शुरू करते हैं, लेकिन आप कहां खत्म करते हैं यह मायने रखता है।' ऐसे ही एक व्यक्ति हैं इस पुस्तक के उल्लेखनीय लेखक श्री अंकित बागड़ी। वह हमेशा कविता और साहित्य के प्रति आकर्षित थे और 14 साल की उम्र से अपने विचार लिखते थे। उनका पहला लेख 'ये दिवाली या दिखने वाली' 30 अक्टूबर 2016 को अखबार में प्रकाशित हुआ था। श्री अंकित बागड़ी एक प्रसिद्ध लेखक हैं और उन्होंने अब तक दो पुस्तकें प्रकाशित की हैं, जिनका नाम है "माय प्रोसेशन इज़ ऑन माय डोर" और "द रॉर ऑफ माय साइलेंस", जो सबसे अधिक बिकने वाली पुस्तकों में से एक है।

ऑल बॉयज़ स्कूल 'राजेश्वर हायर सेकेंडरी स्कूल, महू' में पढ़ने के बावजूद उन्होंने अपने काम से समाज की रूढ़ीवादी मानसिकता को तोड़ा। किताबों से अर्जित रॉयल्टी का उपयोग उनकी प्रेरणा के सपने को पूरा करने के लिए किया जाता है, जो दर्शाता है कि वह अपने "गुरु: भारत के माननीय प्रधान मंत्री: श्री नरेंद्र मोदी" के प्रति कितने समर्पित और वफादार हैं। श्री बागड़ी ने अपनी कमाई से 2 लाख से अधिक सैनिटरी पैड के पैकेट और कई मासिक धर्म कप पूरे भारत में महिलाओं को वितरित किए हैं। उन्हें वर्ल्ड बुक ऑफ रिकॉर्ड्स लंदन द्वारा दुनिया के सबसे प्रभावशाली व्यक्तित्व "स्टार 2020" की सूची में उल्लेखनीय रूप से चिह्नित किया गया था और माय एफएम द्वारा 'जियो दिल से' अवार्ड से सम्मानित किया गया था, जो कि कोविड -19 स्थितियों के दौरान प्रवासी महिलाओं को सैनिटरी पैड वितरित करके मदद करने के उनके सराहनीय प्रयासों के लिए था। वह एक आगामी टेडएक्स स्पीकर भी हैं।

-प्रकिन सिंघल
चार्टर्ड एकाउंटेंट

๏๛

जब लोग कोविड -19 लॉकडाउन के दौरान बुनियादी जरूरतों से जूझ रहे थे, इंदौर के लेखक अंकित बागड़ी ने एक लाख से अधिक सैनिटरी पैड के पैकेट के

साथ प्रवासी महिलाओं तक पहुंचने और उनकी मदद करने का फैसला किया।

अंकित बागड़ी, जिन्होंने दिसंबर 2019 में महिलाओं के जीवन की कठिनाइयों की कहानी पर " द रॉर ऑफ माय साइलेंस" नामक एक पुस्तक लिखी थी, ने अपनी पुस्तक बिक्री की सभी आय को नेक काम में लगाने का फैसला किया।

"एक महिला के वास्तविक जीवन के अनुभवों पर आधारित पुस्तक, घरेलू हिंसा, दहेज उत्पीड़न जैसी महिलाओं के जीवन की कठिनाइयों को बताती है"।

जब मार्च में लॉकडाउन लगाया गया था, प्रवासी श्रमिकों की मदद के लिए बहुत सारे लोग अलग-अलग तरीकों से आगे आए, जिस समय भोजन और पानी मिलना मुश्किल था, सड़कों पर महिलाओं के लिए सैनिटरी पैड की व्यवस्था करना लगभग असंभव था। अंकित ने अपने घरों से हजार किलोमीटर दूर महिलाओं के मासिक धर्म की स्वच्छता के बारे में सोचा।

-न्यूज18 इंडिया

"द रॉर ऑफ़ माय साइलेंस" की समीक्षा

जब भी आप कोई अच्छी किताब पढ़ते हैं, दुनिया में कहीं न कहीं रोशनी फैलाने के लिए एक द्वार खुल जाता है। यह पुस्तक निश्चित रूप से पुरुषों के मन में महिलाओं के लिए एक नए विचार का द्वार खोलेगी। एक बेहतरीन और अति उत्कृष्टकिताब के लिए अंकित बागड़ी को बधाई।

--श्री अमिताभ बच्चन

किताब का उपाख्यान आपको सांस लेने नहीं देगा। यह एक अच्छी तरह से गुंथी हुई कहानी है जो पाठक को पृष्ठों को पलटने के लिए मजबूर करती है। उपन्यास में जिस तरह की महिला का जीवन दिखाया गया है, वह पाठक को एक मार्मिक दृष्टिकोण प्रदान करती है कि महिलाओं के लिए जीवन क्या हो सकता है। इस पुस्तक की भावनाएँ अश्रुपूर्ण हैं।

निघत अब्बास
सामाजिक कार्यकर्ता, दिल्ली

एंड नोट्स

गडकरी, नितिन, गजेंद्रगडकर, वसंत, गांधी, इंदिरा आपातकाल, गांधी, मोहनदास, गांधी, राहुल, गांधी, राजीव, गांधी, सोनिया, गिरोह, वांग, गौतम, संघ प्रिया, गिल, केपीएस, जी आदि, गोदरेज, विज्ञापन गोयनका, संजीव, गोविंदाचार्य गौड़ा, देवे, गुहा ठाकुरता, परंजॉय, गुजरात; अहमदाबाद बम विस्फोट, अक्षरधाम घटना, आपातकाल विरोधी गतिविधि,; भूमि की नीलामी; सांप्रदायिक ध्रुवीकरण; भूकंप; आर्थिक विकास, चुनावी राजनीति; विदेशी निवेश; शासन; गुजरात संगठित अपराध नियंत्रण अधिनियम, (जीसीओसीए), आधुनिक,; राजनीतिक उथलपुथल,; निषेध,; 2002 के दंगे, द नमो स्टोरी , राजनीति , सिंह राजनाथ, बेस्ट बेकरी केस, बिलकिस बानो केस, घरेलू भारत, राजनीति में जाति, आर्थिक सुधार; चुनावी राजनीति, चुनावी व्यवस्था, मतदाता, रोजगार; विदेशी मुद्रा भंडार,; उद्योग,; श्रम पूल; उदारीकरण, जनसंख्या, आरक्षण बख्शी आयोग; मंडल आयोग चालू, ; राणे आयोग,; विशेष आर्थिक क्षेत्र (एसईजेड), जडेजा, 1.के, जाफरी, एहसान, जेटली, अरुण जन मोर्चा, जनसंघ, जनता दल, जनता दल (यू), जयललिता, जोशी, मुरली मनोहर, जोशी, संजय, जोशी, विद्युत , जौहर, हसन, जुंदाल, अबू, कैलाशनाथन, के कलसारिया, कानू, कांत, रवि, कथिरिया, वल्लभ, कौशल, स्वराज केरीवाल, अरविंद, अरविन पुनरावर्तन; अंतरराष्ट्रीय अपराध, परीक्षण,; सामाजिक केनी, जैसो संकेतक, शाकाहारी राज्य; वाइब्रेंट गुजरात, ; पाकिस्तान, गुजरात गैस कंपनीगुजरात राज्य पेट्रोलियम निगम (जीएसपीसी), गुप्ता,गडकरी, नितिन, गजेंद्रगडकर, वसंत, गांधी, इंदिरा आपातकाल, गांधी, मोहनदास, गांधी, राहुल, गांधी, राजीव, गांधी, सोनिया, गिरोह, वांग, गौतम, संघ प्रिया, गिल, केपीएस, जी आदि, गोदरेज, विज्ञापन गोयनका, संजीव, गोविंदाचार्य गौड़ा, देवे, गुहा ठाकुरता, परंजॉय, गुजरात; अहमदाबाद बम विस्फोट, अक्षरधाम घटना, आपातकाल विरोधी गतिविधि,; भूमि की नीलामी; सांप्रदायिक ध्रुवीकरण; भूकंप; आर्थिक विकास, चुनावी राजनीति; विदेशी निवेश; शासन; गुजरात संगठित अपराध नियंत्रण अधिनियम, (जीसीओसीए), आधुनिक,; राजनीतिक उथलपुथल,; निषेध,; 2002 के दंगे, बेस्ट बेकरी केस, बिलकिस बानो केस, घरेलू भारत, राजनीति में जाति, आर्थिक सुधार; चुनावी राजनीति, चुनावी व्यवस्था, मतदाता, रोजगार; विदेशी मुद्रा भंडार,; उद्योग,; श्रम पूल; उदारीकरण, जनसंख्या, आरक्षण बख्शी आयोग; मंडल आयोग चालू, ; राणे आयोग,; विशेष

आर्थिक क्षेत्र (एसईजेड), जडेजा, 1.के, जाफरी, एहसान, जेटली, अरुण जन मोर्चा, जनसंघ, जनता दल, जनता दल (यू), जयललिता, जोशी, मुरली मनोहर, जोशी, संजय, जोशी, विद्युत , जौहर, हसन, जुंदाल, अबू, कैलाशनाथन, के कलसारिया, कानू, कांत, रवि, कथिरिया, वल्लभ, कौशल, स्वराज केरीवाल, अरविंद, अरविन पुनरावर्तन; अंतरराष्ट्रीय अपराध, परीक्षण,; सामाजिक केनी, जैसो संकेतक, शाकाहारी राज्य; वाइब्रेंट गुजरात, ; पाकिस्तान, गुजरात गैस कंपनीगुजरात राज्य पेट्रोलियम निगम (जीएसपीसी), गुप्ता, विनीत, हाशनी, शबनम, हजारे, अन्ना, हेविट, पेट्रीसिया, हिमाचल प्रदेश विकास कांग्रेस (एचवीसी), हिंदू, कट्टरवाद; वोट शेयर। हिंदू धर्म रक्षक हुडा, अनवारुल, हुसैन, अल्ताफ, इनामदार, लक्ष्मणराव, समिति, खंडवावाला, साबिर, खोष्ठी, अंबालाल, खुरान, मदन लाल, किसान मजदूर लोक पक्ष (केएमएलपी), कोचर। चंदा, कोडनानी, माया, कृष्णमूर्ति, जाना, कुमार, नीतीश, कुमार, शांता, लहरी, पीके, लकड़ावाला, हनीफ लक्ष्मण, बंगारू, लोकसत्ता, लिंगदोह, जेएम, मधोक, बलराज, महागुजरात अस्मिता मंच, महाजन, प्रमोद, महाजन, सुमित्रा , महिंद्रा, आनंद, आंतरिक सुरक्षा अधिनियम का रखरखाव मजलिस-इत्तेहादुल-मुस्लिमीन (एमआईएम), (मीसा), मलिक, रहमान, मारन, मुरासोली, मार्केलोव, कॉन्स्टैनिन, मायावती, मेहता, बलवंत राय, मेहता, हरित, मेहता, न्यायमूर्ति आरए, मेहता, सुरेश मित्तल, सुनील, मिश्रा, लीना, मिस्त्री, साइरस, मिस्त्री, मधुसूदन, मित्रा, अमित, मोदी, दामोदरदास, मोदी, इंद्रवदन, मोदी, जशोदाबेन, मोदी, नरेंद्र और बिजनेस हाउस, कनाडा और चीन, ; व्यापार संबंध, कपड़े,; और 'मुठभेड़' मौतें, और वाघेला,; अयोध्या,; गुजरात, सद्भावना, भाजपा में दबदबा; शक्ति का दावा।; विरोधियों को चकमा देना; अहमदाबाद में प्रारंभिक वर्ष, शिक्षा; चुनावी लोकप्रियता; चुनावी सीट; अपेक्षाएं। गोधरा अवशेष, परीक्षण, रंगमंच में रुचि, घर छोड़कर,; मार्केटिंग गुजरात,विनीत, हाशनी, शबनम, हजारे, अन्ना, हेविट, पेट्रीसिया, हिमाचल प्रदेश विकास कांग्रेस (एचवीसी), हिंदू, कट्टरवाद; वोट शेयर। हिंदू धर्म रक्षक हुडा, अनवारुल, हुसैन, अल्ताफ, इनामदार, लक्ष्मणराव, समिति, खंडवावाला, साबिर, खोष्ठी, अंबालाल, खुरान, मदन लाल, किसान मजदूर लोक पक्ष (केएमएलपी), कोचर। चंदा, कोडनानी, माया, कृष्णमूर्ति, जाना, कुमार, नीतीश, कुमार, शांता, लहरी, पीके, लकड़ावाला, हनीफ लक्ष्मण, बंगारू, लोकसत्ता, लिंगदोह, जेएम, मधोक, बलराज, महागुजरात अस्मिता मंच, महाजन, प्रमोद, महाजन, सुमित्रा , महिंद्रा, आनंद, आंतरिक सुरक्षा अधिनियम का रखरखाव मजलिस-इत्तेहादुल-मुस्लिमीन (एमआईएम), (मीसा), मलिक, रहमान, मारन, मुरासोली, मार्केलोव,

पहेली, तोगड़िया, प्रवीण, टोरेंट पावर, तृणमूल कांग्रेस (टीएमसी), त्रिवेदी, दीपाल, यूपीए, वाघेला, शंकरसिंह, वाजपेयी, अटल बिहारी, वाला, वजुभाई, वंजारा, डीजी, वस्तानवी, मौलाना गुलाम मुहम्मद, वेंकटरमण, वी., विश्व हिंदू परिषद (विहिप), व्यास, जय नारायण, जियाओपिंग, देंग, यादव, लालू प्रसाद। यादव, मुलायम सिंह, जदाफिया, गोरधन, जगदा, नाथूलाल, जिंटा, प्रीति,समाजवादी पार्टी, सासाकी, नबुहिको, सत्यम कंप्यूटर्स, सीतलवाड़, तीस्ता, शाह, अमित, शाह, राजीव, शाह, सुधीर, शंकर, मणि, शर्मा, एके, शर्मा, अनिल, शर्मा, ज्योतिर्मया, शर्मा, नवल किशोर, शर्मा, राहुल शास्त्री, केका, शास्त्री, लाल बहादुर, शॉ, निगेई, शेख, सोहराबुद्दीन, शेट्टीगर, जगदीश, शक्सुन, गाओ, सिब्बल, कपिल, सिंह, गुरचरण, सिंह, मनमोहन, सिंह, रमन, सिंह, विश्वनाथ प्रताप, सिंघवी, अभिषेक मनु, सोलंकी, माधवसिंह, सोमरस, रॉन, स्पीयर, पर्सिवल, श्रीकुमार, आरबी स्टेनर, माइकल, सुचरिता, स्वाति, सुदर्शन, केएस, सुजुकी, ओसामा, स्वराज, सुषमा, स्वियर, ह्यूगो, टाटा, रतन, तिवारी, मनीष, ठाकरे , कुशाभाऊ, थरूर, शशि, थेंगड़ी, दत्तोपंत, थॉमस, सेबेस्टियन, तिब्बत पहेली, तोगड़िया, प्रवीण, टोरेंट पावर, तृणमूल कांग्रेस (टीएमसी), त्रिवेदी, दीपाल, यूपीए, वाघेला, शंकरसिंह, वाजपेयी, अटल बिहारी, वाला, वजुभाई, वंजारा, डीजी, वस्तानवी, मौलाना गुलाम मुहम्मद, वेंकटरमण, वी., विश्व हिंदू परिषद (विहिप), व्यास, जय नारायण, जियाओपिंग, देंग, यादव, लालू प्रसाद। यादव, मुलायम सिंह, जदाफिया, गोरधन, जगदा, नाथूलाल, जिंटा, प्रीति,..

भाजपा - सांसद "ड्रीम गर्ल" हेमा मालिनी

सुविख्यात कथावाचिका, मोटिवेशनल स्पीकर "जया किशोरी"

www.ingramcontent.com/pod-product-compliance
Lightning Source LLC
Chambersburg PA
CBHW020441160726
48196CB00081B/23